결혼과 육아의 사회학

결혼과 육아의 사회학

 오찬호 지음   ...

❤ 💬 ✈   • • • • •   🔖

<u>스스로</u> #정상 #평균 #보통이라 여기는
#대한민국_부모에게 던지는 #불편한 메시지

Humanist

●

자녀가 나중에 뒤처질지 모른다는 두려움은
부모의 완벽주의를 더욱 부추긴다.

- 클라우스 베를레의 책,《완벽주의의 함정》중 -1)

억울함은 부메랑이 되어

속상한 부모들

알음알음 네 부부가 모였다. 나이는 30대 후반에서 40대 중반까지였고 자녀 한둘이 있는 전형적인 부부들의 일반적인 친교 모임이었다. 몇 번의 술잔이 오갔다. 대화는 많았지만 주거니 받거니 하는 아름다운 소통은 없었다. 다들 자기 이야기만 하기 바빴다. 한 사람이 고성을 지르거나 울음을 터트리면서 적막이 생기면 누군가가 이 틈을 이용해 화제를 자신 이야기로 돌렸다.

경청하는 자가 없어도 대화가 이어지는 이상한 상황이 가능한 이유는 이들이 비슷한 정서를 표출하기 때문이다. 공감을 가능케 한 부모들의 균질한 심정은 '억울함'이다. 모두가 지극히 개인적인 이야기를 해서 딱히 말을 섞을 수 없는 상황 속에서도 다들 "애 키우다가 그런 건 포기했지"라는 추임새를 넣는다. 포기한 목록은 짐작대로다. 여자는 사회 활동을, 남자는 취미를 잃었다고 목에 핏대를 세운다. 부부는 서로를 못마땅하게 쳐다본다. 여자는 '사회생활한다는 핑계로 집안일 하나도 신경 안 쓰는 주제에 불만이냐'는 표정을, 남자는 '쌔빠지게 일하는 남편 앞에서 그런 말 하는 게 미안하지도 않냐'는 표정이다.

어색할 때는 아이 이야기가 최고다. 억울한 부모들은 자기 자녀가 제일 억울하다. 학원을 많이 다녀 안쓰럽다는 말로 시작하나 싶더니 남들만큼 투자 못 해줘서 미안하다나. 일상생활 속에서 자기 자녀들은 '착해서' 언제나 피해자다. 모든 잘못은 저 나쁜 아이 때문이다. 고로 저 나쁜 아이의 부모 때문이다. 중요한 건 아이들끼리는 다투다가도 또 잘 지낸다는 거다. 하지만 '억울한' 부모는 아이를 늘 '억울한' 상황을 겪는 존재로 포장한다. 마치 '내가 제일 속상해!'라고 말하고 싶어서 일부러 그러는 것 아닌가 하는 생각이 들 정도다.

분노는 해결책을 원한다. 억울함의 해소법은 단연 공부다. 알고 보면 공부시키려고 주변의 기운을 억지로 부정적으로 만든 것 같다. 부모들은 단결한다. 재력의 크기가 집마다 다르기에 예체능에 대한 투자는 서로 간의 차이가 있지만 국영수처럼 전통적인 교과 영역에서는 황새 따라가려는 뱁새가 꽤 있다. 가용할 수 있는 최대치의 투자를 통해 그 이상의 결과를 기대한다. 학습지 정보를 묻고 학원의 동태를 파악할 때의 모습은 마치 집단지성이 등장하는 순간처럼 보인다. 목표가 뚜렷해진다는 건 임무를 완수시켜 나갈 책임을 지닌 이들의 삶이 더 억울해짐을 뜻한다. 게다가 많은 사람이 비슷한 환경 속에서 유사한 결심을 하며 살아갈 터이니 웬만큼 노력해서는 불안해서 못 살 것이다. 그렇게 많은 부모가 '죽도록 억울해지는' 삶을 산다. 덕분에 자녀들은 완벽한 기계로 성장한다. 성능이 무척이나 많은 신제품이지만 부품 하나 고장 나면 작동이 멈추는 기계 말이다.

이런 미래를 예방하자는 게 사회학이다. 내가 불평불만 투덜이 작가라고 불리는 이유는 사회학이 암울한 현실을 암울한 상태 그대로 드러내기 때문이다. 그러니 나는 저 부부들 사이를 비집고 들어가 대한민국에서 결혼하고 육아하기가 왜 이리도 험난한지 따져볼 수밖에 없다. 아빠들을 만나든 엄마들을 만나든 나는 '우리가 아무리 억울해도' 자녀를 부모의 욕심 구렁텅이로 빠트려서는 안 되는 것 아니겠냐고, 우리가 자녀를 공부만 잘하는 바보로 만들 수 없지 않느냐고 따진다. 물론 사람들은 사회구조를 비판하는 딱 3분까지만 공감하다가 논의가 개인의 성찰로 넘어오는 순간 격하게 반감을 표한다. "오 작가 또 진지해졌네. 그럼 어쩌라고? 자기는 얼마나 다르게 키운다고 그리 말해?"

아니라고 말하지 못했다. 아니지 않아서다. 열한 살 딸과 여섯 살 아들을 기르는 나 역시 자유롭지 않다. 전쟁 같은 삶에서 전투 같은 육아를 하는 '억울한' 우리 부부에게 누군가가 이건 이래서 문제고, 저건 저래서 잘못된 것이라 한다면 나라도 콧방귀를 뀌었을 거다. 그만큼 육아는 딜레마다.

성찰 없는 사랑의 결과

사회문제로서의 육아를 이해해도 개인은 이를 거부하는 실천을 하기가 어렵다. 처음에는 머리와 몸이 따로 노는 현실을 걱정했을 게다. 이론과 실천이 다르고 들은 것과 본 것이 같지 않아 당황했을 게다. 하지만 이내 세상에 적응하는 쪽을 택한다. 다음부터는 머리와 몸이 너무 달라붙어서 새로운 생각이 파고 들 틈이 없다. 우주의 평화를 위해 우리가 한 아이를 '남을 위하는' 사람으로 길러야 하는 것은 다들 알지만, 실제 소우주 안에서는 남을 생각할 겨를이 없다. 자본주의의 쓴맛을 아는 부모는 아이를 자본주의에 최적화된 사람으로 기르고 싶어 한다. 노골적으로 자녀의 성공을 바라는 게 모든 부모의 모습은 아니겠지만 실패하면 끝장이니 지푸라기라도 잡아야 한다는 상황 인식은 같다. 전문가들은 앞으로 대학 졸업장이 필요 없는 시대가 온다고 하지만 부모에게 이런 말은 너무 먼 미래의, 그것도 확실하지 않은 이야기일 뿐이다. 자신의 경험으로는 대학 나온 사람, 이왕이면 이름 있는 대학 나온 사람이 훨씬 유리하다는 걸 안다. 그렇기에

결혼과 육아의 사회학

'어쩌면' 그럴 수도 있다는 30년 후를 예측하며 아이의 장래를 불안하게 만들 순 없다.

그러니 한국에서 육아는 딜레마가 아니라 '앙상블'이다. 즐거운 나의 집은 자본주의적 가치가 그대로 아이에게 전달되는 장소다. 거대한 사회적 장벽을 깨자는 세상의 목소리도 이곳에 쉬이 도달하지 않는다. SNS에서는 우리나라가 이렇게 달라졌는가 하는 생각이 들 만큼 놀라운 진보적 흐름이 발견되지만, 육아의 세계는 그저 아이가 남들만큼은, 아니 남들보다 조금이라도 더 성장하길 바라는 부모의 다짐과 실천이 쳇바퀴처럼 반복되는 일상의 연속일 뿐이다. 변화에 둔감해서가 아니라 살얼음판 위를 걷는 사람에게 갑작스러운 움직임은 더 큰 화를 자초하기 때문이다. 그러니 옆에서 아무리 말을 걸어도, "조용히 해봐! 나 지금 어떤 상황인지 안 보여?"라면서 외부를 단절한다. 이렇게 얼음판 위를 안타깝게 걷는 부모들이 이 나라에 많다. '부모의 사랑'이라는 달짝지근한 말은 쉽사리 이 상황에 균열을 내는 걸 허락하지 않는다. 특히 '모성애'라는 고상하기 짝이 없는 말은 여성에게 어떻게든 얼음판 위에서 버티라고 종용한다.

사랑은 고통을 참게 한다. 하지만 결과는 우려스럽다. 살아보니 어쩔 수 없다면서 '일상적 민주주의'를 포기한 대가는 너무나 사랑스러운 아이들의 몫이다. 경쟁을 정당화할수록 차별과 혐오는 면죄부를 얻고 성별에 따른 고정관념은 여전히 부유한다. 부모 말 잘 들을수록 자본주의의 톱니바퀴가 되는 자녀들은 이른 나이부터 '지독한' 자본주의를 체험한다. 경쟁은 '냉정한 것'이라는 부모 말에 길들면서 패자가 된 자신이 겪는 차별 역시 냉정하게 인정한다. 아이들은 자본의 힘으로 만들어진 '스펙터클'한 광경에 길들면서 남보다 못한 자신의 모습을 초라하다고 느낀다. 하지만 이 세상에 길들여지는 것 외에 탈출구는 없다.

이것이 비단 한국인의 타고난 성질 탓이겠는가. 이 땅에서 자연스레 '연애 - 결혼 - 출산'의 궤적을 따르다 보면 누구나 그런 부모가 되어간다. 자본주의에 적응하고자 하는 눈물겨운 사투는 자신의 2세 때문에 갑작스레 발생한 것이 아니다. 사람들은 어렸을 때부터 수없이 반복해왔던 '현실론이라는 주관'을 두들기며 타인과의 만남을 계산한다. 연애할지 결혼할지 출산할지를 말이다. 지금의 부모는 이 선택의 갈림길에서 'YES'를 선택한 사람이다. 선택의 책임은 오롯이 자신의 몫이다. 결혼생활의 문제도 육아의 갈등도 결혼과 출산을 선택하지 않는 사람들이 넘쳐나는 이 시대에 타인에게 썩 공감을 얻을 주제가 아니다. 그럴수록 각오는 전투적이다. 자신의 선택이 틀리지 않았음을 어떻게든 '자녀를 보란 듯이 키워서' 증명하려 한다.

다시 말하지만 나라고 예외겠는가. 나는 사회구조로부터 비켜나서 현자처럼 세상을 바라보며 살고 있을 팔자가 아니다. '부모'라는 갑옷을 입는 순간 누구든지 아이들을 좋은 것에 노출시

결혼과 육아의 사회학

키려 죽도록 노력한다. 사교육의 문제를 들어는 보았지만 그게 없으면 어떤 문제가 발생하는지를 잘 안다. 그래서 한다. 성별의 고정관념이 구태의연하다고 생각은 하지만 이 사회에서 남자다움, 여자다움을 거부할 때 겪게 되는 고충을 잘 안다. 그래서 완전히 깨지 못한다. 소비를 통해 자신을 증명한다는 게 우스운 행동임을 알지만 아이 기죽을 걱정을 떨칠 정도는 아니다. 그래서 일단 지갑을 연다. 순간순간 머리를 긁적거려도 보지만 '아이가 잘 사는 게 먼저다'면서 스스로에게 면죄부를 주고 결국엔 관성대로 내 몸을 움직인다.

나부터가 문제인데 그럼에도 글을 쓰는 이유는 나처럼 많은 사람이 '육아조차 경쟁하는' 걸 가능케 하는 이 부모라는 갑옷에 답답함을 느낄 거라는 확신 때문이다. 부모들은 부모가 아닌 사람이 보면 고개를 갸웃거릴 수밖에 없는 이상한 육아를 적극적으로 실천한다. 이 잘못된 방향으로의 질주를 멈추고 싶어 하지 않을 사람이 있을까? 많은 부모들이 옳다는 쪽을 제대로 알려주는 이정표를 찾는다. 문제는 옳은 방향임을 자임하는 사람들의 훈계가 너무 많아서 헷갈린다는 거다. 이때 고정관념을 깨는 것을 중요하게 여기는 사회학은 큰 도움이 된다. 사회학이 제공하는 비판적 시선은 우리가 무의식적으로 받아들이는 '원래 그런 것'이 일으키는 부작용을 발견하게 한다. 어떤 방향이 틀렸는지 알아낸다면 우리는 옳은 방향을 찾을 가능성을 조금씩 높여나갈 수 있을 것이다. 그래서 이 책에는 이런저런 비법이란 게 등장하지 않는다. 자연스러운 일상의 문제점을 짚어내는 것도 분명 시민의 의무이고, 이는 곧 부모로서의 성장 아니겠는가.

이 책의 뼈대가 되는 내용을 네이버의 '파워라이터 ON' 〈오찬호의 결혼과 육아의 사회학〉에 연재하면서 자본주의에 대한 체념과 순응이 만들어낸 결혼-출산-육아의 일그러진 자화상을 날것 그대로 담았다. 우리가 좋다고 생각하는 우스운 현장의 모습을 가감 없이 모았고, 이런 모습이 "한국의 부모들은 과연 자녀를 시민으로 키우는 육아를 하는가?"라는 물음에 대한 답으로 어울리지 않음을 보여주고자 했다. 연재 당시 '기분 나쁘다'는 평을 곳곳에서 받았다. 글이 문제가 있어서도 아니고 내용이 틀려서도 아니었다. 누군가와 결합해 가정을 이룬다는 것의 어쩔 수 없음을, 누군가를 기르며 가족으로 살아간다는 것의 치열함을 왜 몰라주느냐는 하소연이 많았다. 이는 '가족'이라는 기존의 관념을 방패로 사용하는 습관을 건드리지 않고서는 결혼과 육아를 제대로 비판할 수 없다는 뜻이기도 하다. 나는 피해갈 생각이 없다. 이 책은 많은 사람이 말하는 '어쩔 수 없음'이 야기한 의도치 않은 결과를, '치열함' 속에 감춰진 우스꽝스러운 순간들을 나열한다. 이 불편함을 통해 궁극적으로 말하려는 바는 '가족'의 의미를 다시 묻기 위함이다. '우리 사회'가 아닌 '우리 가족'만을 위한 프로젝트는 결코 성공할 수 없다는 것을 모두가 느꼈으면

결혼과 육아의 사회학

좋겠다.

숨기고 싶은 자신의 모습이 드러나서 화가 난다는 사람들도 많았다. 아픈 건 아는데, 왜 꼭 이렇게 아프게 지적해야 하는지 따지는 경우도 있었다. '이런다고 세상이 변하지도 않을 건데'라며 자녀가 시민으로 성장하기를 체념한 나름의 이유도 덧붙였다. 자신 같은 평범한 소시민을 갈기갈기 찢지 말고 사회학자답게 사회구조를 따지라는 말이었다. 그런데 이 사회구조는 누가 만들고 누가 변화시키는 것일까? 사회문제는 곧 사람의 문제다. 모순된 사회를 변화시키려면 그 안에서 적응하고 살아가는 사람들이 어떤 강박 속에서 결혼을 결심하고 육아를 하고 있는지, 그 민낯의 괴기스러움을 확인하고 성찰의 시간을 가져야만 한다. 우리가 우리를 직시해야 한다. 사랑하지 않고, 결혼하지 않고, 출산하지 않는 한국 사회에서 사랑했고, 결혼했고, 출산한 사람들의 모습이 어떠한지를.

2018년 8월

오찬호

차례

결혼과 육아의 사회학

비혼자들이 기혼자들의 억울함을 대신 말하다
연애 강박의 시대가 만들어내는 이상한 다짐들
누가 결혼을 새로운 출발이라고 했나?

1

"결혼 안 해?가 아닌
"결혼을 왜 해?"라고 묻는 세상에서
결혼하기

●

"달콤한 '자유연애' 밑바닥에 각종의 현실적인 고려들이 깔려 있다는 것은
자본주의 사회로서는 불가피한 사정일 뿐이다."

- 박노자의 글, 〈결혼이라는 이름의 시장〉 중 - [1]

비혼자들이
기혼자들의 억울함을
대신 말하다

그 부모는 왜 이상해졌을까?

한 시간째다. 인터뷰를 위해 만난 아무개는 "진정으로 자녀에게 도움 되는 교육을 무엇이라 생각하는가?"라는 질문에 생뚱맞게 자신에게는 자녀 교육에 신경 쓸 수밖에 없는 이유가 있다고 했다. 썩 물려줄 것도 없어 뒷받침을 해주지도 못하는데 교육마저 놓을 수 없지 않느냐는 말이었다. 그는 내가 묻기도 전에 자신의 억울함을 구구절절 말하는 중이다.

아무개는 지금까지 여러 손해를 감수하면서 여기까지 왔는데 "육아마저 질 수는 없잖아요"라고 거침없이 말했다. '육아', '경쟁', '지다'의 표현이 너무나 자연스럽게 조합되는 것도 놀랍지만, 억울해서 그렇다는 인과관계도 썩 논리적이진 않다. 이런 설명이 좀 우습다는 것을 본인도 아는지 쑥스러운 표정을 짓는다. 물론, 감미로운 음악이 흘러나오는 조용한 카페에서 따뜻한 커피를 마시면서 진행되는 인터뷰 도중에만 그러하다. 이런 부모들은 하나같이 "한국 사회는 미쳤다, 쓸데없는 걸 너무 많이 해야 한다"라는 표현을 분명하게 한다. 그러나 곧 "이렇게 사는 내 인생이 공허하다"라면서 창밖을 바라본다. 본인의 육아가 스스로 생각해도 문제가 있다는 것을 인정하는 뉘앙스로 머리를 긁적거린 지 몇 분 지나지 않아 대화의 대부분을 자신의 한(恨)에 어떤 연유가 있는지 말하는 데 할애했다. 꼭 그 이유를 타인에게 전해야 한다는 강박으로 무장한 사람 같았다. 십중팔구, 카페 밖으로 나가는 순간 '모름지기 부모라면' 어쩔 수 없다며 '현실이라는 장벽'을 더 두텁게 만드는 데 일조하고 살고 있음이 분명했다.

부모들과의 만남에서 확인한 사실은 이들의 육아가 모종의 집착이고 여기엔 부모들이 살아온 여정에 대한 보상 심리의 성격이 또렷하게 있다는 거다. 아이에 대한 집착이 오늘날 한국 사람들만의 모습은 아닐 게다. 과거에도 그리고 다른 나라에도 분명히 이런 태도가 '자녀 사랑'이라는 말로 포장되어 있다. 다만 한국인들이 약간은 더 집착한다. 그래서 육아는 부모가 자녀를 보살핀다는 측면에서 세계 공용어일지 몰라도 공통분모를 쉽게 찾아내지는 못한다. 인간이 사는 곳 어디에도 육아는 존재하지만, 시공간의 압력에 따라 이를 실천하는 행태는 확연히 다르다.

결혼은 또 다른 생존경쟁의 시작

한국 부모들의 유별남을 이해하기 위해서는 이들이 지나쳐 온 '연애-결혼-출산'이라는 궤적을 주목해야 한다. 이 궤적은 불과 30년 전만 하더라도 보통의 성인이라면 누구나 거치는 생애 과정 정도로 이해되었다. 대부분이 겪었다는 말은 '사랑하고 결혼하고 출산하는' 개인에게 특별한 무게감을 부여하지 않았다는 뜻이기도 하다. 하지만 지금은 아니다. 통계청의 2017년도 사회지표에 따르면 결혼을 '해야 한다'고 말하는 사람은 미혼 남성 10명 중 4명, 미혼 여성은 3명에 불과하다.[2] 결혼하는 게 이득이냐, 안 하는 게 이득이냐는 노골적인 질문에 20대의 57%가, 30대의 48%가 안 하는 게 이득이라고 밝힌다. 이성 교제를 하는 미혼자 중 결혼을 생각하는 비율은 열에 넷도 되지 않는다.[3] 연애 다음의 과정에 의무적으로 얽매이는 시대는 지났다는 말이다. 사람들은 연애에서 결혼이라는 다음 단계로 나아감에 있어 오랜 고민을 한다. 그리고 다른 사람 눈치 보지 않고 오직 자기 기준에서 합리적이라는 결론이 나야 지금의 선택을 긍정적인 쪽으로 이어간다. 연애부터 출산까지 피할 수 없는 불확실성과 마주하기에 어떤 결심이든 그 방향은 불안을 줄여나가는 효율적인 결과를 위한 것이어야 한다.

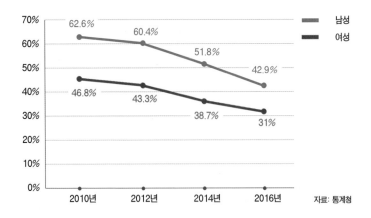

● ⟨표1⟩ "꼭 결혼한다" 비율 변화

자료: 통계청

결혼은 필수가 아닌 선택 결혼을 당연하다고 여기는 추세는 최근 급속도록 하락하고 있다. 특히 여성은 결혼생활이 개인에게 끼치는 단점을 오래전부터 인지하고 있다.

불안해서 다음 단계를 거부하는 선택은 시행착오란 게 존재할 리 없지만 그 반대는 아니다. 기대한 만큼의 합리적 결과가 나타나면 어디 한국 사회라 할 수 있겠는가. 이들에게 결혼 이후의 삶은 결혼 전에 기대했던 바와 너무 다르고, 출산 이후의 하루하루는 출산 전에 '그래도 괜찮을 거야'라고 믿어왔던 것들이 산산이 조각나는 시간이다.

자신이 원했던 그림에서 자꾸만 멀어져 가면 이와 비례해 다른 이들은 아무 걱정 없이 행복하게 사는 것처럼 보인다. 이럴 때마다 '그때 다른 선택을 했으면' 하는 아쉬움이 들게 마련이

결혼과 육아의 사회학

다. 특히 자신보다 학력과 직업도 안 좋고 외모와 성격도 별로였던 '저 인간'들이 안정적인 중산층이 되어 있을 때 더 그러하다. 이들은 결혼생활을 무슨 달리기처럼 생각한다. 생각보다 자신이 빠르지 않다는 사실이 짜증 나고, 생각지도 않았던 사람이 자신 앞에 있다는 현실을 받아들이기 어렵다. 마치 새치기를 당한 것 같다. 부모들이 언급하는 '다른 부모들'은 집안이 다 빵빵하다. 자신과 다르게 그 부모들은 어른들로부터 몇 억을 (표현을 그대로 옮기자면) '그냥 받은' 사람들이다. "원래 돈이 많은 집이에요"라는 말이 쉴 새 없이 등장한다. 이어지는 내용은 우리가 다 아는 아파트 어쩌고 하는 이야기로 흐르고 자신은 운도 지지리 없는 팔자라 되는 일이 하나도 없다면서 마무리된다.

육아는 이 시행착오를 결국에는 해피엔딩으로 만들 마지막 승부처다. 아니, 만들 수 있다는 착각이라 해야 함이 정확해 보인다. 지금까지는 어딘가 손해본 듯한 내 인생, 하지만 경기는 끝나지 않았다. "어떻게 아이를 그렇게 잘 길렀어요?"라는 부러움의 질문을 받는다면 지금까지의 상실감은 만회되고 나아가 숱한 우여곡절 끝에 내린 자신의 선택이 옳았음이 증명된다. 그렇게 9회 말 대역전극을 꿈꾸는 부모들, 이들은 철저히 '타인의 시선'에 구속된 육아에 자신을 헌신한다. '내가 너보다 돈은 없지만 부모로서의 똑똑함은 한 수 위다'라고 생각하며 누구보다 위에 설 그 날을 기다리며.

빈곤하게 사는 부모의 교육열 정도로 오해하면 큰일이다. 한국에서 부富는 매우 촘촘하게 위계화되어 있어서 누구나 상대적 박탈감을 느낄 수밖에 없다. 경차가 대형차를 바라보면서 이를 악무는 것만이 아니라 그랜저는 벤츠에 비해 자신은 보잘것없다고 생각한다. 벤츠는 또 모델에 따라 자신은 있는 집도 아니라는 놀라운 해석을 한다. 누가 보아도 과하다 싶을 정도로 아이의 교육에 집착하는 부모들이 "나 정도는 서울 강남 사람들에 비하면 별것도 아니야"라고 말하는 이유와 같다. 같은 강남에서도 마찬가지다. 미취학 아동에게 100만 원 이상의 교육비를 투자하는 사람들도 '대치동 일등 엄마들'의 철두철미함에 견줄 바 아니라면서 손사래를 친다. 결론인즉 어느 위치에 있더라도 한국의 모든 부모들이 자녀의 삶은 좀 더 낫길 바라며 주먹을 불끈 쥐고 있는 셈이다.

한국인들만 도드라진 부모 유전자를 타고났을 리 만무하니 여기엔 사회적인 이유가 있을 게다. 나는 주로 수도권에 거주하는 대졸 이상의 학력을 가진 30대 초반에서 40대 초반(1975~1985년생)의 부모들을 만났는데 이들의 '연애-결혼-출산' 궤적에는 그 윗세대와는 확연히 다른 'IMF 이후 생존경쟁'이라는 너무나도 묵직한 사회적 공기가 자리 잡고 있다. 이들은 '인륜지대사人倫之大事'라 여겨왔던 결혼을, 필수가 아니라 선택으로 여길 수 있는 분위기 속에서 자신의 미래를 고민했다.

지금은 익숙해진 '비혼非婚'이란 낯선 단어가 신문에 등장한 것이 1999년이다. 외환위기 이후 달라지는 사회 풍토가 여기저기서 기사화되던 시점이다. 전에는 사랑하는 이가 아닌 다른 이와의 정략적 결혼을 해야 하는 슬픔을 뜻하는 비혼悲婚이라는 표현이(1996년에 나온 가수 양수경의 노래 제목이기도 하다) 가끔 있었을 뿐이다. '非婚'이란 한자를 처음 사용할 때도 지금보다 훨씬 약한 의미였다. 저 때의 기사 제목은 〈결혼은 노 동거는 예스, 비혼 커플 부쩍(동아일보, 1999. 12. 16)〉, 〈살아보고 결혼합시다! 혼전동거(경향신문, 1999. 12. 16)〉였다. 주로 결혼하지 않고 남녀가 동거하는 상황이 늘어나는 모습을 윤리적으로 다루었던, 기존의 전통적 해석에서 약간 진보한 의미를 부여하고자 찾은 단어가 비혼이었던 셈이다. 결혼 '유무'를 하고 안 하고가 아닌, 했다 못했다로 바라보던 시대의 기운을 떨치지 못한 소극적 해석이었다.

중요한 것은 결혼을 '당연히 하는 것'이라 이해하고 미혼과 기혼이라는 이분법으로만 구분할 수 없다는 시대의 흐름이 1990년대 말부터 본격적으로 등장했다는 거다. 그러니 2000년대 이후에 결혼하는 사람들은 과거보다 주판을 훨씬 더 두드려보았음이 분명하다. 박노자는 결혼을 '거래'라고 직설적으로 표현한다. "사랑을 강하게 느끼지 않는 이상 '지옥의 문'이 될 수 있는 결혼에 이르는 과정은, 가면 갈수록 '자유연애'보다 '자유구매'

를 방불케 한다."⁴⁾ 계산적인 사랑을 숨기지 않는 건 한국만의
특징은 아니다. 사회학자 에바 일루즈Eva Illouz가《사랑은 왜 아
픈가Warum Liebe weh tut》에서 "자본주의 문화의 문법이 권력을 가
지고 이성애라는 낭만적 관계의 영역으로 침투해 장악한 결과"
⁵⁾라고 말했듯이 현대를 살아가는 사람들은 선택지가 많아진 상
황에서 '더 나은' 결과를 위해 사랑을 상품처럼 비교하고 그래서
결정의 불확실성에 시달린다. 아울러 선택의 책임을 전적으로
개인에게 돌리는 신자유주의의 특성상 사랑에 대한 개인의 고
뇌는 요동치게 마련이다.

한국에 이러한 맥락을 적용할 수 있는 큰 축이 바로 1990년
대 말 IMF 외환위기라 할 수 있다. 이를 기점으로 결혼하는 사
람은 줄어들고, 하더라도 시기가 늦어지는 중이다. 실례로, 서울
시 기준으로 1980년에는 35~39세 남성의 2%가 미혼 상태였는
데 이 수치가 2010년에는 35.5%로 치솟았다. 동일 연령대의 여
성 역시 같은 기간의 통계 수치가 1.6%에서 20.3%로 가파르게
상승했다. 30~34세로 연령을 낮추면 남성은 9.1%(1980년) →
58.9%(2010년)로, 여성은 4.3%(1980년) → 41.7%(2010년)로 달
라졌다. 2015년도 기준으로 대한민국 30대 전체의 36.3%가 미
혼 상태다.⁶⁾ 이제 결혼이라는 공통 변수로 30대를 묶기가 힘들
어졌다는 말이다. 초혼 연령이 남자의 경우 28.4세(1995년) → 31
세(2005년) → 32.9세(2017년)로, 여자의 경우 25.3세(1995년) →

27.8세(2005년) → 30.2세(2017년)로 꾸준히 높아지고 있다. 1995년에 첫 출산을 하는 산모의 평균 연령은 26.5세였는데 2016년에는 31.4세로 늦춰졌다. 20여 년 사이에 5년이나 차이가 생길 정도로 유의미한 변화가 나타난 셈이다. 이처럼 결혼에 대한 가치관은 완전히 달라졌다.

추세는 좀처럼 꺾이지 않을 것으로 보인다. 우리나라가 겉으로는 외환위기를 극복했지만, 개인은 여전히 '각자도생'의 철학이 난무하는 정글에서 생존을 위한 발버둥을 치고 있기 때문이다. 6~7년을 한 푼도 안 쓰고 돈을 모아야만 겨우 소형 아파트하나 장만하는 현실에서 게다가 주택만이 문제가 아닌 새로운 세계로 발을 쉽사리 내딛기란 어렵다. 지금은 성인으로 진입함과 동시에 생존을 고민하는 불안의 시대다. 많은 사람이 습관적으로 내뱉었던 '결혼을 생각할 나이'는 오늘날 점점 사라지고 있다고 보는 게 타당하다. 삼포 세대, 나아가 N포 세대의 등장은 결혼, 출산, 연애가 누군가에는 '사치'에 불과하다는 것을 의미한다. 이런 누군가는 계속 늘어나고 있다.

사랑에서 결혼과 출산까지를 가장 고민한 사람, 비혼자들

내가 비혼을 결심한 이들을 수소문해서 찾아 나선 것은 이런 이유다. (그리고 금세 여러 명을 만났다. 그만큼 많다.) 이들은 아이러니하게도 이 책에서 계속 등장하는 '그 부모'가 했던 고민을 가장 잘 아는 사람들이다. 그 부모들이 갈림길에서 일정한 경로를 선택하면서 '잃어버린 것들'을 아쉬워한다면, 비혼자들은 애초에 잃지 않기 위해서 다른 선택을 했다. 그러니 이들이 자신의 정체성을 미혼자에서 비혼자로 바꿀 수밖에 없었던 그 상황을 찾아보면 '대한민국에서 결혼한다는 것'에 어떤 공포가 있는지 적나라하게 드러난다.

비혼자들은 솔직하게 고백한다. '지금은' 스스로 결혼을 거부하고 있는 상태지만 '직전까지'는 결혼을 포기해야 하는 현실에 허우적거렸음을 인정했다. 자신이 사회적 거세를 당했음을 부정하지 않았다. 물론 나쁜 사회로부터의 거세다. 이들에게 주체적인 행위 의지가 보란 듯이 풍기는 '비혼'이라는 단어는 겹겹이 쌓인 자신의 상처를 봉합하는 마법의 언어였다. 그만큼 비혼자들은 연애-결혼-출산에 대해 가장 현실적으로 고민한 사람이다. 이들이 드러낸 공포, 그러니까 '그 부모'와 다른 레일로 들어선 결정적인 계기는 세 가지로 압축된다. 첫째, 존재를 미약하게 만드는 경제적 사정이고 둘째, 면역이 없기에 버티기가 힘들다고 판단한 인간관계의 문제, 마지막은 지금껏 배운 것이 너무나도 무용함을 인정해야 하는 빌어먹을 성 불평등의 세상이다. 이를 감수할 각오가 있어야 기혼자가 된다. 물론 비혼자들도 결혼

결혼과 육아의 사회학

에 대한 단호한 철학을 가지기 전에는 사랑한다면 여러 문제를 슬기롭게 극복할 수 있는 것으로 보았다. 천편일률적인 결혼식 주례사처럼 말이다. 하지만 결혼이 피부에 더 밀접하게 느껴지는 나이가 되어 세상을 바라보면, 갈등에서의 선택지는 꾹 참는 감수지 극복이 아니라는 점을 쉽게 알 수 있다.

경제적 사정은 이미 알려질 만큼 알려져 있다. 한국 사회는 결혼과 출산, 그러니까 가정을 꾸리기 위한 비용이 만만치 않다. 일단 주거비가 비현실적이고 사교육이 너무 일찍부터 그리고 해가 갈수록 많이 이루어진다. 아울러 그러한 비용을 마련해야 하는 당사자들의 노동 안정성은 갈수록 불안해지고 있으니 도무지 방법이 없다. 그런데 비혼자들은 "나 돈 없어요"라는 식으로 이 문제를 드러내지 않는다. 이 지점은 단순히 가난한 이들만의 문제가 아니다. 비혼자들은 어떻게든 사랑의 힘으로 가정을 꾸린다고 가정했을 때, 이 경제적인 이유가 결국 원인이 되어 자신의 자존감이 어떻게 상처받을지를 생각한다.

A(35세, 남)는 결혼한 친구들을 언급하면서 "평생을 눈치 보고 살 수밖에 없는 그런 삶을 살기는 싫었어요"라고 한다. A는 결혼이 곧 주체의 상실이라 했다. 왜냐하면 이 경제적 사정이라는 것이 '저소득층'에게만 해당하는 것이 아니라 웬만한 중산층에게도 끊임없는 굴레가 되고 있음을 목격하기 때문이다. A는 친구들이 '안정적으로 살고 있음'에는 그만큼 양가 부모님의 지분이

개입되어 있고, 그 투자 정도에 따라 결혼 이후에도 부모의 지배력이 자녀에게 유효하게 지속되는 것을 보면서 비혼을 선택했다. 결혼생활의 고충을 털어놓는 인터넷 커뮤니티의 글들을 보면 이 분위기는 쉽게 짐작된다. '결혼 후 이해 안 되는 부모님들'이라는 분노의 글들에는 결혼할 때 돈 좀 받은 게 이 정도로 간섭받아야 하는지를 하소연하는 공통의 맥락이 자주 등장한다. 여지없이 댓글 중에 '그래서 나는 한 푼도 받지 않았다'가 있는 이유도 연애와 결혼의 결정적인 차이가 무엇인지를 선명하게 보여준다.

자녀들은 금전적 사랑을 받은 만큼 부모에게 '항시적 미안함'을 가지는 걸 도리로 생각할 수밖에 없고 이런 갑을관계에서 부모들은 평일에 불쑥 자신이 세대주가 아닌 집을, 그러니까 법적으로 분명 타인의 거주지를 자기 안방처럼 드나들고, 자녀들은 재충전의 시간을 가져야 하는 주말에 의무적으로 부모의 집을 찾아가 밥을 먹어야 한다. 그만큼 만사에 최대 주주의 개입이 당연하고 이와 비례해 결혼한 어른들의 결정권은 사라진다. A는 "그건 아이로 사는 것에 불과하다"라고 말했다. 더 큰 어른이 되기 위해 '어른들'이 결합하는 것이 결혼이어야 하는데 어떻게 하루하루를 굴종 속에서 살 수 있겠는가.

반대로 이를 감수한 사람이 바로 '그 부모'다. 그런데 이들의 부모들은 자녀에게 도움을 준 상황을 자꾸만 끄집어내길 좋아한다. 왜냐하면 자신들은 누구에게 아쉬운 소리 하지 않고 결혼 생활을 시작했기 때문이다. 의지가 대단해서가 아니라 그 시절이 그랬다. 자신의 부모보다 나은 교육을 받았고 나라는 발전하고 있었고 단칸방에서 시작하는 게 이상하지 않을뿐더러 두 주먹 불끈 쥘 수 있는 자신감이 있었다. 그런데 이름도 유명한 '신세대' 자녀를 기르면서 종종 무시를 당했다. 아날로그적 감성에서 디지털의 시대로 넘어오는 변화를 몸으로 체험한 자녀들은 변화가 느린 부모를 우습게 여겼다. 결혼할 때 부모 도움 없으면 아무것도 진척시킬 수 없다는 현실을 꿈에도 모르고 말이다. 무시당했던 부모들은 결혼할 때조차 손을 벌리는 '여전히 애'인 자녀의 모습을 보고 묘한 웃음을 짓는다. 퇴물인 줄 알았던 자신의 역할이 중요하다는 것을 알게 되니 기세등등하다. 그러니 무늬만 어른인 지금의 부모들은 자존감의 지속적 하락을 겪을 수밖에 없다. 언젠가 터질 분노의 자원을 차곡차곡 쌓아가면서.

인간관계의 문제는 무엇일까? B(27세, 여)는 자신에게 결혼이라는 새로운 문이 선사할 여러 사람하고의 관계 맺음과 때로 발생할 관계의 뒤틀림을 견뎌낼 면역이 없음을 부단히 강조했다. B는 그간 몇 명의 사람과 연애했고 또 실패했다. 여러 이유가 얽혀서 연인들이 헤어지는 것이고 이는 사랑의 당연한 이치겠지만, B는 그렇게 태연하게 그 실패를 받아들이지 않았다. B에게 연애는 자라면서 수없이 들어왔던 "모든 것을 잘해야 한다"라는 그 모든 것 중 하나였다. 그래서 누구를 만나서 우연히 사랑하고 그 우연이 발전해 결혼에 이르는 것도 철저히 '성공'의 기획 안에서 이루어졌다. 계산이 많은 만큼 뒤틀림에도 예민하다. 수능 점수처럼 '공부한다고 보장받는' 영역이 아닌 것이 사람 관계임에도 B는 '자신의 노력이 부족해서' 결과가 좋지 않았다고 생각한다. 몇 번의 연애를 해보니 B는 사랑과 결혼이라는 선택 이후에 발생하는 관계의 어려움을 극복할 면역이 자신에게 없음을 알게 됐다. 비혼 결정은 그 이후의 일이다.

그럼 '그 부모'들은 B와는 다른 독보적인 면역 체계라도 가지고 있을까? 연애와 결혼은 상대방, 상대방의 집안과 그리고 상대방을 견제하는 자신의 부모 형제와 새로운 인간관계를 맺게 한다. 어디 이뿐인가. 살던 곳이 달라지고 또 출산 이후 '부모'라는 타이틀을 얻게 되면 지금껏 만났던 사람들하고의 관계는 한순간에 끊기기도 하며, 또 전혀 몰랐던 사람과 새로운 관계를 만들어야 한다. 그만큼 상처도 많아진다. 하지만 '그걸 감수한다는' 선택의 길로 스스로 들어섰기에 어디 하소연할 수도 없다. 그리고 한쪽에선 육아마저 뒤틀어지면 안 된다는 각오가 다져진다. 그 결연한 모습이 비혼자의 눈에는 어떻게 비칠까? B는 말한다. "기혼자들은 자신을 들볶으면서 가족을 괴롭히고 주변인들에게 민폐를 끼치면서 살아가는 것 같아요. 이야기를 해보면 늘 그 상황에서 '어떻게 해야 할지 모르겠다'를 입에 달고 있어요. 달라

결혼과 육아의 사회학

진 상황에 적응 못 하고 있다는 것이지요. 그런데 저라고 그 상황에서 다를 게 없겠다는 생각이 들었어요. 결혼 자체가 싫어진 이유였죠." 자신의 의지로 이상한 부모가 되는 걸 피할 수 없다는 말이었다.

마지막은 성 불평등에 관한 공포다. 12년째 연애 중인 C(33세, 여)와 D(33세, 남)는 결혼은 자신들이 배워왔던 '평등한 세상'을 부정할 수밖에 없다고 판단하고 비혼을 선택했다. 여기서 중요한 것은 이들이 무슨 대단한 페미니즘 교육을 받아서 이런 결심을 한 것이 아니라는 거다. 평범하게 학교에 다녔고 21세기에 어울리는 가치관을 긍정적으로 수용하고 살았을 뿐이다. 이들이 남녀평등이라는 의식을 지닌 것은 대단한 계기가 있어서가 아니라 그저 자연스럽게 학습되었기 때문이다. 둘만의 문제인 연애 과정에서 이를 실천하는 건 하나도 어렵지 않았다. 하지만 결혼을 고민하는 순간 자꾸만 먼저 결혼한 친구들이 떠올랐다. 비슷한 가치관을 공유했고 이를 실천하는 것을 불편하게 생각하지 않았던 친구들이 결혼 이후 변했다. 기혼자들은 평등이라는 이론을 화석화시키고 전통적 질서, 즉 '기울어진 운동장'에 적응하면서 가족의 화목을 도모하고 있었다.

C와 D는 이를 '상식과의 단절'이라고 표현했다. 젠더 감수성이 특별해도 남자든 여자든 그냥 결혼하면 동화책에 나오던 보통의 남편과 아내가 되어 살아간다. 여자들은 경력 단절녀가 되

었거나 경력 중단에 관한 고민을 혼자 끙끙거리며 하고 있었고, 이와 비례해 남자들은 회사에서 살아남기 위해 괴물이 되었다. 성별 고정관념을 싫어했던 친구들이었는데 결혼 이후 "남자가 그런 거 해야지", "여자라면 별수 없지"라는 말을 자연스럽게 뱉어냈다. 기울어진 운동장의 위에 있는 남자든 아래에 있는 여자든 마찬가지였다. 누구도 불의에 적극적으로 저항하려 하지 않았다. 친구들은 저항하려면 결혼하지 않는 방법밖에 없다면서 그냥 "현실이 어쩔 수 없잖아. 이상만 찾다가는 매번 싸우기만 해"라는 말을 되풀이했다. C와 D는 자기가 배워왔던 가치가 '어쩔 수 없다'는 터무니없는 이유로 포기되어야 하는 현실이 싫어서 비혼을 선택했다. 물론 '그 부모'들도 이런 가치들을 충분히 배웠다. 하지만 이론이 실천되기는 어렵다. 어쩔 수 없음은 고스란히 엄마의 과잉 육아로 이어진다. 남편은 경력이 단절된 채로, 혹은 단절의 위험을 느껴가며 육아에 전념하는 아내에게 미안해한다. 그 결과 아내의 육아 집착에 개입하지 않는다. 내 새끼 최고로 만들겠다는 엄마의 강박, 그리고 아빠의 무관심은 사교육 엔진이 불붙을 수 있는 최적의 앙상블이다.

'그 부모'가 반격할 상황이 마련되다

나는 '그 부모'가 실토한 억울함에 주목했다. 이야기의 전제

결혼과 육아의 사회학

인 '자본주의에 체념적으로 순응한 오늘날 한국 사회'라는 굵직한 물줄기를 확인하기 위해 먼저 비혼자들을 만났다. 비혼자들은 자신들이 무엇에 불안해했는지를 통해 현대사회에서 연애하고 결혼하고 출산하는 고충을 이야기했고, 자신의 비혼 결정에는 '억울하기 싫다'라는 측면이 있음을 부인하지 않았다.

이들이 제시한 세 가지 키워드들이 얼마나 사회적 유의미성을 지니는지를 확인하기 위해 나는 여러 미혼자 집단을 상대로 교차 체크했다. 20대 초반 대학생들은 (특히 여학생들은) 결혼 이후 확연히 달라지는 '성 불평등'의 현실이 자신들에게도 '결혼 부정'의 중요한 이유라고 했다. 이들의 엄마는 주로 1960년대 중반 이후 태어난 사람들이다. 여성으로서 교육적 차별이 그래도 줄어드는 시대였지만 경제적 활동의 차별은 그대로인 모순적인 상황을 체험한 세대다. 그보다 불과 10여 년 전 출생한 여성들이 누리지 못한 대학 교육까지 받는다고 주변에서 부러움을 받았지만 졸업 이후의 삶은 몇십 년 전의 여성과 별반 다를 바 없었다. 그래서 딸에게 "너는 일 그만두지 마. 결혼을 꼭 해야 된다고 생각하지도 말고"라는 말을 자주 한다.

20대 후반에서 30대 초반의 경우 '관계에 대한 두려움' 때문에 결혼하지 않는다는 맥락에 크게 공감했다. 누군가로부터 상처받는 것에 대한 걱정 때문에 연애 자체에 대한 관심이 줄어들고 있고, 그래서 그 끝이 자연스레 비혼일 가능성이 점점 커지고 있음을 부인하지 않았다. 30대 초·중반에서는 '경제적인 이유로 결혼 이후 온갖 눈치를 봐야 하는' 상황을 자신들도 고민하고 있었음을 강조한다. 특히 이들은 결혼을 선택한 또래에게서 직접 들은 생생한 사례 때문인지 자신의 연봉, 현실적으로 마련할 수 있는 집의 수준 등등을 계산해가면서 고충의 현실감을 생생하게 증언했다.

비혼자들의 주장에 미혼자들이 공감하는 것은 결국 연애와 결혼을 한다는 공포로부터 자유로운 이가 한국 사회에 드물다는 것을 의미한다. 누구나 한국에서 살다 보면 '낭만적인 사랑'은 낭만 속에서만 해야 한다. 결혼을 선택하고 부모가 된 이들은 스스로 고통의 문을 연 사람들이다. 그래서 상처는 스스로 감내해야만 한다. 포기하지 않았기에 매 과정에서 겪는 상처는 더욱 누적되었을 것이다. 행복하려고 결혼하고 출산했는데 거적때기가 된 자신의 삶이 얼마나 억울할까? 그러니 반격할 만하다.

결혼과 육아의 사회학

연애 강박의 시대가 만들어내는
이상한 다짐들

결혼은 '탈각'의 대상이 되었다

광고 회사에서 8년째 일하고 있는 A(33세, 여)는 결혼을 준비 중이다. 4년 전에 대학 동기가 주선한 소개팅에서 동문 선배 B(35세, 남)와 만나 때론 뜨겁게, 때론 미지근하게 연애를 했고 최근에 결혼을 결심했다. B는 이공계 석사 출신으로 기업 연구소에서 근무한다. 결혼이 확정된 후 A는 자신이 '왜 결혼하는지'를 주변 또래에게 부단히 설명해야 했다. "어떻게 결혼에 이르게 됐니?"라는 고전적인 질문은 사라진 지 오래다. 지금은 결혼하겠다고 하면 "어쩌다 결혼까지 결심하게 됐어?"라는 의심의 눈초리와 마주해야 한다. 친구들은 누구를 만나 연애만 해도 서로 맞춰가는 것 때문에 힘들어 죽겠다며 평생 한 사람만 사랑하면서 살 자신 있냐고 되물었다. 솔직한 속내는 요즘 세상에 굳이 결혼해서 무슨 이득이 있는지를 말해달라는 거였으리라. 신문에 지겹도록 등장하는 경제적 문제는 이런 고민을 더 정당화시키는 토대다.

A와 B는 둘이 합쳐 소득이 연봉 9000만 원 정도다. 맞벌이 평균 월급이 566만 원이니(2015년 기준) 이들의 젊은 나이를 감안하면 평균보다 한참 위다. 하지만 친구들은 "아이에게 엄청 투자해도 나중에 제대로 취업도 안 되는 세상인데…"라며 더 많이 버는 선배들도 육아가 시작되는 순간 힘들어하더라는 이야기를 조심스레 덧붙였다. 또 비슷한 사례였던 아무개가 "버티고 버티다가 결국은 전업주부가 됐잖아"를 강조하면서, 친구들은 경력단절녀가 되어 독박 육아를 하게 될 A의 슬픈 운명과 처량한 미래를 예감했다. 안 그래도 지금보다 회사와 멀어질 신혼집 때문에 왕복 3시간 걸리는 출퇴근 시간이 골칫거리인데, 친구들의 이야기를 듣다 보니 A의 마음은 더 무거워졌다. 가정 소득이 9000만 원이라면 배부른 사람들의 이야기 아니냐는 사람들이 있겠지만, 출산 후의 여러 상황이나 수도권 및 웬만한 광역시의 집값을 두루 생각하면 이들이 느끼는 삶의 무게는 결코 엄살이 아니다.

앞에서도 언급했지만 미혼자 열에 서넛만이 결혼을 생애 자연스러운 과정이라 이해한다. 30대 초반에 청첩장을 돌리면 "이른 것 아니냐"라는 소리를 듣고 그렇게 행복을 자신했던 사람들이

결혼과 육아의 사회학

마치 과거를 부정하듯 쉽사리 이혼을 선택하는 경우가 늘어나는 현실을 고려할 때, A는 친구들의 반응이 인간적으로 섭섭하긴 해도 놀랍진 않았다. 사람들에게 결혼은 반드시 할 필요가 없고 하더라도 실패할 확률이 높은 일이 되었으니까. 바야흐로 결혼은 '탈각'의 대상으로 개인에게 인지된다. 탈각脫却, 잘못된 것을 벗겨버린다는 뜻이다. 그럼에도 이를 선택한다면 부담을 느끼지 않을 사람이 있겠는가.7) 더구나 한국에서 결혼한다는 것이 특히 여자 입장에서는 손해라는 것을 A도 부정하지 않았다.

그래서 적어도 결혼 적령기 세대끼리는 "너 왜 결혼 안 해?"라는 질문을 함부로 던지지 않는다. 결혼을 당연시했던 시대에는 무수히 던져진 물음이었다. 하지만 언젠가부터 많은 사람이 연애는 연애대로 결혼은 결혼대로 신중히 고민하기 시작했다. 변화의 초기에는 결혼 자체를 크게 의심하지 않았기에 "너 왜 그 사람하고 해?"라는 질문 정도가 잦았는데, 이제는 '결혼은 필요 없다!'는 확신을 가진 사람들이 크게 늘었다. 심지어 '더는 사람에게 상처받기 싫다'는 내적인 이유와, '돈이 없다'는 외적인 이유 등이 결합해 결혼도 아니고 연애조차 거부하는 이들도 많다.＊(재차 말하지만 이 고민을 무슨 빈곤층의 전유물로 생각하면 오산

＊ 이 글은 한국 사회의 일반적인 육아 형태에 접근하는 것이기에 여기서 언급되는 사랑과 결혼은 이성애자의 경우로 제한했음을 밝힌다. 이를 알리며 양해를 구하는 이유는 사랑과 결혼 그리고 육아가 이성애자들만의 전유물일 수 없기 때문이다.

이다. 우리는 자신이 설정한 기준에 비교해 늘 돈이 없다.)

이처럼 의혹의 눈초리가 많아지는 오늘날 결혼은 어떤 풍토로 이어질까? 사랑은 현실의 고민이 전혀 해소되지 않아도 사람을 결혼에 이르게 하는 힘이 있으니, A는 친구들의 물음에 "그러게, 걱정은 되는데 그냥 해보려고"라며 영혼 없이 대답했다. 서로 좋아서 결혼하면 그만이라는 말이 무색한 세상이라는 걸 알지만 한편으로 오기도 생겼다. 내가 선택한 배우자와 천생연분임을 보여주고, 결혼으로 얻은 행복이 걱정했던 현실의 무게를 덮어버릴 만큼 숭고했음을 드러내리라. (나중에 출산하면 이 욕망은 고스란히 자녀를 매개체 삼아 연장된다. 무서운 열정으로!) 타인에게 부러움을 느끼도록 해야 자신의 선택이 옳았음이 증명되기 때문이다. 그래서 A의 SNS에는 우리가 아는 '그런' 사진과 글로 도배되어 있다. 학자들이 지긋지긋하게 분석하는 '타인에게 인정받고자 가장 행복하게 보이는 경우를 애써 선별해 현실을 감추려는' 사진과 밑도 끝도 없이 자신을 사랑하겠다는 감성 충만한 글들 말이다.

그런데 결혼생활이 과연 '파이팅!'을 외치는 승부겠는가. '서로의 행복'이 중요한 결혼이 '남에게' 어떻게 비칠까를 고민하는 건 시작부터 꼬인 게 분명하다. 집을 구하는 것은 말할 것도 없고 예식장을 결정하고 청첩장을 고르고 어떤 드레스를 입느냐는 작은 결정에서도 '저 친구만큼은 해야 할 텐데'를 신경 쓰니 결혼이 경쟁이 되고 과시가 될 수밖에 없다.

파이팅은 결국 결혼 이후 자연스레 등장하는 '워킹맘의 고충'을 겉으로 드러내는 것을 막기도 한다. 행복을 전투적으로 전시하다 보면 '어쩌다가' 문제를 끄집어내더라도 "그런 줄도 모르고 결혼했냐?"라는 비아냥거림을 주변으로부터 들을 각오를 해야 한다. 그러니 객관적으로 존재하는 '기혼자'의 괴로움이 사회 문제로 올라올 여론을 형성하지 못하고 철저히 사적 영역에 머무르게 된다. 그렇다면 남은 해결책은 '퇴사' 아니겠는가. 일은 일처럼 못하고 육아를 일처럼 해야 하는 상황이 발생한다는 거다. 이는 결혼을 거부할 사람들을 더 많이 양산할 것이고, 그러면 증가한 불안의 크기와 비례해 보란 듯이 잘 살겠다는 지나친 결심을 다지는 이들도 더욱 늘어나지 않겠는가. 이런 강박의 원형이 한국 사회에서 어제오늘의 일은 아니지만 그 구태를 왜 합리적이라는 젊은 세대가 답습하는 것일까? 그것도 더 과잉된 모습으로 말이다.

"짝을 찾는 일은 복잡해졌다"[8]

나는 사랑도 자기계발처럼 하면 성공할 수 있다고 배운 세대에 속한다. 언제부턴가 미디어가 나서서 좁은 시장을 벗어나 무한한 가능성을 어필하라고 가르쳤다. 이 모토를 실천할 줄 모

르는 사람에게는 무능력하거나 자신감이 결여된 루저라는 꼬리
표가 붙었다. 9)

행복을 과시하려는 사람들의 모습을 이해하려면, 결혼을 왜
하는지 설명해야 하는 이 시대가 아이러니하게도 연애를 '왜 안
하는지' 해명해야 하는 시대의 등장과 그 궤를 함께함을 알아야
한다. "너 솔로야?", "애인 없어?" 등의 이야기가 인사치레 수준
을 넘어선 것은 그리 오래되지 않았다. 한 번도 연애를 안 해 보
았음을 뜻하는 '모솔(모태 솔로)'이 자연스럽게 '부정적으로' 사
용되는 것은 연애에 대한 젊은 세대의 강박을 그대로 드러낸다
(열한 살 내 딸이 요즘 자기가 모솔이라면서 신세 한탄을 하고 있을 지
경이다). 연애를 '못하든 안 하든' 솔로는 늘 있었는데, 이를 어딘
가 문제 있으니 그런 거 아니겠는가 하는 '결핍의 시선'으로 바
라보는 경향이 강해진 거다. '연애했으면 좋겠다'는 푸념은 사라
지고 '연애하고야 말겠다'는 투사들만이 넘치는 시대다. 작전대
로 진행되지 않으면 다시 전술을 짜 두 번 실패는 없어야 한다는
이상한 강박이 연애를 지배한다고 해야 할까? 10)
　이 분위기는 연애란 자유로운 것이라는 관념에 비추어볼 때
참으로 고리타분하다. 그런데 자유롭게 연애하는 것, 즉 '사랑'
을 위해 인간이 미지의 인간관계 영역으로 돌진해 혼자 끙끙거
리기도 하고 상처도 받아보고 그러다가 결혼도 하는 풍토는 실

제로 얼마 되지 않았다. 사회학자 앤서니 기든스Anthony Giddens가 사람들이 친밀성에 기반을 둔 '운명 같은 사랑'을 믿고 가족관계를 구축하는 것이 "인간 존속의 '자연스러운' 요소로 종종 당연시되고 있으나, 사실은 추적할 수 있는 정도의 역사를 지니고 있을 뿐이다"11)라고 말했듯이 철저히 개인의 영역에서, 예측할 수 없는 우연적 상황으로 인해 발생하는 남녀 간의 '썸'12)은 인간의 당연한 통과의례가 아니었다. 하긴 인간이 자신의 영역을 보장받거나, 틀에 박히지 않는 삶을 통해 관계의 다양성을 추구하게 된 것이 얼마 되지 않았음을 볼 때 놀랄 일은 아니다.

이런 내용을 강의하면 지금의 대학생들은 의아해하지만, 불과 40년 전만 하더라도 자기감정에 충실한 사랑이란 낯선 것이었다. 1975년 4월 30일 자《동아일보》에는 대학생 413명을 대상으로 한 '한국 남녀 대학생의 데이트 실태에 관한 조사 연구'에 관한 내용이 있는데, 놀랍게도 제목이 〈먼저 사귀어본 후 부모 허락받아〉이다. 기사는 달라진 배우자 선택 경향을 이렇게 설명한다. "10년 전에는 '부모가 소개하고 당사자가 마음에 들면 결정한다'에서 '당사자가 사귀어보고 좋으면 부모의 허락을 받는다'로 크게 바뀌고 있다."

실제 대학생들과 이야기를 해보면 이 기사가 요즘에도 그리 동떨어진 소리가 아님을 알 수 있다. 아직도 이들은 자신의 연애 상대를 부모님이 어떻게 생각하는지가 걱정이라 익명의 커뮤니티 공간에 "부모님이 오빠와 사귀는 걸 싫어해요. 님들은 어떻게 했어요?"라면서 조언을 구하는 경우가 많다. "부모님이 반대하는 결혼, 해야 할까요?"라는 연애 버전의 질문이랄까? 쉽사리 '나는 그냥 나대로 연애한다'면서 타인의 눈치에 적극적으로 맞서지 못하니까 가능한 고민이다. 그리고 '나대로' 산다는 사람들의 이야기를 곰곰이 들어보면 실제는 아닌 경우가 많다. "부모님이 이런 사람하고 사귀어야 한다는 식으로 말하면 사생활에 간섭하지 말라면서 짜증 냈단 말이에요. 그런데 지금까지 사귄 사람 생각해보면 부모님이 싫어할 만한 조건이 별로 없었어요. 특히 학력적인 건 제가 더 엄한 기준으로 상대를 가려서 만나는 것 같아요."

다시 말해 '자연스러운 연애'는 지금도 그렇게 쉬운 일이 아닐지 모른다. 위의 기사에서 참조할 수 있듯이 1950년대 이후에 태어난 사람들에서나 사람과 사람이 관계 맺음의 실타래를 전통의 관성이 아닌 개인의 이성으로 묶고 푸는 '진짜 연애'가 가능했다. 이것도 과거에 비해 달라졌다는 측면에서 의미가 있지 개인의 존엄성이 온전하게 보장되었다고 하기에는 무리가 있다. 그저 남자는 돈 벌고 여자는 살림하는 전통적 업무 분담을 상호합의로 유지하고 있었기에 실타래가 그리 두텁지 않았다. '남자는 돈만 잘 벌어오면', '여자는 내조만 잘하면' 다른 문제는 부차적으로 이해했기에 사랑 공식은 복잡할 필요가 없었다. 게다가

결혼과 육아의 사회학

결혼을 자연스러운 인생의 과정이라 생각하던 시절이었으니 자신의 결정을 '운명적 사랑'이라고 속단하는 경우도 많았다. 그래서 이들에게 어쩌다가 결혼했냐고 물으면 "연애하다 결혼할 나이가 되어서 했지", "이 사람이 아니면 결혼 못 할 것 같아서" 등의 답이 나온다. 그만큼 연애가 단순했고 그래서 이들은 사랑이란 단어를 (지금도) 낯간지러워한다. 사랑을 순수한 개인의 영역에서 해석한 것은 이들이 처음이겠으나 그 매뉴얼은 무척이나 단순했다.

그렇다면 지금의 젊은이들이 '남녀가 정말로 연애하는' 최초의 세대 아닌가? 지금 버전의 사랑에 대한 역사와 전통이 없으니 이들은 어떻게 해야 하는지를 고민할 수밖에 없다. 사랑의 교본이 없어 당황하는 이들은 어디에 귀를 기울일까?

목숨 걸고 결혼하거나 쿨하게 포기하거나

당황하는 사람들의 심리를 노리는 건 역시나 대중매체다. 2000년대 이후 한국 사회에서 사랑, 성, 연애 담론이 범람했다는 것에 대한 분석은 이미 많다.[13] '연애 칼럼니스트', '연애 코칭'이란 말이 대중적으로 익숙해진 시기가 바로 이때부터다('연애 코치'는 2013년에 한국고용정보원의 직업 사전에 등록되었다). 문제는 연애에 관한 조언이 "요즘 연애 어떻게 하는지 고민이 많으

시죠? 이렇게 하면 됩니다!" 하는 식의 자기계발 형태로 이루어지면서 '연애를 못 한다=노력이 부족하다'는 사회적 공식을 만들어버렸다는 거다. 자연스레 젊은이들은 "연인이 없으면 그 시기에 가장 중요한 행복의 끈을 잡지 못한 것으로 생각하면서 결핍감을 느낀"[14]게 된다. 일종의 '연애 강박'의 시대가 등장한 것인데 이런 풍토를 여성학자 손승영은 "더 많은 것을 욕망하게끔 부추기는 상업주의가 가세하면서 낭만적 사랑의 각본이 공고화되어 왔다"[15]라고 일침을 가한다. 연애를 각본에 맞춘다는 것은 최고 상품이 되기 위해 모든 것을 시장의 룰에 따라 경쟁함을 뜻한다. 그러니 연애에도 "통계와 데이터 및 심리학으로 무장한 '전문가의 손길'이 필요해졌다."[16]

일루즈는 이처럼 "시장에서 남성과 여성은 신분, 소유, 교양, 특히 미모와 매력 따위의 다양한 차원에서 무한 경쟁을" 벌이기에 "만성적 불안"이 사라지지 않음을 경고했다.[17] 여기서 불안이란 자신이 사회적 기준에 적합한 조건을 갖출 수 있는가에 대한 불안, 그리고 갖추어도 더 많이 점수를 획득한 누군가 때문에 보상이 없을 수도 있다는 불안, 나아가 열심히 노력해서 연애와 결혼에 성공한다 해도 원래 조건이 내림세로 돌아설 때 — 이를테면 소득이나 특히 현대사회에서는 외모! — 상대가 자신을 홀대할 것이라는 불안 등을 의미한다.

또한, 자신은 매뉴얼에 충실했는데 상대가 '각본대로' 움직여

결혼과 육아의 사회학

주지 않을 때, 그 '분노'를 과연 주체할 수 있는지도 포함된다. 여성학자 박혜경의 표현을 빌리자면 "사랑할수록 이별에 대한 두려움을 갖게 되고, 전념할수록 배신에 대한 분노가 터진다."[18] 열 길 물속은 알아도 한 길 사람 속은 모른다고 했듯 사랑은 원래 존재 자체가 오리무중인데, 이걸 수학 공부처럼 접근하니 문제가 이만저만이 아니다. 최근 데이트 폭력이 더 노골화되고 '리벤지 포르노'와[19] 같은 저열한 복수극이 사회문제로 등장하는 것은 연애를 일련의 문법으로 이해하려는 강박과 무관하지 않다. 공식대로 문제를 풀었는데 자꾸만 오답이 나오니 이 상황을 받아들이지 못한다. 그래서 더 집착하고 때론 범죄로 이어진다.

단순히 미친 인간들로 치부할 순 없다. 사람에게 적용하기 어려운 사랑의 방법론을 이들에게 제공해 사랑조차 냉소하지 못하게 만든 건 이 사회다.[20] 테크닉이 난무한다는 건 연애는 곧 개인 연마의 문제라는 사회적 인식이 팽배하다는 뜻이다.[21] 이들은 "한 사람에게 열정과 안정감, 의외성과 친근감, 카리스마와 다정함을 동시에 요구하면 안 된다는 것을 잘 안다. 하지만 마음속 깊은 곳에서는 어느 한 가지도 포기하지 않는다. 또 세상의 중심이 나이고, 어떤 상황에서도 자존감을 지켜야 한다고 철석같이 믿는다."[22] 이런 혼돈 속에 사람들에겐 어떤 선택지가 있을까?

안정적이고자 하는 마음을 유동성에 적응시키고 훈련시키는 것, 언제든 떠날 수 있게 마음을 가볍게 유지하는 것이 첫 번째다. 2000년대 이후 관계에 있어 '쿨의 미학'이 보편화된 현상은 날로 증대되어 가는 후기 근대의 유동성에 사람들의 마음이 적응하는 방향으로 움직인 결과다. 연애 자기계발서들은 몰두하거나 헌신하지 말 것을 당부하는 이야기들로 가득하다. 두 번째는 사라져가는 지지대들에라도 스스로와 상대를 묶어, 허구에 불과한 안정성이나마 보장받으려 하는 것이다.23)

자기계발의 시대, 사랑의 상처조차 결핍으로 해석되는 시대에 사람들은 나름의 방법으로 상처를 재빨리 봉합해 타인에게 자신의 흠을 보이지 않으려고 한다. '쿨'한 척하거나, 아니면 자신의 선택이 옳았다고 괜한 집착을 보인다. 결혼에 대단한 결심을 동반하는 시대는 이렇게 탄생한다. 일본에서는 혼활婚活이란 신조어가 있는데 이는 경제활동, 구직활동을 하듯 결혼하기 위해 상대를 찾는 행위를 말한다. 누군가가 결혼을 결심해도 결혼 자체에 관심이 없는 사람이 많아진, 그리고 결혼 전에 이것저것 따져봐야 할 게 너무 많아진 세상에서는 상대를 만나기부터가 어렵다. 한국이라고 무엇이 다르겠는가. 그러니 예비 부부 A와 B는 목숨 걸고 경쟁하지 않으면 결혼할 수 없는 시대의 우여곡절을 다 겪은 이들이다. 그리고 "요즘에 결혼하는 사람도 있네"라는

결혼과 육아의 사회학

주변의 눈초리가 증가하는 만큼, 개인의 선택이 틀리지 않았음을 과시를 통해 증명하고 싶어진다. 이렇게 전시되는 남부럽지 않은 결혼(남이 하는 만큼은 갖춰야 하는 결혼)은 또 누군가에게 강박을 주니 24) 결혼을 의아해하는 사람은 늘어만 가고 덩달아 과유불급에 불과한 '파이팅'을 외치는 사람들도 늘어난다. 그렇게 악순환의 선순환은 완성된다.

자연스레 천생연분을 만났다고 자부하는 사람들은 '사랑은 내가 좋아서 하는 건데 너무 딱딱하게 접근하는 것 아닌가'라고 생각할 것이다. 하지만 시대의 압박은 매우 복합적이라 개인이 '내가 지금 사회를 느끼고 있어!'라며 쉽사리 인지할 수 있는 형태가 아니다. 오히려 짓누르는 힘이 강할수록 특정한 잣대를 의심할 생각조차 못 하니 개인은 자신의 선택을 자유로운 상태에서의 결정이라고 혼동한다. 하지만 현미경으로 우리의 모습을 들여다본다면 사회의 물줄기를 붙들고 떨어지지 않으려고 애쓰고 있음을 부정하기 어려우리라. 사랑? 그게 사회의 영향을 받지 않는 독립적인 존재였던 적은 없다.

누가 결혼을
새로운 출발이라고 했나?

남편은 놀라운 말을 했다

서른두 살 박지윤 씨는 동갑내기 남자 친구와 결혼했다. 지윤 씨는 친구들에게 청첩장을 돌리며 서로의 존재만으로도 행복함이 느껴져 결혼을 결정했다고 누가 묻지도 않은 이야기를 하기 바빴다. 연애라는 감정에 행복을 느끼는 건 당연한데, 새삼 강조하는 이유는 아마 자기방어일 게다. 지윤 씨부터가 "결혼을 왜 해?"라는 물음으로 누군가, 그러니까 결혼할 당사자를 곤혹스럽게 한 적이 수없이 있어서다. 불안의 요소를 안고 결혼을 선택한 후 별다른 반전 없이 불행에 이르는 경우는 주변에 많다. 자주 목격도 했다. 부부가 서로를 신뢰하면 어떤 어려움도 이겨낼 수 있다는 (지루하기 짝이 없는) 주례사들이 죄다 틀렸다는 것을

결혼과 육아의 사회학

이들은 잘 안다. 그런데 어쩌다가 결혼을 하게 되었다. 친구들은 자꾸만 어쩌다 결정을 내렸는지를 따지며 "너희가 이런 줄 몰랐네"라고 물어댄다. '우리에겐 남들과 다른' 사랑의 힘이 있기에 결혼한다는 방어 논리는 그렇게 등장했다. 이 동갑내기 커플은 세상이 어떠하든, 자신들은 누가 보더라도 행복하게 살자고 다짐했다. 과연 이 패기는 결혼이라는 오래된 전통의 힘을 막아줄까? 과연 사랑의 힘은 결국 세상 이치에 맞출 수밖에 없는, 제도로서 힘을 지닌 결혼의 쓴맛에서 이들을 예외로 만들어 서로가 꿈꾸는 것을 즐겁게 만들어가도록 했을까?

불안했지만 지윤 씨가 결혼을 결정한 이유는, 그러니까 남들보다는 나름 결혼생활이 순항할 것이라고 믿었던 이유는, 상대가 한국의 보통 남자들보다 성 평등 의식이 높았기 때문이다. 그러니까 '서류상 공식 부부가 되기 전까지'는 그랬다는 거다. 남자는 "남자니까~", "여자답게~" 등의 말을 하지 않는 사람이었고, 연애할 때도 고정관념으로 사람을 구속하지 않았다. 남자는 가부장적 의식에서 빠져나오지 못하는 자신의 아버지를 언급하면서 "나는 절대로 그렇게 살지 않을 거야"라고 말하며 상대에게 믿음을 심어주었다. 그렇게 이들 '남녀'는 '선남선녀'의 삶을 '신랑신부'가 되어 세상에 공표했다. 아! 적고 보니 역시나 남자가 여자 앞에 등장하는 단어 조합이 참으로 많다. 이들 커플의 운명을 예감이라도 하듯이.

결혼식을 치르고 신혼여행을 다녀와 양가 인사를 마친 후 다시 일상으로 돌아온 첫날, 지윤 씨는 놀라운 경험을 한다. 어렵사리 구한 신혼집이 전보다 회사에서 멀어져서 아침 6시 30분에는 출근해야 하기에, 6시 전에 눈을 떠 부랴부랴 씻으면서 준비를 하고 있었다. 그런데 남편은 잠옷 차림으로 식탁에 앉아서 아무 말 없이 스마트폰을 보는 것 아닌가. 늦어도 7시에는 출근해야 하는 남편이 너무 한가해 보여서 지윤 씨는 "출근 안 해? 오늘까지 휴가였어?"라고 물어보는데, 남편은 눈도 마주치지 않고 충격적인 말을 건넨다. "밥 안 줘?"

밥은 자기도 못 먹고 가는데 이 무슨 이상한 소리란 말인가. 밥 달라는 남편의 말에도 놀랐지만 천진난만한 그의 말투에 아내는 충격을 받았다. 마치 호텔에서 조식 서비스를 기다리는 그런 즐거운 기운이 남자의 음색에 묻어 있었으니 말이다. 대꾸도 안 하고 회사에 온 지윤 씨는 하루 종일 어안이 벙벙했다. 하지만 사랑의 힘이 대단해서였을까. 결혼 전에는 드라마에 등장하는 이런 장면을 보고 욕부터 했지만 여자는 고민 끝에 사뭇 다른 결론을 내린다. 친구들이 왜 남편 밥 차려준 것을 인스타그램에 올리는지 약간은 이해해보기로 했다. 자신도 남편에게 기대하는 바가 있듯이 남편의 기대치도 있지 않겠냐면서, 자신은 직장 생활을 한 이래 아침을 먹어본 적이 없지만 그래도 남편이 원하는 아내 노릇을 당분간 해보기로 결심했다. 상황이 도무지 여의치 않으면 남편이 이해해주리라 믿으며 전통에 자신을 조금은 맞춰 보기로 했다.

지윤 씨는 다음 날 5시 30분에 일어나 집에 있는 반찬과 계란 프라이 하나로 아침상을 대충 차려주고 출근 준비를 하려는데, 식탁에 앉아서 수저를 들던 남편이 5초 정도 침묵하더니 전날보다 비장한 투로 말한다. "국이 없네."

충격이었지만 여자는 한 번 더 남편을 위해 보기로 한다. 그래서 다음 날엔 국을 준비했다. 그날은 마치 이제야 사람대접 받는다는 표정으로 "역시 국이 있어야 잘 넘어가. 아침이 든든해"라면서 만족을 감추지 못했던 남편은 다음 날이 되자 지윤 씨의 억장을 다시 무너뜨리는 말을 뱉는다. "어제랑 같은 국이네."

화가 머리끝까지 난 지윤 씨는 "내가 네 밥 차리려고 결혼한 줄 알아? 어제 국 오늘 먹으면 큰일이라도 나?"라며 고함을 질렀고, 며칠간 쌓였던 분노를 조목조목 따졌다. 그러나 남자는 어이가 없다는 투로 답한다. "그게 지나친 요구야? 우리 행복하게 살기로 약속했잖아. 그리고 엄마는 매번 다른 국 주셨다고." 지윤 씨는 할 말을 잃고 집을 뛰쳐나왔다.

회사에서도 도무지 일이 손에 잡히지 않아 오후 반차를 내고 서점에 갔다. 자신의 설움을 들어준 직장 동료가 권한 《82년생 김지영》을 구입해 카페에서 읽는다. 그 또래의 여성이 한국에서 어떤 차별을 겪는지를 덤덤하고도 날카롭게 묘사한 소설이다.

멈칫거리는 한 문장을 발견하고 지윤 씨는 줄을 긋는다. 그리고 한숨을 내뱉는다.

세상이 참 많이 바뀌었다. 하지만 그 안의 소소한 규칙이나 약속이나 습관들은 크게 바뀌지 않았다. 그래서 결과적으로 세상은 바뀌지 않았다.[25]

생각해보니 '바뀔 수 없다는' 기운은 결혼을 준비할 때부터 스멀스멀 피어오르고 있었다. "나는 네 아빠 밥 차려준다고 평생을 보냈어. 넌 그러지 마"라고 하셨던 자신의 엄마가 막상 상견례 자리에서는 누가 묻지도 않았는데 "우리 아이가 할 줄 아는 게 없어서 걱정입니다. 밥이라도 제대로 할지 모르겠네요"라면서 연신 죄라도 지은 표정을 보이는 게 아닌가. 가관인 것은 남자의 엄마였다. "처음부터 누가 잘하나요? 하다 보면 다 늘어요. 우리 아들도 입맛이 그렇게 까다롭진 않아서 어렵진 않을 거예요." 갑을관계가 될 결혼생활은 이때부터 시작된 거였다.

지윤 씨는 지금껏 이런 정서를 그저 옛날 사람들의 버릇이라 생각했다. 하지만 정서는 유산이 되어 흐른다. 미혼 남녀를 대상으로 한 설문 조사에서 '아내가 차려주는 아침밥상'이 남자가 꿈꾸는 결혼생활 로망 1순위로 꼽히는 게 현실이다. 여자는 그저 '같이 장보기'가 1순위인데, 남자는 로망 자체가 '대접'이다. 그

결혼과 육아의 사회학

것도 자유, 평등, 개성을 몸으로 느끼며 성장했다는 지금의 미혼 남녀들이 말이다.[26] 그러니 아내들이 아침밥 안 차려주는 현실을 빗대 "거 봐, 요즘 남녀 차별이 어디 있냐!"라면서 평등해진 세상의 객관적 증거랍시고 말하는 남자들이 많다. 이들은 요즘 세상에 아침밥을 꼬박꼬박 먹는 사람이 어디 있냐며 따지는데, 마치 현대인들이 성 평등 의식이 높아져서 아침 식사를 거르는 것처럼 들린다. 전혀 그런 이유가 아니니 좀 민망하다. (바쁜 현대인들은 아침 식사 자체를 귀찮아한다.) 오히려 이런 글들은 인터넷 커뮤니티 곳곳에서 여전히 등장한다. 아내가 신혼 초에는 밥 좀 차려주더니 어느 순간 빵으로 바뀌었고 이제 신경도 안 쓴다면서 한숨 가득한 불평들 말이다.

하긴 내가 이런 사례를 강연장에서 이야기하면 중년 여성들이 "대한민국 남자에게 도대체 아침밥과 국이 어떤 의미를 지니는지 연구해달라"라는 우스갯소리를 하기도 한다. 농담이라 할 수도 없다. 지금도 아내 중에는 여행을 가면서 '남편 밥 안 차려주는' 기쁨을 느끼는 사람들이 있다. 이게 기쁨의 이유가 될 수 있다는 건 불상사를 대비해 미리 먹을 것을 준비해두고 떠난다는 말이다. 각종 밑반찬과 요일별 먹을 요리를 냉장고에 메모지까지 붙여서 차곡차곡 쌓아두는 노고는 이들에게 의무다. 어떤 남자도 집을 비우면서 하지 않는 고민을 여자는 늘 한다.

남성 쪽의 지원을 받았다는 것

지윤 씨가 한숨을 쉰 이유는 '현실에 분노는 하지만' 결국에는 오늘과 다른 국을 만들어 남편에게 대접(?)할 거라는 생각이 지워지지 않았기 때문이다. 양가 상견례 즉, 결혼이 준비되는 단계에서부터 주도권이 남자의 집안에 있었다는 것이 이미 비극의 신호였다. 나름의 예의를 지킨다는 남자네 집은 막무가내식의 투박한 강요를 최소한 결혼 선에 구체적으로 한 석은 없었지만 여자는 늘 찜찜한 기분이 들었다. 빚진 느낌이랄까?

그런데 빚진 건 사실이다. 커플 수중에 있는 돈은 1억 원 조금 넘는 정도였다. 20대 후반에야 취업한 30대 초반의 예비부부로서는 나름 열심히 살았다는 증거다. 그런데 이 돈을 다 써도 전세 보증금이 막막했다. 최소 1억 원은 대출받아야 그나마 수도권 끝자락에서라도 발품을 팔 수 있으니 말이다. 시름이 계속되자 남자는 부모님이 도와주신다는데 왜 마다하냐며 지윤 씨를 유혹했다. "부모님이 그래도 집은 '남자 쪽'에서 책임져야 한다고 하셨다"라며 1억 5000만 원을 주실 수 있다 했다. 세상에 공짜가 없는 걸 알기에 누구의 도움을 받지 않고 독립적으로 결혼하겠다고 다짐했던 지윤 씨였지만 흔들릴 수밖에 없는 금액이었다. 지금껏 자신이 싫어했던 '남편 돈 보고 결혼한 여자', '준다고 냉큼 받기만 하는 신부네' 들의 금전 거래에 비하면 자신은 약소

결혼과 육아의 사회학

한 느낌이라 더 그랬다. 그들은 탐욕이지만 자신 같은 주거 난민
은 어디까지나 타당한 도움을 받는 거 아니겠는가.

없는 돈으로 집을 구하러 다닌 사람들은 안다. 지역 차이야 있
겠지만 부동산이 소개해주는 방 두 개짜리 전세 1억 원 집들의
모습은 충격이다. '헉! 여기서 살란 말이야? 게다가 신혼인데⋯'
라는 생각밖에 들지 않는다. 이런 곳에 집이 있나 할 정도로 골
목에 골목을 돌기도 하고, 계단을 오르락내리락하며 문을 여러
번 여닫아야 초인종이 등장한다. '아, 그동안 정말 열심히 산다
고 노력했는데 이게 뭐지?'라는 지난 삶에 대한 원망과 후회가
밀려온다.

하지만 1억 원에 1억 5000만 원이 더해지면 급반전이 가능하
다. 남자는 왜 고생을 사서 하냐면서 지윤 씨를 이해 못 하겠다
는 표정을 지으며 중얼거린다. "이 돈 지금 안 받으면 나중에 어
떻게 될지 몰라. 부모님이 주실 때 받자고."

지윤 씨는 흔들렸다. 그래도 남들만큼은 시작하고 싶다는 생
각도 들었다. 갑자기 시댁 잘 만나서 부유해졌다는 뒷말을 들을
만큼의 금액은 아니라 생각하니 걱정이 줄었다. 괜히 자존심 지
키려다가 너무 없는 상태를 드러내서 '굳이 그런 선택을 해야만
했니' 하는 표정을 지을 친구들을 마주할 생각을 하니 계산이 빨
라졌다. 그래서 돈을 받았다. 지윤 씨는 여성학자 정희진이 표현
한 것처럼 "사랑의 이름으로 남성의 자원을 승계받는 일부 여

성"27)이 되는 것이 정말 싫었는데, 결국 그렇게 되고 말았다. 2억 원으로 전세를 구하고 남은 5000만 원으로는 다른 것들을 여유 있게 준비할 수 있었다. 신혼여행도 동남아에서 하와이로 변경했다. 불과 며칠 전에는 상상조차 하지 않은 일이었다.

짚고 넘어가야 할 것은 남들만큼의 모습을 보여주는 결혼생활이라는 것을 무슨 사치의 개념으로 왜곡해서는 안 된다는 거다. 부부는 서울 외곽에 18평 아파트를 전세로 얻었다. 수영장 있는 3층 저택이 아니란 말이다. 버스를 20분 타야 지하철로 환승할 수 있고, 옆 사람의 숨소리가 피부에 느껴질 정도로 밀착된 상태로 1시간을 더 가야 회사에 도착할 정도로 서울에서 떨어진 곳이다. 1억 원으로 아파트 전세 구하기가 불가능해진 시대에 부부는 '조금' 도움을 받았을 뿐이다. 이런 소리를 하면 발품을 잘 팔면 좋은 데 구할 수 있다는 사람들이 꼭 있다. 지금 스무 살 대학생이 살 원룸이 아니라, 서울에 직장이 있는 30대 부부가 함께 살 집을 구하고 있음을 유의하기 바란다. 《결혼 시장: 계급, 젠더, 불평등 그리고 결혼의 사회학》의 저자 준 카르본June Carbone과 나오미 칸Naomi Cahn의 선언처럼 "안정적인 결혼생활은 이제 특권의 상징이 되어버렸다."28)

지윤 씨는 특권층이 되기 위해서도 아니고 누군가에게 과시하기 위함도 아니라, 그저 '기본' 이하로 떨어질 것에 대한 두려움 때문에 남자의 부모로부터 도움을 받았다. 이때부터 '준 자'와

● 〈표2〉 신혼부부의 결혼 비용 실태(2017)

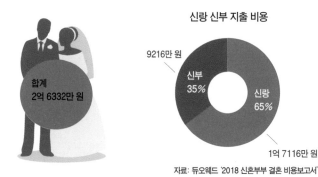

신랑 신부 지출 비용

합계
2억 6332만 원

9216만 원

신부
35%

신랑
65%

1억 7116만 원

자료: 듀오웨드 '2018 신혼부부 결혼 비용보고서'

남녀 결혼 비용 주거비의 상승으로 결혼 비용도 증가하고 있다. 전체 비용이 부담되는 상황에서 전통적인 성별 부담의 정도가 그대로라면 기존의 성 불평등은 쉽게 개선되지 않는다.

'받은 자'의 입장은 하루아침에 달라졌다. 남자의 어머니는 결혼 준비에 개입하기 시작했다. "요즘 애들을 이해할 수가 없네"라는 표현을 시도 때도 없이 뱉으면서 청첩장이 요란하다, 식탁은 원목이 좋다, 폐백에 어른들은 얼마나 오시냐는 등 시시콜콜한 것까지 간섭한다. 여자 쪽 부모는 아무것도 하지 않는데 말이다. 하더라도 조용히 사실관계를 확인하고 의견을 조심스레 전달할 뿐이다. 1억 5000만 원으로 운동장은 완전히 기울어져 버린 셈이다. 지윤 씨는 꾹 참았다. 대학 시절 얼핏 어깨너머로 공부했던 페미니즘 책들에서 배웠던 이론은 현장에 적용하지 않기로 했다. 자신의 어머니, 그러니까 '결혼식장에서 신부 쪽 혼주'가 될 운명인 자신의 부모부터가 어릴 때 입버릇처럼 말하던 '나와 너'가 수평적으로 맞춰가는 결혼생활이 중요하다는 철학을 포기했음을 상견례 장소에서 천명하지 않았던가. 그러니 '결혼식장에서 신랑 쪽 혼주'라 불릴 사람들은 남자 쪽 가풍家風에 여자가 따라가는 것이 중요함을 굳이 말로 표현하지 않고 그게 당연한 줄 알고 행동해버린다. 한 방송에서 이런 분위기를 좀 깨보자고 남자 쪽, 여자 쪽이 반대로 인사를 해보는 걸 제안한 적이 있다. "지금까지 아들 잘 길러주셔서 진심으로 감사합니다. 이제부터 저희가 책임지겠습니다"라고 신부 쪽 부모님이, "정말 지금까지 인성 바르게 아들을 키우고자 노력했어요. 많이 부족하지만 열심히 하는 아이니 많이 가르쳐주십시오"라고 신랑 쪽 부모님이 말해야 했는데 말을 끝맺지 못할 정도로 어색해들 했다.29)

특별한 돈거래가 있어서 이래야 한다는 것이 아니라, 전통적인 결혼 풍습과 역할 분담에 균열은 났을지언정 여전히 깨지지 않은 상태로 존재함을 인정하자는 거다. 내가 이 글을 인터넷에 연재할 때 "결혼할 때 한 푼도 안 해줘도 저럽니다"라는 댓글의 공감수가 많았다는 건 결혼이라는 제도를 선택한 당사자들은 어떤 식이든 전통의 힘에 눌릴 각오를 해야 한다는 뜻이다. 그런데 1억 5000만 원이 오갔으니 오죽하겠는가. 게다가 어떤 돈인가. 100세 시대지만 60세도 전에 주된 일자리에서 은퇴하는 현실에 사는 사람들의 돈이다. '오래는 살아도 쉽사리 행복하긴 어려운'

결혼과 육아의 사회학

노후를 앞둔 사람들이 최소한 5~6년은 안정적으로 생활할 수 있는 돈이란 말이다. 그러니 받는 사람들은 '요즘 세상에 이 정도로 생색'이냐고 할 수 있겠지만 주는 사람들은 '요즘 자녀들은 결혼하면서 부모 돈을 이리도 많이 가져가네'라고 생각하는 거다. 게다가 지금의 중년들은 결혼하면서 부모에게 이 정도의 부담을 주지 않았던 세대였다. 그럼에도 부모를 정성스레 부양하는 이들이 1억 원이 넘는 돈을 자녀에게 주고도 별로 대단한 것 아니라는 대우를 받는 기분이 어떨지 짐작이 간다.

이 억울함이 있기에 자신들이 아들을 어떻게 키웠는지, 아들이 무엇을 좋아하는지를 가급적 상세히 지윤 씨에게 전달하려고 한다. 나중에 알았지만 남자의 어머니는 평생을 남편의 아침밥을 차려주면서 사셨다. 그러니 남자의 식사 투정은 '결혼을 한 이상' 자신의 가풍대로 살겠다는 일종의 의지였던 셈이다. 이미 남성의 자원을 승계받은 여성이 할 수 있는 거라곤 '그래도 2~3억 원 받은 집에 비하면 낫겠지'라는 어설픈 위안뿐이다.

남자는 권위를 권리라 했다

남자를 만났다. 그는 고함을 질렀던 아내의 모습을 이해하기 어렵다고 했다. 남자는 아내가 이상과 현실의 간격에 대한 타협을 이미 결혼 준비 과정에서 끝낸 거 아니냐면서 흥분했다. 충분히 이런 상황을 설명했는데 왜 뒷북이냐고도 했다. 그러면서 자신이 '뼈 빠지게' 일하고 있고 앞으로도 '가족을 위해서' 그럴 거라고 강조했다. 본인이 절대 가부장적이지 않음을 지극히 자신의 입장에서 자세히 설명했다. 주말에는 설거지도 하고 분리수거는 언제나 자신이 철저하게 하고 빨래도 잘 갠다는 등(분리수거는 철저히 하는 게 당연한 거고 빨래를 '잘' 갠다는 표현은 가사가 일상인 사람은 하지 않는 말이다) 비교 기준도 제시한다. "제 아버지는 이런 거 평생 안 하셨다니까요! 저는 전기밥솥도 잘 다루고요. 오븐 요리도 얼마나 잘하는데요." 그리고 목소리를 높인다. "이런 제가 아침밥 정도 얻어먹는 것은 일종의 권리 아닌가요?"

이러니 서로가 더 행복해지자고 선택한 결혼이란 '없다'고 말하는 것도 틀리지 않아 보인다. 연애 때는 언급되지 않던 권리가 자연스레 등장하지만 이게 정당한 것인지 냉정하게 따져지지는 않는다.30) 결혼이라는 제도는 모두가 아니라 그중에 한 명이 '나를 행복하게 해달라'고 더 외치는 모양새를 인정하는 꼴이다. 모두가 자기가 누려야 할 권리를 따지는 강박이라면 좋겠으나 그렇지 않다. 더 개입해도 된다고 생각하는 쪽이 훨씬 일방적이다. 남자들은 자신의 익숙했던 가치가 균열되는 것을 여자가 약속을 어긴 일종의 '반칙'이라고 여긴다. 그래서 '군림과 굴복'이라는 이분법으로 상대를 바라보고 기선 제압을 시도한다.31) 그리고 이때 발생하는 모든 차별을 '역할 분담'이라는 표현만 굉장

결혼과 육아의 사회학

히 평등한 용어 안에 가둬버린다. 오히려 큰소리다. 남자는 '밖에서 일하기에' 자신의 전문 역량을 키워가며 자신의 브랜드를 발전시켜 나가는데, 이러한 본질적인 불평등은 쏙 빼고 마치 '여자보다 더 큰 책임감'이 있어서 사회생활의 온갖 수모를 참는다면서 '자신이 더 억울한 상황'임을 강조한다.

한번 기울어진 운동장은 계속 기울어진다. 상상 초월의 일주일을 보내고 첫 주말을 맞아 남자는 늦잠을 자던 지윤 씨에게 놀라운 말을 뱉는다. "뭐 해? 부모님께 안 갈 거야?" 이 무슨 상황인가. 지윤 씨는 금시초문이란 표정을 지었지만 남자는 점심 전에는 가겠다고 이미 말했단다. 이건 지윤 씨가 결혼 준비를 하면서 가입한 각종 '맘mom' 카페에서 종종 보았던 글의 내용 아니었던가. 카페에는 '시부모님' 때문에 미쳐버리겠다는 글들이 자주 올라오는데, 그중 대표적인 유형 하나가 주말에 '의무적으로 방문을 요구하는 것'으로 인한 스트레스다. 하소연은 주로 "결혼할 때 도움 얼마 주었다고 정말 너무 하신 거 아닌가요?"라는 식이다.

지분을 가진 자의 만행은 놀랍다. 아들 내외가 오지 않으면 본인들 스스로 간다. 예고 없이 방문하는 것은 보통이고 비밀번호를 공유해서 무단 침입을 하기도 한다. 조심스레 그러지 않으셨으면 좋겠다고 부탁드려도 소용없다. "내가 아들 집에 허락받고 가야 하느냐"라는 투의 원성을 들을 가능성이 크기 때문이다. 누군가는 2년마다 시부모의 권한이 더 높아짐을 강조한다. 전세금이 너무 오르니 2년마다 어느 정도 도움을 받지 않을 수 없다는 말이었다. 그러고 보니 지윤 씨가 지금 사는 집도 2년 전보다 보증금이 3000만 원 올랐다. 이 정도면 부부가 충분히 감당할 수준이라 생각하겠지만 2년 내내 별다른 목돈이 들어갈 일이 발생하지 않음을 전제로 투철한 절약정신이 유지되고 실천된다는 것은 쉬운 일이 아니다. 참고로 가계소득이 우리나라 평균인 가정에서 1년에 저축 가능한 금액은 798만 원 정도다(2012년 기준). 상위 20~40% 정도에 속해야지 1294만 원, 그러니까 한 달에 100만 원을 겨우 모을 수 있다.[32] 앞으로 돈을 그만큼 계속 벌 수 있을지, 또 전세금이 어느 정도 인상될지 아무도 모를 일이다. 그때 겪게 될 꼬락서니가 싫어서 열심히 돈을 모으겠지만, 대한민국 부동산이 열심히 모아서 해결될 수준이었으면 애초에 1억 5000만 원을 빌려 시작부터 꼬일 일도 없었을 것이다. 차라리 무리해서라도 내 집 장만을 하는 편이 낫겠다고 생각해도, 무리한 만큼 빌어먹을 '가족공동체'의 덫이 더 견고해지는 건 어떻게 감당하겠는가. 딱히 묘수가 없다. 지윤 씨는 주섬주섬 나갈 준비를 한다. 가서 별난 입맛을 자랑하는 시아버지가 드실 반찬을 만들고 먹는 둥 마는 둥 식탁에 앉아 차라리 지옥에 있는 게 더 편할 몇 시간을 버틴다.

시부모님은 이상한 질문만 하신다. "그래, 일은 언제까지 할 예정인가?", "아기 생기면 당장 그만둘 거지?" 지윤 씨는 그만 둘 때를 알고 일을 시작한 게 아닌데 남편은 꿀 먹은 벙어리다. 그래서 조심스레 '요즘은' 그런 시대가 아니라고 정중하게 말했다. 시어머님은 이해를 하신 투다. 하지만 이상한 말이 이어진다. "아이 생기면 친정어머님이 봐주시겠지?"

오후 늦게 집으로 돌아오는 길에 지윤 씨는 남자에게 왜 가만 있냐고 물어본다. 남자는 뭐가 문제냐는 투다. 일요일마다 이러는 게 말이 되냐고 하니 그게 효도 아니냐면서 떳떳해 한다. 그러면서 "결혼할 때 내가 받은 게 있으니 별수 없잖아"라면서 솔직한 마음을 실토한다. 자기도 피해자라는 남자의 말에 지윤 씨는 그냥 창밖만 바라본다.

자주권을 잃어버렸다

일루즈는 "사랑에 빠진다는 것은 자주권을 잃는다는 뜻"이라면서 사랑은 "자아가 상대방의 의지 앞에 고개를 숙이는 모양새를" 취한다고 했다.[33] 얼핏 달콤한 말 같지만 현실에서 의지를 내세우는 쪽과 고개를 숙이는 쪽의 성별이 너무나 선명하게 구분되니 문제다. 일루즈가 주목한 것은 자율성을 포기할 때 받는 개인의 충격이 과거보다 더 크다는 것이다. 지금의 세대는 '자율성의 중요성'을 교육받아 왔다. 지윤 씨 역시 마찬가지다. 하지

1 "결혼 안 해?"가 아닌 "결혼을 왜 해?"라고 묻는 세상에서 결혼하기

만 여자에게 결혼은 새 출발이 아니라 원래 있었던 잘못된 현실에 자신을 맞추는 것에 불과했다. 어찌 충격이 크지 않을 수 있겠는가.

지윤 씨는 고민에 빠졌다. 이혼하지 않는 이상 선택지는 하나였다. 평등을 추구하기에는 상처가 너무 클 것 같았다. 하지만 자신이 양보, 아니 굴복하면 별다른 협상이 필요치 않은 '평온한 불평등'을 유지할 것이다. 모든 게 귀찮다. 감당하고 사는 게 속 편할지도 모른다.34) 사실 거대한 장벽 앞에서 개인이 할 수 있는 선택은 이것뿐일지도 모른다. 그렇게 생각하니 지금껏 괜히 상처만 받은 것 같아서 화가 난다. 그래서 현실을 받아들이기로 했다. 마음이 편해졌다(한때 자신을 페미니스트라고 생각했던 지윤 씨다). 앨리 러셀 혹실드Arlie Russell Hochschild가 말했듯이 세상은 여전히 '지연된 혁명stalled revolution' 중이다.

아뿔싸! 이 와중에 지윤 씨는 임신을 했다. 아침 6시에 국을 곁들인 아침상을 차리고 주말엔 시댁에 효도하러 가는 이상한 신혼이었지만, 결혼생활은 차근차근 다음 단계로 진행되고 있었다. 지윤 씨는 아주 잠시 설렜고 금세 두려움에 빠졌다. 임신한 여자는 일을 그만두길 안팎에서 강요받을 것이고 아마 그만 둘지도 모른다. 이런 불안함도 모른 채 어른들은 '사랑의 결실'을 맺었다며 난리도 아니다. 이때만큼은 양가 부모님이 구분되지 않는다. 결혼 준비 과정에서 약간 냉랭해졌던 그들의 관계는

결혼과 육아의 사회학

축하를 건네는 안부 전화를 나누며 봄바람 불듯 훈훈해졌다. 특히, 지윤 씨를 그렇게 성 평등적 관점에서 가르쳤던 친정 부모님도 딸이 출산과 육아와 집안일과 회사 일에 고생할 것을 걱정해서인지, 회사도 먼데 이왕이면 편히—그러니까 일을 그만두고—몸부터 챙기길 바라셨다. 어떻게 그렇게 무책임한 소리를 하느냐고 화를 내니 "흥분하면 아이에게 안 좋다"라면서 다독거린다. 그렇게 지윤 씨는 빌어먹을 '현실론' 앞에서 작은 개인이 되어간다. '엄마'로서 잘 살기를 강요하는 세상에서 여자는 자존감이 무너질 것이고, 이는 자연스레 '엄마의 자존심을 건' 육아의 세계로 그를 인도하게 되리라.

결혼과 육아의 사회학

가장 악질적으로 '남용'되는 말, 모성

소비하는 부모의 탄생: 출산 · 육아 박람회는 어떻게 작동하는가?

산후조리원은 좋고도 나쁘다

2

임신과 출산은
억지 규칙으로 가득 찬
세상이었다

●

"아이는 모두 함께 키워야 한다는 것이 단지 사고방식으로만 머무르고
시스템으로 정비되지 않는다면, 양육은 성립하지 않는다."

- 와시다 기요카즈의 책, 《사람의 현상학: 사람으로 산다는 것의 의미》 중 - 1)

가장 악질적으로 '남용'되는 말, 모성

엄마라서가 아니라
엄마답지 못하다는 평가가 두려워서

공공기관에서 일하는 A는 최근 퇴직했다. 최근 몇 년 사이 국가균형발전 계획에 따라 회사가 지방으로 이전했는데 A는 그 변화에 동참할 수 없었다. 이전 발표가 나고 회사가 이사하기까지의 기간인 5년 동안 여러 경우의 수를 짜보면서 경력을 이어가려고 노력했지만 허사였다. 아내는 속이 터져서 발을 동동거리는데 남편은 태연하게 말했다. "정말 갈 거야?"

남편은 당연히 아내가 일을 그만둘 것이라 생각했다. 아내가 지방에서 계속 일을 하려면 두 가지가 충족되어야 했는데 애초에 불가능했기 때문이다. 첫째, 가족 모두 내려갈 수 있는가? 서

2 임신과 출산은 억지 규칙으로 가득 찬 세상이었다

울에 직장이 있는 남자에겐 말도 안 되는 일이었다. 둘째, 아내 혼자만 내려가거나 아니면 아내가 장거리를 기차로 출퇴근할 수 있는가? 역시 불가능했다. 애들을 돌볼 사람이 없기 때문이다. 그러니 남편은 아내가 일단은 일을 그만둘 수밖에 없다는 것을 이미 5년 전부터 너무나 당연하게 예상했던 것이다.

A는 남편에게 직장을 포기하는 걸 어떻게 그렇게 쉽게 말할 수 있냐고 따졌다. 하지만 이후 상황은 쉽게 포기하는 것만이 답인 것처럼 흘러갔다. 같은 여자인 시어머니와 친정어머니부터 퇴사 외에는 방법이 없다고 했다. 자신은 퇴사를 입 밖에 낸 적도 없는데 시어머니는 "그동안 일한다고 애들하고의 시간도 부족했잖니. 지금부터 엄마 노릇 제대로 한다고 생각하면 되겠다"라고 별 고민거리 아니라는 듯이 나지막한 목소리로 말한다. 모두가 자신의 퇴사를 당연하다고 생각하는 것에 화가 나 친정어머니를 찾아 하소연했지만 돌아오는 답은 마찬가지였다. "그럼 너는 엄마가 되어서 직장 때문에 남편하고 애들 팽개칠 거야? 너 그렇게 살면 주변에서 욕해." 하긴 툭하면 "너는 엄마가 되어서 그런 것도 모르니?", "엄마니까 당연히 해야지"라고 하시던 친정어머니다운 말이었다.

A만이 아니라 많은 여성이 회사 이전 과정에서 유사한 상황과 마주한다. 남자들은 하지 않는 고민이다. 남자는 어떻게든 경력을 이어간다. 남자는 홀로 지방으로 내려올 수 있다. 이때 재미

난 것은 아내의 팔자다. 전업주부든 직장을 다니든 아내가 서울에서 아이들 교육을 계속 책임진다. 가족이 함께 남자를 따라 지방으로 가면 직장 다니던 아내는 회사를 그만둘 수밖에 없다. 자기 의지가 단 1%도 들어가지 않은 강제 퇴사와 이주인 셈이다. 남자에게는 발생하지 않는 일이다. A 역시 이 고민의 모순을 어떻게든 해결하고자 동분서주했지만 돌아오는 건 '엄마가 왜 저래?'라는 눈초리였다. 모성의 힘일까? 모성이라는 굴레일까? 엄마다운 선택을 해야만 했던 이들이 '엄마답게' 살아가는 진풍경을 들여다보자.

한국 부모들의 육아가 과잉되었다는 점에 이견을 제시하는 이는 없다. '그렇지만 어쩔 수 없다'라고 말하는 이들의 이야기에 귀를 기울여보면 한국 사회의 모순을 적나라하게 알 수 있다. 부모들은 일자리의 질이 천지 차이다, 대기업에 들어가는 경쟁도 대단하고 덩달아 공무원 문턱도 높아졌다 등등을 말하며 이런 상황에서 건물이라도 물려줄 형편이 아니라면 아이 교육에 투자하는 건 당연한 것 아니냐는 답을 이어간다. 그러니 남들 하는 건 시킬 수밖에 없단다.

자녀를 잘 키워보겠다는 부모의 결심은 세계 어디를 가더라도 낯선 모습이 아니다. 하지만 그 결심이 다다르는 영역은 단연코 한국 사회가 독보적이다. 제때 언어 발달 교육을 받는 것이 아이에게 필요하다는 것은 누구나 알지만 한국 부모들은 이를 몇 년

2 임신과 출산은 억지 규칙으로 가득 찬 세상이었다

이나 앞당겨버린다. 그러니 학습지 교사가 한글 교육 안 시키는 부모에게 '그러면 안 된다'고 으름장을 놓는 모습이 낯설지 않다. 이 모습이 다른 사회에서는 결코 부모가 자녀를 '잘' 기르는 것이 아닌데 말이다.

자녀 잘되라고 부모가 물심양면 지원하는 것이야 어느 나라에서나 볼 수 있는 풍경이지만 그렇다고 달리기 경주처럼 하지는 않는다. 육아를 시합하는 한국인들은 정신 자세부터가 다른 나라 선수(?)들과는 차원이 다르다. 목표가 남보다 잘하는 것이 되어버리면 기록은 늘 경신되기 마련이다. 모두의 목표가 상향 조정되니 이 그룹의 평균치는 상승한다. 평소처럼 하던 사람은 한순간에 '안주하고 있다'는 평가를 받는다. 이곳에서 평범하게 살면 '도태된' 느낌이 들 뿐이다. 그러니 '남들처럼'만 해도 다른 사회에서는 혀를 내두른다.

사람들 각자의 인생철학이 다를 터인데 어찌 '모두의 레이스'가 가능할까? 이유는 레이스에 참여하지 않을 권리가 부모에게, 특히 자녀 교육을 주로 책임지는 여성들에게 없기 때문이다. 이건 앞서 등장한 A의 사례처럼 개인 A의 선택 사항이 아니다. 엄마라면 그렇게 해야 한다. 한국에서 이를 거부하다가는 '모성애조차 없는' 사람이 되기 때문에 별수 없다. 그러니 하고 싶어서가 아니라, 하지 않으면 '엄마답지 못한 사람'이 되는 것이 두려워 이들은 경쟁에 뛰어든다. '모성'이라는 윤활유 덕택에 한국의 육아 공장은 다른 나라보다 수월하게 잘 돌아가지만, 이것은 진짜 기름이 아니니 이상적인 제품이 나오지는 않을 게다.

모성은 여성의 자주성을 파괴한다

단언컨대 '모성'은 한국 사회에서 가장 악질적으로 남용되는 단어다. 모성의 사전적 뜻은 "어머니로서 가지는 정신적·육체적 성질, 또는 그런 본능"이지만, 사회·문화적으로 함의된 솔직한 뜻을 풀어보자면 "어머니라면 당연히 가져야 하는 태도"라고 표현하는 게 더 적절할 것이다. 감정이란 본디 정확하게 그 실체를 표현하기가 어려운데, 모성만큼 간단명료하게 설명되는 것도 없다. 모성은 모성'애愛'다. 다른 감정의 결이 여기에 끼어들 순 없다. 모성에 '애'가 붙는 순간, 존중받아 마땅한 각자의 '희로애락'은 부차적인 게 된다. 이 사랑의 감정은 당연히 자신을 위한 것이 아니다. 자녀를 위해서 진심으로 몸과 마음을 움직여야 한다. 여기까지는 동물의 모성 본능과 비슷한 측면이 있다. 어머니의 특별한 마음은 문명의 손길을 거부한 오지의 원시 부족사회에서도 존재하지만 아이를 위해서 '어떤 경우도 마다하지 않는' 한국적 모성과 동급일 리는 없다. 사회적 가치에 어긋나도 마다하지 않는 것이, 자기 몸과 마음이 무너져가도 상관 않겠다는 것이 과연 본능일까?

본인의 자존감이 무너지고 말고를 가리지 않는 감정이 '엄마'
라는 사람의 보편적이고 자연적인 감정이라니, 억지도 이런 억
지가 없다. 하지만 사회는 그러한 모성을 본성이라 규정한다. 작
가 케이트 크리스텐슨Kate Christensen이 표현한 것처럼 여성들은
임신을 하면 "생물학적으로 이렇게 느끼도록 프로그램된 사람"
[2])이 된다. 이 말에 발끈하는 사람이 꽤 있는데 그게 이 프로그램
이 잘 작동되고 있다는 증거 아니겠는가. 사람마다 감정이 다를
수도 있다는 일반적인 이론은 이 경우에 적용되지 않는다. 여성
이 임신하고도 모성적 사고를 거부하면 그건 정상이 아닌 거다.
《페미니스트라는 낙인》의 저자 조주은은 이렇게 말한다.

> 사회는 모든 여성을 연령과 성 정체성, 혼인 의사 여부와는 상
> 관없이 언젠가는 어머니가 될 존재로 간주한다. 그리고 자녀를
> 출산해 생물학적 어머니가 된 여성들의 근본적인 역할과 정체
> 성은 자녀를 양육하는 자로서 정의된다. 한 여성이자 어머니를
> 구성하는 정체성은 다중적이고 복합적이다. (…) 그러나 우리
> 사회는 모든 여성을 (예비) 어머니로 간주하고 여성들의 다양한
> 정체성과 역할을 간단하게 무시한다. 여성들 간 차이는 진지하
> 게 고려되지 않고 동질화된 범주로 취급당한다. (…) 우리 사회
> 에서 가장 평화롭고 자애로운 이미지로 포장되어 있는 어머니
> 는 아기 예수를 품에 안고 있는 성모마리아로 상징된다.[3]

결혼과 육아의 사회학

어머니를 성모마리아로 포장하고 이 규격에 모든 여성을 집어넣는 이유는 간단하다. 그래야 여성의 노동력을 도움 삼아 남성들이 '원래의 일'을 잘할 수 있기 때문이다. 물론 이런 과정이 가정에서 억압적으로 강요되는 건 아니다. 대부분의 가정에서는 민주적인 토론을 거쳐 남성과 여성의 역할을 전통적인 방식대로 분류한다. 화목하게 불평등을 인정하는 형태다. 물론 한계는 명확하다. 부엌에서 밥그릇에 담뱃재 터는 남자들은 사라졌지만, 달라진 건 그런 무시무시한 몇몇 폭력들뿐이다. 단칼에 경력 단절이 되어야 했던 A를 생각하면 된다. 그녀는 이제 마음 한구석에 죄책감처럼 존재했던 '어머니 노릇'을 성실히 수행할 것이다. 남편은 '원래의 일'을 계속 잘할 것이고.

남성의 노동력을 극대화하기 위해 모성이 강조되었다는 말은 이 개념이 비교적 최근에야 지금의 무게감을 갖췄다는 뜻이다. 역사학자 필립 아리에스Philippe Ariès는 《아동의 탄생》에서 부모의 아이 사랑이 '근대 교육'이 사회에 자리를 잡는 18세기에 이르러 갑작스레 강요된 것에 주목하면서 감정의 사회성을 주장했다. "모성은 만들어진 것이다"라고 말한 철학자 엘리자베트 바댕테르Elisabeth badinter는 18세기에 이르러 "모성애를 인류와 사회에 이익이 되는 본성적인 동시에 사회적인 가치로서 찬미하기 시작"[4]하는 프랑스 사회의 모습을, 모유 수유조차 불결하다고 생각했던 직전의 사회와 비교했다. 모성이 자연적 수준에서 존재하는 수준을 넘어 '찬미'되면서, 모母는 물론이고 당연히 모가 되는 존재라고 규정된 녀女까지 표준화된 정서를 주입받았고 여기서 벗어나면 지탄받았다는 말이다.

'만들어진 모성'의 위험성은 여성의 아이 돌봄 의무가 신神성하게 포장될수록 정작 돌봄의 당사자는 인人간적 대우를 받지 못한다는 사실에 있다. 모성이 '자연스럽다고' 할수록 결국 여성들에게 자녀에 대한 일방적인 책임 전가를 가능케 하기에 개인의 '자연스러운' 자주성은 파괴될 확률이 높다. 아비지는 육아가 서툴러도 격려를 받지만, 어머니는 완벽해도 본전인 세상은 이 배경에서 탄생한다. 예능 프로에서 남자가 기저귀만 갈아도 자상한 이미지를 얻을 수 있는 건 이 때문이다. 행여 실수하더라도 그저 '아빠에게 애를 맡기면 안 되는 이유'라면서 유머 게시판에 떠돌 뿐이다. 하지만 여자라면? '아니 엄마가 저러면 되나'라는 제목의 글들이 순식간에 퍼져 비난의 대상이 되는 건 한순간이다.

모성을 강요하는 사회에서는 같은 부모라도 압박감의 결은 완전히 다르다. 부모가 된 후 어떤 역할을 하는 사람으로서 자신을 바라보는지 물어보면 여성은 '어머니'가 가장 많았다(51.8%). 그리고 아내(27.2%), 여자(20.7%) 순이었다. 하지만 남성은 아버지(32.7%), 남자(35.9%), 남편(31.5%)을 비슷하게 선택했다.5) 여성과 달리 남성의 역할별 차이가 크지 않는 것은 사실 무슨 경우든

결혼과 육아의 사회학

하는 일이 비슷하기 때문이다. 아버지로서 가정을 책임져야 하고, 남자니까 돈 많이 벌어야 하고, 남편으로서 성실하게 산다는 각오는 (그것의 부담감을 무시하는 게 아니라) 결국 기존의 하던 일을 최선을 다해 계속하는 실천 외에는 다른 방법이 없다. 스스로 정체성이 달라지는 특별한 결심이 아니라는 거다.

　이 조사 결과는 여성이 자신의 제1역할을 엄마로 규정하면서 원래 하던 일을 포기할 가능성이 매우 커짐을 뜻한다. 남성은 계속 자신을 사회 속에서 증명하면서 살아가지만, 여성은 엄마가 되면 '객체'가 될 상황을 별수 없이 받아들인다. 이것이 어떻게 자연스러운 것일까? 이를 '모성의 힘'으로 극복하라는 것은 도무지 이해할 수 없는 것을 억지 인지 전환으로 긍정하자는 것에 불과하다. 억지라고 거부할 수 있는 것도 아니다. 외부에서는 한국 엄마들 대단하다고 혀를 내두르지만, 모성애가 당연하다는 인식이 클수록 여성들은 스스로 부족한 존재로 여기니, 한국 엄마들은 높아진 평균치에 자신을 맞추는 것조차 버겁다. 그러니 '당신의 어머니 성적'을 물으면 85% 이상이 자신을 평균 이하라고 답한다. 이미 대단하게 살고 있지만 실상은 자신을 '부족하다고' 여기고 더 '완벽하게 되기 위한' 집착을 이어가게 된다.6) 설상가상의 한국식 육아는 그렇게 작동된다.

모성에 항복한 여성들이 모성을 견고히 만들다

모성을 강요하는 사회에 어머니 역할을 하는 여성들은 사실상 항복했다. 이런 주장을 하는 글들을 접하는 아주 가끔의 순간에 야 '모성을 당연하다'고 여기는 사회가 부당하다고 생각할지 모 르나 실제 삶에서 엄마는 아이에 대한 거의 모든 책임을 저야 하 는 존재다. 임신과 출산 이후 혜택받을 수 있는 사회보장 제도를 신청하려면 이름부터 무시무시한 '모성시원팀'을 찾아가야 하는 경우가 있고, 서점의 육아서적 코너를 가면 '엄마라면' 해야 할 것을 알려주는 책들이 참으로 많다. 한글 교육, 영어 공부, 읽기 와 쓰기, 감정 코치 등의 말 앞에 '엄마표'가 붙은 책들이 홍수를 이루는 세상에서 모성을 부정한다는 건 부질없다. (하긴 내가 이 글을 〈결혼과 육아의 사회학〉이란 제목으로 포털에 연재했는데 '책문 화' 코너 외에 자연스레 '맘&키즈'에도 게재됐다.) 아이는 따져볼 것 없이 엄마와 'and'로 연결되어 있고, 육아 커뮤니티에는 "엄마로 서 미안해 죽겠다"라는 글들이 매일 넘쳐난다. 이들은 정말 모성 에 힘이 있는 것처럼 전투적으로 주어진 과제들을 해결해 나가 면서 사회 안에 더 강한 모성 장벽을 쌓는다.

예를 들면 이렇다. 임신하기 전 결혼생활의 고충은 "그러다가 임신하면 더 힘들어"라는 논리를 펼치는 여성들에 의해 별거 아 닌 게 된다. 그러다 임신을 하면 "아기 태어나면 더 힘들어"라는 논리에, 아기가 태어나면 "지금은 그냥 누워만 있는데 뭐가 힘들어, 나중에 기어 다니면 그때부터 고생 시작이야"라는 논리에, 기기 시작하면 "걸으면 더 힘들어"라는 논리에, 걷기 시작하면 "그래도 그때는 속 편해. 어린이집이나 유치원에 가기 시작하면 신경 쓸 게 한둘이 아니야" 등등의 논리에 정당한 불만은 철부지의 떼쓰기에 불과해진다. 당연히 유치원생 엄마의 고충은 초등학생 엄마보다, 초등학생 엄마의 고충은 입시를 앞둔 고등학생 엄마의 시련보다 그 강도가 '낮으니' 대수롭지 않게 된다. 이러다가 "애 대학까지 공부시켜놨는데 취업도 못해서 방에서 게임만 하는 거 매일 보는 그 느낌 알아? 나는 그런 애들 밥 차려준다고"라면서 모든 사람의 입을 다물게 하는 사람이 등장해도 어색하지 않을 정도다.

모성이란 말이 넘쳐나는 곳에서는 모성적이어야 한다는 압박에 지친 엄마들의 하소연이 '나도 견뎌냈다'는 다른 엄마들의 무례한 해석에 덮여버린다. 그래서 여성들의 삶이 좋아지면 다행이겠지만 서로가 '내가 더 힘들었다'는 인정 경쟁을 하는데, 어찌 '덜' 힘들다고 평가된 사람들의 고충이 공론화되겠는가. 입 짧은 아이 이유식 메뉴로 고민하는 사람에게 생뚱맞게 "나는 하루 세 번씩 직접 만들어 먹였다"라고 묻지도 않은 말을 하기 바쁜 사람들이 있다. 친정집이 멀어 도움을 잘 못 받는 아쉬움을 털어놓으면 "나는 양가 부모님 누구로부터 도움받지 않고 아들

둘을 다 키웠다"라는 자랑을 기어코 하는 사람을 주변에서 쉽게 발견할 수 있는 것은 왜일까? 철학자 시몬 드 보부아르Simone de Beauvoir가 《제2의 성Le Deuxième Sexe》에서 말한 것처럼 "모성은 여성을 노예로 만드는 가장 세련된 방법"이다(이 말도 모성을 신성하다고 여기는 사람들의 발끈거림을 쉽게 야기한다).

더 힘든 노예가 있으니 침묵하라는 상황에서 엄마들에게는 두 가지 선택지가 있다. 하나는 '그렇구나, 나보다 더 힘든 사람도 있는데 내가 이런 걸로 불평해서는 안 되지. 나는 엄마니까!'라는 식으로 자신의 상황을 긍정하는 모델이다. 다른 하나는 '말이 안 통하네. 그냥 이러고 살아야 하나 보다'라며 체념하는 모델이다. 주어진 것을 자신의 임무라고 생각하고 실천하는 건 모두 같다.

이 두 모델은 묘하게도 엄마가 되는 사람들을 같은 방법으로 압박한다. 엄마들은 힘듦을 드러낼 때 주변에서 이런 소리를 듣는다. "저 사람은 저렇게 즐거워하는데 넌 왜 그래?" 아니면, "저 사람은 너보다 훨씬 힘든 상황에서도 헤쳐나가는데 넌 왜 그래?" 이든 저든 모성의 논리가 여성을 압박하는 셈이다. 그러면 어떻게 될까? "이러한 어머니 노릇은 어머니 자신을 개선과 훈육의 대상으로 만들어, 육아의 부담을 더하고 공동체의 균형 잡힌 발전 대신 적자생존식 개인의 경쟁을 극대화하는 결과를 가져온다."[7] 그래서 지금은 "요람이 아닌 태중에서부터"[8] 아이를

결혼과 육아의 사회학

● 〈표3〉 일 · 가정 양립의 갈등

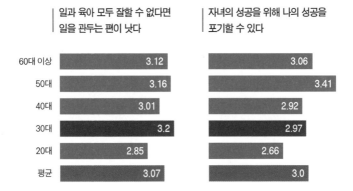

	일과 육아 모두 잘할 수 없다면 일을 관두는 편이 낫다	자녀의 성공을 위해 나의 성공을 포기할 수 있다
60대 이상	3.12	3.06
50대	3.16	3.41
40대	3.01	2.92
30대	3.2	2.97
20대	2.85	2.66
평균	3.07	3.0

자료: 《세계일보》, 〈성 평등 의식 높아졌지만, '그래도 아이는 엄마가' 잣대 여전〉
＊5에 가까울수록 매우 공감한다는 뜻

자녀 양육의 책임은 여전히 엄마 "일과 육아 모두 잘할 수 없다면 일을 관두는 편이 낫다"
에 가장 공감을 표한 세대는 30대 여성이었다. 50대 이상 여성보다도 높은 공감도를 보였
다. 또한 "자녀의 성공을 위해 나의 성공을 포기할 수 있다"에서도 30대 여성이 40대나 20
대 여성보다 높은 공감도를 보였다. 이는 30대 여성이 전통적 가치를 좋아해서가 아니라
어떻게든 육아를 책임져야 하는 현실을 거부할 수 없기 때문일 것이다.

관리해야 한다. 임신하고 한 번쯤 모차르트 음악을 듣는 수준의
태교는 장난인 세상이 되었다.

　고난의 시기가 지나간 사람들의 훈계는 엄마들이 임신 중 해
야 할 것과 하지 말아야 할 목록을 늘렸다. 대부분의 지침은 "내
가 해봐서 아는데"라는 하나의 임상 표본을 근거로 하지만, 이미
이 세계에 항복한 이들에게 반론권은 없다. 보건경제학자 에밀

리 오스터Emily Oster는 이런 처지를 다음처럼 표현했다. "임신부는 특성 따위는 무시된 채 정해진 규칙만 따라야 하는 신세였다. (…) 임신은 억지 규칙으로 가득 찬 세상 같았다."9) 규칙들이 임신부들을 이롭게 하는 거라면 다행이겠지만 대개는 "임신부들을 달달 볶아서 온갖 사소한 일을 걱정"10)하게 할 뿐이다.

이 규칙들의 문제는 '관련이 있을 수도 있다는' 상관성의 문제를 '100% 그 이유 때문이라는' 인과관계로 이해시켜 이를 근거로 누군가를 ─ 그러니까 사회적 기준으로서의 모성을 실천하지 않는 여성을 ─ 혐오할 근거를 마련한다는 데 있다. 예를 들어 '무엇을 먹어야 하고 먹지 말아야 하나'라는 규칙들이 그러하다. 넓은 의미에서 나쁘다는 음식을 가급적 피해 달라는 지침이라면 당연히 따를 필요가 있다. 하지만 현실에서 종종 이 기준은 사람을 '모성애도 없는 인간'임을 식별하는 도구로 사용된다.

담배처럼 백해무익한 성질의 음식이라면 왈가왈부할 필요가 없다. 하지만 대부분의 음식은 익히지 않아 기생충 감염의 우려가 있는 경우를 제외하고는 과잉이 문제지 섭취 자체가 금지는 아니다. 예를 들어 임신부가 팥과 율무를 섭취하면 자궁이 수축돼 조산의 우려가 있다는 설이 있는데, 이는 하루에 몇 바가지를 들이킬 때나 가능한 일이지 어쩌다가 팥빙수나 율무차를 접한다고 생기는 사단이 아니다. 술도 이견은 있지만 '빈도와 양, 그리고 시기'가 조절되면 괜찮다는 것이 의료계의 중론이다. 마음껏

음주를 즐겨도 된다는 뜻이 아니라, 임신 이후에 일어날 수 있는 나쁜 경우가 모두 술 탓은 아니라는 설명일 게다.

하지만 과학적 기준은 임신부들에게 무용하다. 사람들의 콜라 혐오를 보라. 임신부들은 '콜라를 입에도 안 댄' 누군가의 '그래서 내 아이는 아토피가 없다'는 주장에 더 신경을 쓰게 된다(소아 아토피 환자의 부모들은 이런 주장들 때문에 가슴이 찢어진다). 단정하지 말라고 하면, "그래도 모르는 일인데 엄마가 그 정도도 못 참나요?"라는 비아냥거림이 이어진다. 콜라를 마시면 뼈가 녹는다면서 말도 안 되는 소리를 한다. 치아가 썩는 걸 걱정하면 타당하나 콜라 안에 있는 인 성분이 칼슘을 밖으로 배출시켜 성장에 방해가 된다는 논리는 우습다. 물론 뼈를 녹일지도 모른다. 끼니마다 2리터씩 마시면. 하지만 '그래도 엄마라면'이라는 단서가 부유하는 곳에서 과학적 증명은 부질없다. 콜라 같은 것 안 마시는 게 차라리 속 편하다. 임신 중 콜라 '조금' 마셨다는 사실이 이후 발생할 수 있는 여러 문제의 주요한 원인인 양 단정되어 자신을 괴롭힐 수 있기 때문이다.

'엄마가 해서는 안 될 행동을 했다'는 낙인이 두려워 이상한 규칙들을 준수하고 그러다 보니 '밑져야 본전' 아니냐는 식의 임신부 준수 사항들은 나열된다. 그리고 기업들은 이 단서를 드러내 이성적 판단을 상실하는 이들의 주머니를 노린다. 예비 엄마들은 출산 · 육아 박람회장에 가서 '엄마라면' 사야 할 온갖 것을 구입하고, 앞으로 '엄마라서' 고생할 것을 대비해서 산후조리원을 계약한다. 이왕 희생했으니 계속 희생해야 하는 엄마로 성장한다. 그리고 '참으로 모성적이다'라는 세간의 평가에 희생을 희생이 아니라 여기면서 '모성적이지 않은' 다른 엄마를 비난한다. 결국, '나쁜 엄마'가 되지 않으려는 대부분의 엄마는 모성 가득한 사람이 되어 육아에 전투적으로 매진하게 되고 그럴수록 자녀를 '소유물'로 인식해 자기 영역을 벗어나지 못하게 만든다. 한국의 부모들이 자녀에게 유달리 집착하는 건 모성의 힘을 강요하는 사회의 끔찍한 결과일 뿐이다.

소비하는 부모의 탄생
: 출산 · 육아 박람회는 어떻게 작동하는가?

키즈 뷰티 살롱은 그들만의 리그일까?

가끔은 '왜 이런 일이 발생하는지 해석해달라'는 기자의 전화를 받고야 세상에는 참으로 별일이 있다는 걸 알 때가 있다. '키즈 뷰티 살롱'이 그랬다. 요즘 화장하는 연령대가 낮아졌다거나 값비싼 전동차가 아이들 선물로 불티난다는 소식은 대강 들어보았고, 또 이를 어른의 모습을 모방하는 문화라면서 '어덜키즈 adult+kids'라고 부른다고 하는 것까지는 알았지만, 어른들도 특별한 경우가 아니라면 잘 가지 않는 뷰티숍에 아이들이 목욕 가운을 입고 얼굴에는 마스크팩을 붙인 채 누워있는 모습은 쉽게 상상이 되지 않았다.11)

솔직히 이 현상에 무슨 사회적인 이유가 있을까 싶다. 그저 '호

들갑이네'라는 생각이 들 뿐이다. 하지만 이런 생각도 지극히 습관적이다. 나 스스로 안도감을 느끼려는 자기방어라고 할까? 나는 이 정도까지는 아니라는 안도감, 나아가 나는 저들에 비하면 나름 현명하다는 자부심을 드러내는 비아냥거림이 아니라고 할 수 없다. 열 살도 되지 않은 아이에게 소꿉장난칠 일을 상품 거래의 현실로 만들어주는 부모들을 그저 돈은 많고 쓸데는 없는 정신 나간 사람들로 치부하면 될 일일까? 과연 그들만의 리그일까? 황새 따라가는 뱁새는 황새는 아니니 괜찮은 것일까?

아이는 줄고 상품은 늘어나노라

자녀에 대한 사랑을 '증명하는' 목록들이 기하급수적으로 늘어난 시대에 자유로운 사람은 없다. '언제나 사랑으로 대했다'와 같은 모호한 말로 예나 지금이나 부모의 모습은 같다는 분석은 부질없다. 아이가 사회에 무난히 적응하도록 부모가 헌신하는 것은 늘 있어왔지만 헌신의 목록은 차원이 달라졌다.

게다가 한국 사회가 그저 적응만 하면 만사가 형통하겠는가. 죽도록 노력해야 겨우 평범해지는 세상이란 걸 누구보다 잘 아는 지금의 부모들은 "알아서 크는 거지", "세상 이치는 스스로 부딪치며 배우는 거다" 같은 말을 자신의 부모들처럼 할 수 없다. 그러니 모든 것을 준비한다. 단순히 배우는 목록이 늘어났다는 점뿐만 아니라, 아이가 정서적으로 늘 안정적인 상태를 유지해 장기 레이스를 무사히 치를 수 있도록 (염려 수준을 넘어) 관리한다. 아이가 모든 지점에서 자신감 있게, 그러니까 다른 사람과 비교해 꿀리지 않아야 추후 자신을 사랑하고 나아가 공부에 더 몰입할 수 있다고 생각하기 때문이다. 뒤처지는 것에 대한 두려움은 탐욕에 면죄부를 제공한다.[12] 그러니 학업에 대한 것이든 문화적인 것이든 모든 것에 대한 투자는 과잉된다. 그 결과는 모든 것을 평가하는 경쟁의 법칙을 내면화해 타인에 대한 재단을 일상화하고, 스스로 비교의 덫에 걸리는 자녀들의 탄생으로 나타난다. 당연히 이 자녀는 미래의 부모가 될 것이고 보고 들은 대로 2세를 기를 것이다.

사회는 이런 부모를 말릴 생각이 없다. 자본의 관점에서 볼 때 탐욕을 탐욕인 줄 모르는 사람들은 참으로 고마운 존재다. 그래서 더더욱 '소비하지(투자하지) 않으면 끝장이다'는 광고를 즐겨한다. 태초부터 자본주의가 있는 것처럼 길들여지고, 그래서 그런 줄 믿는 사람들은 '돈 없어서 남에게 꿀리는 것'을 치욕으로 생각하기에 위험을 예방하는 소비가 부모의 도리임을 믿어 의심치 않는다. 이런 '정신 승리'가 타고난 본성일 리 없다. 어릴 때부터 그렇게 차근차근 배워왔고 특히 결혼 결심과 출산이라는 현실에 직면하면 실전 훈련에 돌입한다. '출산·육아 박람회(또는 '베이비페어')'는 이런 커리큘럼에 충실한 대표적인 학교다.

오일장처럼 전국 곳곳에서 시도 때도 없이 열리는13) 출산·육아 박람회는 아이 울음소리가 줄어들수록 관련 시장이 커지는 역설의 상황을 증명한다. 유아용품 시장은 1990년 5000억 원 수준에서 2009년에 1조 2000억 규모로 성장했고 2015년에는 2조 4000억 수준까지 이르렀다.14) 결혼까지의 고충이 많아지고 출산까지는 백팔번뇌가 필요한 세상에서 부모들이 내 아이 남부럽지 않게 '잘' 키워보겠다는 투지를 갖는 건 어찌 보면 당연하다. 열정은 가족 모두에게 전염된다. 집안에 아기가 귀해지니 아이 하나를 위해 부모, 조부모, 외조부모 등 6명이 주머니를 연다는 '식스 포켓'이 시사용어가 되었고, 이제는 이모, 삼촌이 붙어 '에 잇 포켓'이라 한다.

사는 건 힘들어도 아이를 위해 쓸 돈은 어떻게든 마련되니 VIB Very Important Baby가 일부 부유층만의 특권일 리 없다. 그렇게 마련된 돈을 들고 1970년대 이후에 태어나 소비를 통해 자신의 정체성을 찾는 것에 (학자들은 정체성을 상실했다고 표현하길 좋아하지만) 익숙한 지금의 부모들은 그곳에서 부모로서의 정체성을 찾으면서 육아 시합이 한창인 경기장에 발을 내디딘다.

과학의 이름으로 협박이 난무하는 박람회

그곳은 아주 크고 세련된 전통시장의 형태를 갖춘 '과학 박람

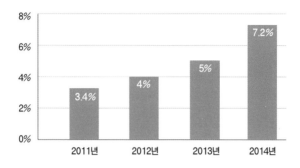

●〈표4〉 베이비페어에 참석한 조부모(50대 이상) 관람객 비율

자료:《연합뉴스》,〈조부모 육아 증가, '베이비페어' 50대 이상 방문↑〉

액티브 시니어의 등장 자본주의의 가치가 아기의 세계까지 지배하는 곳에서 더 이상 덕담만 늘어놓는 조부모는 인기가 없다. 시대에 어울리는 지출을 하지 않는다면 이들이 지닌 연륜도 별 의미가 없으리라. 경제력 있는 50대 이상의 육아용품 구매 비중은 꾸준히 늘고 있다.

회장' 같았다. 수백 개의 부스마다 손님을 잡으려는 판매 노동자들이 과학의 힘으로 출산과 육아를 도와주겠다는 상품들을 소개하기 바쁘다. 처음 가면 '세상에 이런 제품을 어찌 만들 생각을 했을까' 하는 경외심이 들 정도다. 여성학자 김향수가 말하는 요즘 용품들을 보자.

감염과 상처를 예방하는 유두 보호기, 밤중 수유를 도와주는 수유등, 걸음마를 도와주는 러닝홈, 분리 불안을 감소시키는 잠자리 인형/애착 인형, 영양 파괴를 줄이는 이유식 조리기, 각종

　　　　　2 임신과 출산은 억지 규칙으로 가득 찬 세상이었다

병균을 살균하는 젖병 소독기, 놀이를 통해 자연스레 치근막에 자극을 주어 구강 발달을 촉진하는 치아발육기, 스스로 코를 풀지 못하는 아기를 위한 콧물흡입기, 칭찬 멜로디와 영어 칭찬으로 배변 훈련을 도와주는 멜로디 유아변기, 숙면을 도와주는 기적의 속싸개까지, 아이 성장 발달을 도모하는 새로운 유아용품이 쏟아지고 있다.15)

이런 용품들 수백 개를 볼 수 있으니 머리가 어질어질하다. 식품업체들은 모두가 타 업체보다 더 좋은 원료를 사용했다고 강조하는 현수막을 붙여놓았고, 그 앞에서 상품을 소개하는 직원은 자사 제품이 왜 알레르기를 유발하지 않는지를 식품영양학박사 뺨치는 수준으로 소개한다. 그러면서 한번 알레르기는 평생 알레르기고 아토피에는 약도 없다면서 지나다니는 부모에게 불안감을 선사한다. 아토피에 대한 공포를 알게 된 부모는 '아무것도 첨가하지 않고' 만들었다는 아기 과자의 신비로운 효능에 귀를 기울인다. "1250억 개의 굶주린 뇌세포가 생후 3년 동안 줄기차게 먹을 것을 요구한다는데, 어떤 엄마가 이를 모른 체할 수 있겠는가?"16)

그 반대편에서 천연 기저귀를 파는 직원은 화학과 교수 저리가라 할 정도로 '일반 기저귀'의 유해성을 "그런 기저귀를 쓰면 아이가 아파요"라면서 조목조목 설파한다. 나처럼 기저귀 선택의 기준을 최저가에 두고 '그런 기저귀'를 산 사람들은 죄인이 된 기분이다. 옆에서 아기 전용 쿠션, 베개, 침대를 소개하는 사람은 아기의 스트레스를 감소시켜 숙면을 가능케 하는 원리가 자신들의 제품에 숨어있다는 놀라운 사실을 모 대학의 연구팀이 발견했다면서, 아기가 잠을 제대로 못 자면 엄마가 우울증에 걸리는 경우가 허다함을 강조한다. 산후우울증이 잠 제대로 잔다고 안 걸리는 것이 아니니 너무하다 싶지만, 막상 그 앞에서는 우리 부부가 이런 데 관심이 없어서 밤마다 아이와의 전쟁을 치렀나 하는 생각이 드는 것도 사실이다. 나노 이온의 원리가 들어갔다는 음파 전동 칫솔, 조준이 완벽하다는 유아용 비데 등을 보고 있으면 마치 발명품 대회 현장에 나온 느낌마저 든다.

옆에는 어른이 마시는 물과 비교조차 불가능하다는 베이비워터가 있고, 그 앞에는 일일이 어떻게 물을 사서 마시냐면서 6종 필터 역삼투압 기술로 유해 물질을 제거한다는 베이비 전용 정수기가 자태를 뽐내고 있다. 층간 소음을 완전히 제거해준다는 바닥 매트를 판매하는 부스에서는 "신나게 뛰어놀았던 아이와 그렇지 않은 아이가 이후 어떻게 되었는지를 미국의 ○○대학이 연구한 바 있다"라는 내레이션 영상이 반복해 흘러나온다. 아이가 "조심히 걸어라", "뒤꿈치를 들어라"라는 말을 많이 들을수록 무슨 연관인지 모르겠으나 인성에도 문제가 있을 가능성이 높다나. 장난감도 여기서는 급이 다르다. 모래 놀이, 미술 놀이,

구슬 놀이 등 다들 그냥 놀이가 아니다. 곰이 사람 될 정도로 효과가 엄청나다고 홍보한다. 독일의 조기교육 시장을 비판한《완벽주의의 함정Die Perfektionierer》의 저자 클라우스 베를레Klaus Werle의 표현을 빌리자면, "마치 장난감이 엘리트 스포츠 선수의 근육 강화제라도 되는 양 '눈과 손을 이어주는 조절 능력을 촉진시켜준다'거나 '학습 욕구를 상승시킨다'는 식으로 선전하면서 거창하게 교육학자들과 공동 개발했다고 떠들어댄다."[17)

어디에 가나 "영유아기는 '결정적으로 중요한' 시기이며 이 시기가 지나면 늦다는 협박"[18)이다. 가격을 고민하면 '아니, 지금 돈 따질 때냐'라고 한소리 들을 분위기다. 판매에 사활을 건 영업사원만이 아니라 그곳에 있는 적극적인 소비자들도 마찬가지의 눈빛이다. 아무도 가격은 묻지도 않고 그 긴 설명을 진지하게 듣고 있다. 고차원적인 질문도 한다. 그러면 또 판매자는 친절히 답해준다. 마치 대학원의 세미나를 보는 느낌이다. 그러나 핵심은 하나다. 다가올 공포를 예방하자는 거다. 육아 초보들은 '이런 것이 있어야겠구나'라고 생각하고 육아 경험자들은 '이런 것이 없어서 고생했구나'라면서 소비한다.

이런 공포심 덕택에 만약을 위한 어린이 보험의 상담 창구는 북적인다. 한쪽에서는 이름도 생소한 '제대혈 은행'이 무엇인지를 물어보는 사람들도 넘친다. 불안에 사로잡히니 '다시는 되돌릴 수 없는 기쁨의 순간을 영원히 기록하는' 성장 앨범도 어떤

결혼과 육아의 사회학

것인지 확인하고 싶다. 가격이 너무 비싸 놀랍지만 쪽팔려서 되도록 티를 내진 않는다. 지금 계약해야 절호의 찬스라는 말만 듣고 계약하면 호구처럼 비치지는 않을까 고민도 든다. "네~ 제가 생각하는 것과는 좀 달라서요"라고 생각한 적도 없는 말을 하고 자리를 이동하면 그다음은 "사진관에 갈 필요 있나요"라는 문구로 홍보 중인 포토프린터 앞에서 자연스레 머뭇거린다.

관성적인 분석을 하는 태만한 학자들은 '과시적 소비'라는 프레임으로 이런 현상들을 조급히 해석한다. 자본주의 사회는 늘 새로운 물품이 등장하기 때문에 '그거 없이도' 생애 과정을 지나옴에 문제가 없었던 이들의 눈에는 누군가의 소비가 유별나게 보일 수밖에 없다. 특히나 여성을 합리적으로 소비하기 힘든 감성적 동물로 포장하는 데 안달이 난 역사에서, 여성들은 자본주의 시장경제의 원활한 흐름을 위해 적극적으로 돈을 쓰면서도 허영심이 많다는 둥 욕은 욕대로 먹는다. 그러니 이 문제를 "요즘 부모들은 이런 데에도 돈을 써?"라는 물음으로 접근하는 건 필요 없는 오해만 쌓을 뿐이다.

소스타인 베블런Thorstein Veblen이 《유한계급론The Theory of the Leisure Class》에서 말한 '과시적 소비'는 실용적이지 않아 보여도 비싼 가격이라는 이유 하나가 자신의 사회적 지위를 증명해줄 것이라는 믿음에 기반을 둔 소비 행위다. 하지만 박람회장의 사람들에게 이런 욕망은 없다. 그곳의 물품은 지나치게 실용적이

2 임신과 출산은 억지 규칙으로 가득 찬 세상이었다

라 문제다. 그래서 '나도 한번 뽐내고 싶다'가 아니라 '지금까지 너무 미련했다'는 후회와 성찰을 하면서 신용카드를 꺼낸다. 게다가 과학적으로도 제품의 효능이 완벽히 설명되니 모든 소비는 '지름신' 때문이 아니라 매우 정제된 행위로 포장된다. 소비라는 행위가 비합리적이라 문제 삼는 것이 아니다. 비합리적일 수 있음을 망각하는 소비자의 탄생을 걱정하자는 거다.

명품 유모차를 사지 않았다는 자부심의 역설

소비를 무작정 비난하는 걸 경계하기 위해 계속 우회적으로 말을 하고 있지만, 솔직히 과시적 소비라는 개념이 아니면 설명되지 않는 것들도 많다. 50만 원이 넘는 아기 띠를 맨다고 100세까지 아기를 안을 수 있는 것도 아닌데 골반, 허리, 어깨의 부담을 최소화했다는 이유만으로 그런 지출을 하는 게 쉽게 이해되지 않는다. 30만 원이 넘는 모빌, 100만 원에 육박하는 카시트는 어떠한가. 이런 가격은 '저렴한 제품은 품질에 문제가 있기에' 괜찮은 제품을 찾는다는 그 수준이 아니다. 그냥 비싸다. 필요성 차원이 아니라 그냥 자신을 남에게 보여주는 소비다. 이런 소비의 절정에 유모차가 있다.

1733년에 영국에서 최초로 만들어져 1830년대에 미국에서 상품화되었다는[19] 유모차는 그때나 지금이나 외관이나 기능에서 큰 차이가 없다(크기는 웅장해졌다. 요즈음은 유모차를 넣어야 한다고 SUV 차로 바꾸기도 한다[20]). 크면서도 가볍다는 점, 바퀴의 혁신으로 이동이 더욱 쉬워졌다는 등의 변화는 있지만 엔진을 사용하는 것이 아니기에 비약할 정도의 변모는 애초에 불가능하다. 그렇기에 100만 원이 넘는 유모차를 보면 누구나 놀라는 거다. 그런데 200만 원이 넘는 것도 심지어 500만 원에 육박하는 것도 있다고 하니 '하늘을 나는' 유모차가 아닌 이상 이를 어찌 과시적 소비가 아니라고 하겠는가. 의심이 나서 '500만 원 유모차'라고 검색해봤다. 있더라, 그것도 많이. 경제학자 우석훈의 표현처럼 "유모차를 선물하면 그건 뇌물이다."[21]

2000년에 185만 달러였던 수입 유모차 규모가 2012년에는 5886만 달러 수준에 이르렀으니[22] 유모차 시장의 고급화는 그간 가장 달라진 육아 소비 행태로 봄 직하다. 지금은 '스토케' 유모차를 누구나 (가지고 있지는 않아도) 알지만 이 제품의 국내 진출이 2006년, 국내 지사 설립이 2012년이었다고 하니[23] 유모차의 명품 바람은 비교적 짧은 시간에 이루어진 것이라 할 수 있다. 이 고가의 네발 달린 요람을 누구나 소비하는 건 아니다. 부모들 대부분은 가격을 보면 놀라서 당혹감을 감추지 못할 것이고 그래서 아무리 '과학적 설명'에 혹하게 되는 박람회장에서라도 이렇게 비싼 것을 충동구매하지 않는다.

문제는 그 엄청난 가격대의 유모차 앞에서 '놀라지 않는' 누군가가 있다는 것을 눈으로 확인한다는 데 있다. 제품 사양이 좋든 말든 가격만 확인하고 '이걸 누가 산단 말인가?'라고 생각하면서 더 이상 물어볼 것이 없는 사람들과 달리, 누군가는 시리즈 모델명을 다 알고 있고 신제품이 이전 모델에 비해 어떤 기능적 차이가 있는지를 아주 태연히 물으며 흔쾌히 카드를 내민다. 저 사람은 TV의 육아 예능 프로그램에서 연예인이나 가능한 '소유'를 (연예인도 협찬이 많은데) 진짜로 하는 사람이다. 도무지 나와는 인연조차 없었을 사람을 실제로 마주하는 곳이 바로 박람회장이다. 사실 주차장에서부터 느낄 수 있다. 여기에 오는 사람들은 비슷한 연령대일 터인데 자동차의 계급화는 확연하다. 한국 사회에서 놀랄 일은 아니지만 그래도 '저 사람과 내가 같은 고민을 하는 것이 맞을까?' 하는 배배 꼬인 생각이 드는 건 부인할 수 없다. 아마 그런 사람들이 저 엄청난 유모차 앞에서도 평정심을 유지하지 않겠는가. 주목할 것은 그런 과시형 인간들 덕택에 나는 보통 사람이 된다는 거다. 평균치를 훌쩍 뛰어넘는 사람들을 직접 보면 평균치 근처의 자신은 별거 아닌 존재가 된다. 이제 80만 원 하는 유모차가 비싸다는 생각이 들지 않는다. 50만 원 하는 카시트는 서민의 물건 같다.

이 와중에 허영심 덩어리인 저 인간들이 절대로 하지 않을 샘플 챙기기를 열심히 하는 자신이 대견하게 느껴진다. 선착순으

결혼과 육아의 사회학

로 준다는 물티슈 하나 받으려고 일찍부터 줄을 선 자신과 아마 '득템' 같은 사소한 행복의 기쁨을 모를 것 같은 '그 사람들'을 구분할수록 본인들은 철저한 고민 끝에 생필품을 구매한 합리적 소비자로 규정된다. 그래서 그곳에 가는 사람들은 '늘' 소비하면서 자신은 소비하지 않는다는 착각에 빠진다.

쇼핑하듯 교육에 투자한다

출산·육아 박람회장은 (주로) 엄마들을 유혹한다. 그곳에서는 육아에 지친 엄마들에게 '덜 지칠' 장비를 제공한다. 남편이 '굳이 살 필요 있나'는 표정을 지으면 아내는 '독박 육아의 고충을 모르면 가만히 있어라'라는 신호를 보내며 늘 한 걸음 앞에서 걷는다. 이 개인적 합리성이 사회의 합리성을 보장할까? 게다가 합리적이라는 게 착각이었으니 이 선택들이 모인 사회의 모습은 울적하기 그지없다.

첨단 장비가 많아질수록 여성들은 독박 육아에 다소 적응할 것이고, 적응하니 육아는 독박이어도 괜찮은 것으로 비친다. 그리고 사람은 '힘듦'을 추억한다고 했던가. 여성들은 '지나고 보니 추억'이었다면서 그게 다 모성의 힘이었다고 해석한다. 그러면서 '나는 힘들어도 참았다'는 겸손인지 '나처럼 너도 참을 수 있다'는 격려인지 아리송한 "나도 했는데 너는 왜 못해?"라는 말을 뱉으며 기울어진 운동장의 지지자가 된다. 그 결과 독박으로 육아해야 할 또 다른 소비자를 '박람회장'에 결연히 출동시킨다.

자연스레 그 사회에서는 "자녀를 위해 자신의 시간 전체를 투여해 과학적 육아 정보를 습득하고 훈련하는 등 지치지 않는 에너지로 양육에 헌신하는 엄마가 바람직한 엄마로 여겨지게 된다."[24] 아이가 잠을 자지 않고 울면 이를 예방할 제품을 미리 구입하지 않았다는 후회와 죄책감에 시달리는 여성들이 지갑을 열수밖에 없다. 그럴수록 아빠는 육아를 함께하는 개념이 아닌 도와주는 정도로 참여할 뿐이다. 아빠의 주된 임무는 장비를 구입할 재원을 마련하는 원래의 일을 더 열심히 하는 거다. 그러니 부부가 육아 문제로 싸울 때 "필요하다고 그 비싼 것도 샀는데 무엇이 문제야?"라는 말도 안 되는 말을 남자들은 태연하게 하기도 한다. 과학적으로 육아를 도와주는 제품이 넘쳐나는 시대에 모성의 힘으로 육아에 매진해 지친 아내는 더 매진할 이유를 소비를 통해 얻을 뿐이다. 김향수는 이런 상황에 이렇게 일침을 가 한다.

여성들은 과학적 육아에 참여한 만큼 규율적 권력 작동에 깊숙이 개입한다. 여성들은 과학적 모성으로 주체성을 가진 듯 보이지만, 현실에서는 시장이 만든 소비적인 과학적 모성 세계로 인도되고 있다. [25]

결혼과 육아의 사회학

게다가 현대인들은 합리적이지 않아도 어떻게든 합리적인 이유로 자신의 행동을 포장하는 기술이 탁월하다. 문제가 있다 한들 '과소비에 찌든' 어떤 인물에 비하면 자기는 양반이다. 저들 '만큼' 소비하지 않는 이유로 본인의 하석상대下石上臺는 애써 무시한다. 이 논리는 고스란히 자녀 교육의 메커니즘으로 이어진다. 100만 원 넘는 영어유치원을 보내는 사람들에 비하면, 여섯 살 자녀에게 학원 한두 개 다니게 하는 자신은 그저 최소한의 경쟁을 위한 평범한 준비를 하는 것이다. 물론 '지금이 적기'라는 말에 잘 훈련된 사람들답게 '평범한 수준'이 혀를 내두를 정도지만 많은 부모가 "우리 아이는 하는 게 없어서 걱정이다"라는 놀라운 분석을 한다. 그렇게 과거에 번 돈, 지금 벌고 있는 돈, 그리고 미래를 위해 모아둔 돈도 육아에 투자한다.26) 들어갈 돈이 많으니 부모들은 아파트니 뭐니 자산 증식을 위해서라면 목숨을 걸게 된다. 투자한 만큼 기대치는 높아지고, 애간장이 타는 만큼 더 투자하는 악순환은 그렇게 완성된다. 그렇다고 가끔 신문에 소개되는 상류층의 정도를 넘어선 교육열에 비할 바도 아니고, 누구의 친척에 친척이라면서 등장하는 대치동 누구의 수준은 결코 아니니 자신의 현실은 평범하다고 착각하면서.

산후조리원은
좋고도 나쁘다

산후조리에 관한 패러다임이 바뀌다

1998년 1월 12일 자 《동아일보》에 실린 산후조리원 광고에는
"산후조리원이란? 엄마와 아기가 입소해 일정 기간 전문 산후조
리 서비스를 받을 수 있는 시설입니다"라는 친절한 설명이 등장
한다. 그만큼 낯설었다는 말이다. 산모들이 휴게실에 모여 쉬고
있는 사진과 함께 "이런 곳 모르면 요즘 사람 아니죠?"라는 식
으로 홍보하던 시절이다. 1995년 정도에 처음 등장했다고 하니
2000년대 이전까지는 모르는 사람들과 합숙하면서 출산 후 몸
조리를 한다는 것은 매우 어색한 광경이었다.

이후 산후조리원은 꾸준히 증가해 2015년 6월 기준으로 전국
에 617곳이 등록되어 있고, 산모 10명 중 6명이 이용하고 있을

정도로 보편화되었다.27) 시장이 포화되었다는 의견도 있지만 2012년의 478곳에 비해 27.6% 증가했듯이28) 아직도 성장 중이다. 출생아 수가 1995년 71만 5020명에서 2016년 40만 6030명으로 급감할 정도로 출산 자체가 신기한 일이 된 세상에 관련 시장이 성장했다는 것은 산후조리에 관한 패러다임이 완전히 바뀌었음을 뜻한다.

그저 여자들 비난하기 좋아하는 사람들은 "왜 그런 데 돈을 쓰느냐"라는 일차원적인 사고로 이 현상을 이해한다. 집에서도 할 수 있는데 왜 돈값 못 하는 산후조리원을 가냐면서 이용자들을 비합리적인 소비를 하는 이로 매도하기도 한다. 물론 산후조리원을 누구나 부담 없이 사용하긴 어렵다. 평균적으로 13.1일을 이용하면서 196만 원이 발생한다는 것은29) 3인 가구 중위 소득이 344만 원인 점을 생각해볼 때,30) 월급의 절반 이상을 과거에는 쓰지 않던 곳에 지출하는 것이니 낭비라고 생각할 수도 있다. 그리고 나름 만족도가 높은 곳은 2주에 300만 원은 각오해야 하니 비용이 문제이긴 하다. 첫째 아이를 출산하면 74.8%가 이용하지만 둘째일 때는 47.9%, 셋째일 때는 35.8%로 이용률이 실제로 낮아진다는 것은31) 이 비용으로는 '한 번은 이용해도 두 번은 굳이 안 해도 되는' 곳으로 산후조리원을 경험한 이들이 많다는 거다(물론 가장 큰 이유는 첫째를 봐줄 사람이 없어서, 누가 봐준다 해도 아이가 눈에 밟혀서 둘째 때의 선택지가 제한되기 때문이리라).

2 임신과 출산은 억지 규칙으로 가득 찬 세상이었다

하지만 비용은 따지지 말자. 출산한 여성이 집을 떠나 몸조리를 한다는 차원만 놓고 볼 때 산후조리원의 폭풍 성장은 대단히 환영할 일이다.

산후조리의 탈가족화는 좋은 징조

아내는 둘째를 출산하고 2주간 조리원에 있었다. 결심은 5년 전에 했다. 그러니까 첫째가 태어나고 집에서 어른들 도움받으며 몸을 추스를 때, '만약 둘째가 생긴다면 반드시 조리원을 이용하겠다'는 다짐을 진작 했었다. 나와 아내는 전문가를 자처한 사람들의 비전문적 처방들을 무조건 차단하겠다는 의지를 갖고 둘째를 임신하자마자 자연스레 조리원을 알아봤다. 첫째는 한여름에 태어났는데, 그때 내 주변의 어른들은 "내가 늙어서 아픈 게 그때 찬바람을 맞아서다"라며 아내가 남극 탐험대처럼 옷을 입길 강요했다. 병원에서 간호사가 하지 말라고 해도 들은 척도 하지 않았다. 간호사는 이런 보호자를 참으로 많이 보았다는 표정을 지으며 굳이 설득하지 않는다.

옛날 사람도 아닌 사람들의 옛날식 산후조리 방법은 무모했다. 대부분이 틀린, 아니 틀렸다기보다는 의미 없는 처방전에 집착했다. 돌봄이 가족관계에서 벌어지니 등장하는 언어들은 투박하다. 아내는 모든 인과관계의 양방향에 다 존재했다. 자신의 몸이 아플 때는 어른 말을 듣지 않은 결과로 분석되었고, 아이가 아플 때는 원인을 제공했을 가능성이 가장 높은 사람이 되었다. 하지만 조리원에서는 "물젖이라서 아이가 자주 우는 거 아니야?"라고 말할 사람은 없을 거다. 예약을 위해 조리원을 둘러본 아내는 이렇게 말했다. "뭐 비싸긴 해도 이 정도면 누구도 함부로 오지는 못하겠네." 스트레스를 최소화하기 위해 우리 부부는 산후조리원을 선택했다. 2주가 지나 일상으로 돌아오니 말짱 도루묵이었지만.

징글징글한 가족주의가 약간은 희석되는 건 산후조리원의 순기능이다. 물론 출산을 해도 가족이 별다른 도움이 되지 않는 상황이 먼저 있었을 게다. 남편의 육아휴직은 요원하고 도움을 줄 어른들은 멀리 살고 설사 가깝게 있다 하더라도 요즘 그리 한가한 노인이 어디 있겠는가. 그래서 가족을 대신할 곳을 찾는 사람도 있겠지만, 무엇보다 누군가가 자신의 사적 영역을 간섭하는 것이 싫어서 다른 공간을 일부러 찾는 사람들이 많다. 그래서 산후조리원의 면회 기준은 엄격해지는 추세다. 남편을 제외하고는 출입 자체가 금지된 경우가 많다. 물론 아이가 감염에 노출되는 것을 막기 위한 수단이지만 산모가 최소한 2주 동안은 온전히 '개인'으로 살 수 있다는 건 출산을 했다는 이유로 세상의 온갖 간섭에 노출되는 운명을 어느 정도 차단하는 엄청난 매력이다.

왜 그런 걸 돈 주고 하냐는 비판도 별 의미가 없다. 집 밖의 산

2 임신과 출산은 억지 규칙으로 가득 찬 세상이었다

후조리가 더 전문적인데 어찌 돌봄이 시장화되는 것32) 자체가 문제겠는가. 오히려 문제가 발생할 시 가족이 아니기에 책임을 정확하게 물을 수도 있다. 책임을 시장에 떠넘겨 경쟁이 발생하면 관리는 전문적으로 진화한다. 사람들이 산후조리원을 많이 이용할수록 산모 돌봄의 기준이 높아지기에 전통에 기댄 가정에서의 산후조리는 한계를 드러낼 수밖에 없다. 그러면 산후조리가 공적인 영역에서 제도화된다. 산후도우미 시스템이 불과 20여 년 사이에 놀랄 정도로 체계화되고, 미흡하지만 '공공 산후조리원'도 기지개를 켜는 이유는 여성이 산후조리를 과거처럼 대충 받아서는 안 된다는 인식이 곳곳에서 등장했기 때문이다.

그럼에도 한국에서 산후조리원 문화는 의도치 않은 부작용을 동반한다. 일반적으로 언급되는 건 그곳에서는 상품 판매 강제가 많다, 인맥을 위해 억지로 비싼 산후조리원을 선택하기도 한다는 등인데 이건 큰 문제가 아니다. 물건 구매는 아기용품이나 보험 등 관련 상품을 홍보하는 시간이 꽤나 많다는 거지 안 산다고 뭐라는 사람 없다. 그리고 '인맥을 만들려는' 목적으로 특별한 산후조리원을 선택하는 이들은 '그들만의 리그'를 사는 사람들이다. 대부분은 그냥 있다 보니 친해지고 이 친목을 이후에도 이어갈 뿐이다. 2주간 좁은 공간에서 잠옷 입고 지낸 사람들끼리 커뮤니티 하나 형성되지 않는 게 더 신기한 일이다. 조리원 인맥 대부분은 같은 개월 수의 아이들을 매개체로 육아용품

결혼과 육아의 사회학

의 정보를 교환하고 가끔 시댁 욕을 하면서 삶의 넋두리를 주고 받는 거지 미래를 위해서 억지로 관계 맺는 것이 아니다. 그리고 육아를 전담하며 세상과 고립되는 사람들에게 이런 친목 단체는 굉장히 소중하다. 그러나 여성들이 모이기만 하면 흥보기 바쁜 한국 사회에서는 이를 확대 해석해 이상한 분석을 하기도 한다.

산후조리원 학교의 급훈, '모성의 힘으로 모유 수유를!'

산후조리원의 문제점은 무엇일까? 산후조리원은 여성을 '모성 가득한' 엄마로 길러내는 첫 관문이다. 역설적이다. 여성들이 주변의 간섭을 왜 차단하려고 했겠는가? 출산과 동시에 모성으로 무장함이 마땅한 엄마의 모습이라고 전제하는 주변인들의 무례한 간섭이 이루어지는 것을 막기 위해서다. 그래서 2주간 휴가를 떠나는 것인데 산후조리원이 모성을 추호도 의심하지 않는 곳이라니. 물론 강요하는 방식이 투박하지는 않다. 산모들이 알아서 길들여지도록 자연스레 유도한다. 대표적으로 모유 수유가 그렇다. 분유 회사가 제일 싫어하는 곳이 산후조리원이라는 말이 있을 정도로 조리원에서는 모유 수유에 대한 모든 편의를 제공한다. 한국의 대학에서 교수로 재직 중인 일본인 노무라 미치요Nomura Michiyo는 자신의 산후조리원 경험을 바탕으로 〈산후조리원에서의 산후조리 민속의 지속과 변용〉이라는 논문을 작성하면서 산모들이 "고통을 마다하지 않고 모유 수유에 도전"[33] 하는 모습에 주목한다.

산모 A 씨의 경우 아무리 노력해도 아기가 젖을 빨지 않아 유축기로 모유를 짜서 젖병으로 수유를 하고 있었으며, 한밤중에도 2~3시간마다 일어나서 착유를 했다. B 씨는 두 달 후에 직장에 복귀할 예정이어서 복직 후에는 모유를 줄 수 없지만 두 달만이라도 모유를 주려고 도전하고 있었다. 산모 C 씨의 경우, 큰아이는 2개월이 될 때까지 모유와 분유의 혼합 수유를 했지만 그 후 노력해서 완전히 모유 수유로 바꾸었다고 한다. 둘째를 출산한 이번에도 입소 중에는 모유가 그다지 나오지 않았지만 모유 수유를 위해 계속 노력하고 있었다. 산모 D 씨는 필자가 입소했던 기간 중 가장 열심히 모유 수유에 도전했던 산모다. 큰아이는 혼합 수유였으므로 둘째는 완전 모유 수유를 하겠다는 의지가 강했다. D 씨는 모유 마사지를 자주 받고 핫팩 치료기를 꾸준히 이용했으며, 밤낮을 가리지 않고 2~3시간마다 수유를 했다. 모유가 잘 나오도록 식사 시 밥과 미역국을 두 그릇씩 먹었으며, 산모용 분유나 오렌지주스도 많이 마셨다. 모유가 모자라도 분유로 보충하지 않았고 특별 프로그램 시간에도 아기가 울면 분유 대신 물을 먹이도록 간호사에게 부탁해 결국 완전 모유 수유에 성공했다.[34]

안 되면 되게 하는 군대 같다. 많은 남자들이 군대 생활을 하면서 온몸에 남자다움을 덕지덕지 붙여가듯이 산모들은 모유 수유에 적응해 가면서 '모성'이라는 언어에 익숙해진다. 물론 모유 수유가 뭐가 문제겠는가. 세계 유수의 대학에서 해마다 모유 수유의 비밀을 발견했다고 난리고 학자들은 수유 형태에 따라 질병 발병률의 유의미한 차이가 있음을 강조한다. 한 단체에서 모유 수유 장점을 모았는데 무려 101가지에 이른다. 모유 수유는 아이의 돌연사를 막고 천식, 아토피 등의 발생률을 낮추는 등 거의 만병통치약이다. 심지어 '성격의 온화함'에도 영향을 준다는 연구 보고도 심심찮게 들려온다.

모유를 먹고 자란 사람은 나중에 온화한 성격을 갖게 될 가능성이 크다는 연구 결과가 나왔다. 핀란드 투르쿠 대학의 파이비 메르요넨Paivi Merjonen 교수는 출생 후 4~6개월 모유를 먹은 사람은 나중 성인이 되었을 때 조제유를 먹은 사람에 비해 화를 잘 내고 냉소적인 성격을 나타낼 가능성이 낮다고 밝힌 것으로 영국의 데일리 메일 인터넷판이 10일(현지 시간) 보도했다. (…) 조제유를 먹은 그룹은 4~6개월 모유를 먹은 그룹에 비해 적대적 성격, 특히 냉소성과 편집성을 나타낼 가능성이 높은 것으로 나타났다. (…) 모유 수유는 감염 억제, 지능 개선, 비만 차단 효과가 있는 것으로 알려지고 있는데, 여기에 온화한 성격이 하나 더

추가된 셈이다. 35)

허허, 모유를 먹으면 사람이 착해진단다. 설마 모유 속 성분 때문이겠는가. 아니면 분유에 분노를 일으키게 하는 (그것도 성인이 될 때까지 기다렸다가!) 엄청난 비밀이 숨겨져 있었단 말인가. 이게 사실이라면 모유만 먹었던 시절에 사람들은 왜 그리도 잔인했을까. 저 차이는 모유를 오랫동안 먹을 수 있는 경우와 그렇지 않은 집단의 환경적 차이에서 비롯된 결과라고 봄이 바람직하다. 모유 수유 기간이 길다는 것은 엄마와 아이가 함께 있는 시간이 많음을 뜻한다. 이때 형성되는 아이와 보호자와의 애착 관계는 사람의 성장 과정 내내 긍정적인 영향을 끼칠 가능성이 높다(절대 '엄마'라서가 아니다. 아이는 '바른 어른'에게 존중받을 때 행복한 것이지 부모 옆이라고 무조건 사랑의 감정을 느끼지 않는다).

하지만 이런 여러 요소가 고려된 설명은 없다. 모유 수유의 장점은 '분유를 먹는' 경우와 비교해서 이분법적인 틀로 각인된다. 모유든 분유든 아이에게 도움을 주는 방향은 같고 그 화살표의 끝이 약간 차이가 있을 뿐인데, 투박한 비교에 길들여지면 모유 수유가 기본 혹은 정상으로 인지된다. 그러니 분유를 먹이려면 타당한 이유가 있어야 한다. 모유 수유를 계속할 수 없는 부득이한 상황이 있거나 아니면 모유가 '안 나옴'을 기필코 확인한 다음에 분유가 차선책이 되어야 한다. 그러니 엄마들에게 '모유 수유'는, 아무리 대단한들 모유만큼은 아닌 분유를 먹이지 않겠다는 의지의 표현이다. 산후조리원이 일부러 그런 것은 아니겠지만 집단을 모아놓고 모유 수유를 마치 경쟁하듯이 다그치고 도전을 강요하는 곳에서, 엄마들이 '솔직히 안 나오면 말고' 식으로 편안하게 상황을 해석할 수 없다. 그러니 '드디어 모유 수유 성공!'이라면서 자신의 SNS에 노력의 결과를, 자신이 엄마로서 할 일을 했음을 알리는 거다. '성공'이란 말에 어떤 불안이 있었는지 짐작된다.

누군가가 뿌듯함을 분출하고 이를 단박에 목격할 수 있는 산후조리원에서 개인'차'는 결핍으로 다가오기 쉽다. 그래서 어떤 산모들은 그저 모유 수유 좀 안 되는 것을 가지고도 "다른 엄마들은 다 잘하는 것 같은데 나는 왜 이렇게 부족하지?"[36]라는 생각에 빠진다. 성공 후기가 돌고 도는 공간에서 쉽사리 포기하기도 어렵다. 《엄마됨을 후회함Regretting Motherhood》의 저자 이스라엘의 사회학자 오나 도나스Orna Donath의 표현을 빌리면 한쪽이 모성의 힘으로 포장될수록 그 반대편에는 "실망, 좌절감을 입 밖에 내면 '여성의 참된 본분'을 다하지 못하는 '모자란 엄마'라는 소리를 듣는다."[37] 《섹시즘, 남자들에 갇힌 여자》의 저자 정해경의 표현을 빌리면 "모성을 완성하는 것은 침묵이다", "조건을 달거나 고통스러워하는 모성은 더 이상 모성이 아니다."[38]

나를 관리했듯이,
너를 관리할 엄마가 될 것이다

《엄마의 탄생: 대한민국에서 엄마는 어떻게 만들어지는가》의 공저자 김보성의 표현을 빌리면 산후조리원은 우리가 알고 있는 '그 엄마'를 찍어내는 곳이다.[39] 누군가가 분유를 먹이면 "왜 분유 먹여?"라면서 힐난하는[40] 그런 엄마 말이다. 아토피 증세가 있는 아이의 엄마에게 "모유 수유하셨어요?"라고 생뚱맞게 물으면서 마치 '엄마 노릇'을 제대로 안 해서 그런 거 아니냐는 시선을 보내는 그런 엄마 말이다. 함부로 말하지 말라고 하면 '모성 어쩌고'를 들먹이는 그런 엄마 말이다. 이런 엄마들이 "아이가 태어나 성장하는 전 과정에서 발생하는 문제들을 해결해주어야 할 직접적인 책임이 어머니에게 있다고 가정"[41]하는 사회를 강력히 지지하는 건 당연하다. 결국 모두가 "티끌 하나 없이 완벽하게 어머니 노릇을 수행해내야 한다는 강박"[42]에 시달린다. 회사 화장실에서 유축기로 모유를 짜는 워킹맘의 지극정성은 이런 강박의 결과 아니겠는가. 김향수와 배은경은 〈자녀의 질환에 대한 모성 비난과 '아토피 엄마'의 경험〉이라는 논문에서 이런 분위기에 노출된 엄마들의 모습이 "내가 좀 더 노력하면 된다는 생각으로 자신을 다그치며 불가능한 모성적 속도전"[43]으로 이어진다고 비판한다.

결혼과 육아의 사회학

강요된 모성은 사회를 병들게 한다. 아이를 양육하는 첫 순간부터 '모성의 힘으로' 자신의 희생을 정당화하는 기억은 이 땅의 어머니들이 자주 읊조리는 '내가 널 어떻게 키웠는데'를 재생산하는 첫 단추다. 이 말을 성장 과정 내내 들어야 했던 자녀는 은연중에 '날 이렇게 힘들게 키워주신 부모를 위해 살아야지'라면서 자신을 옥죄인다. 우리가 그렇게 커왔고 또한 우리가 자녀들을 그렇게 키운다.

게다가 산후조리원에 있으면 모성만이 아니라 '여성성 회복'도 강요받을 확률이 높다. 현대사회는 모성을 강요하면서도 이 때문에 여성성을 상실하는 것은 용납하지 않는다. 이러나저러나 한국의 여성들은 찬밥 신세다. 학창 시절엔 화장한다고 욕먹고 졸업한 후에는 화장 안 하면 욕먹는 것처럼 여성이 아름다움을 마음껏 분출하면 '저런 사람은 연애는 몰라도 결혼 상대는 아니다. 엄마로서는 빵점이다'는 식의 평가가 따르고 막상 결혼을 하고 엄마로서의 역할에 충실하면 '여자가 애 기른다고 저렇게 신경 안 써도 되나?'라는 힐난이 담긴 시선과 마주해야 한다. 그래서일까? 출산 전 체중을 회복하는 건 엄마들의 의무가 되었다. 엄마가 되었다고 아줌마가 되어서는 안 된다는 강박에 노출된 이들에게 '몸을 추스른다'는 의미는 산후풍을 예방하는 것을 넘어 '다시 날씬해져서' 여성의 매력을 회복하고 타인에게 인정받는 것이다.

그러니 출산 초기에 제대로 관리받아야 한다. 음식도 균형 있게 먹고 적당히 운동도 해야 한다. 피부도 가꾸어야 한다. 2주간을 '개인'으로 푹 쉬면서 한편으로는 여자로 돌아가야 한다는 절박함마저 산후조리원은 충족시켜준다. 그래서 비용 때문에 남편이 머뭇거릴 때 "여기 가야 살이 잘 빠진대"라고 말하면 효과가 있다는 우스갯소리가 있다. 물론 이 작전은 훗날 부메랑이 되어 "산후조리원까지 보내줬는데 왜 살을 안 빼?"라고 말하는 뻔뻔한 남편을 마주하는 자충수일 경우가 많지만.

> 현재 여성은 절대로 '그냥' 엄마이기만 해서는 안 된다. (…) 아무리 피곤해도 섹시함까지 유지해야 한다. (…) 임신 중과 출산 직후, 출산 후 몇 년이 지나도 예외가 아니다. 항상 탄탄한 몸매를 유지해 미적 이상에 맞춰야 하고, 성적 능력이 있다는 암시를 주어야 한다는 요구에서 한시도 벗어날 수 없다.44)

산후조리원이라는 공간에서는 이러한 시대적 요구에 충실한 사람들이 모여있다. 모유 수유에 대한 전투적 도전이 가능한 이유 중 하나가 '산모 체중 감소'에 효과적이라는 연구 결과가 여기저기 떠돌기 때문이다. "출산 후 몸무게가 늘어가는 것은 자연스러운 일인데 여성들은 이러한 몸의 변화를 여자로서의 정체성이 사라지는 것으로 받아들이면서 큰 위기를 느끼게 된다."45)

결혼과 육아의 사회학

그러니 평생을 다이어트에 시달려왔던 여성들이 출산하고도 다이어트에 안간힘을 쓴다. 몸과 마음을 안정적으로 관리받은 산후조리원에서의 경험은 조리원을 나선 후에도 스스로를 여성으로서 끊임없이 관리하도록 만든다.

문제는 규율과 독한 실천을 내재화하는 이런 과정을 통해 여성들은 자신의 의지력을 신뢰하게 된다는 데 있다. 엄마답기 위해 여자답기 위해 심신 수양을 열심히 한 경험이 "삶의 다른 영역에서의 성취를 가능케 하는 자신감을 대폭 증진"[46]시킨다는 말이다. 그런데 임신을 하면 "그래, 일은 언제까지 할 거야?"라는 말부터 듣기 십상인 한국의 여성들에게 성취를 확장할 영역이 뭐 그렇게 많겠는가. 산후조리원 학교를 졸업하면서 자신감으로 일발 장전을 한들, 다음 단계는 주부든 직장인이든 혹독한 독박 육아를 이겨내는 것뿐이다. 이들은 주부 CEO 혹은 슈퍼 워킹맘이 되어 열혈 모성을 보란 듯이 실천할 것이다.[47] 모성의 힘으로 자녀를 키우고 힘들 때마다 여성성을 다시 찾았던 소중한 경험을 되살려 '절대 뒤처지지 않겠다는' 각오를 다지는 엄마로 거듭나는 건 이제 식은 죽 먹기다.

모든 책임은 부모에게 있다는 육아서

생물학적 남녀 차이를 강조할수록 사회적 남녀 차별은 정당화된다

책을 혐오하게 만드는 독서법 과잉의 시대

3

'그들만을 위한'
육아서의 범람

●

"책에서 권하는 방법들이 내게는 한 문장도 해당되지 않았다. (…)
정말이지 하나에서부터 열까지
내게는 좋은 엄마에 해당되는 자질이 하나도 없었다."

- 정아은의 책, 《엄마의 독서: 현재진행형, 엄마의 자리를 묻다》 중 - 1)

모든 책임은 부모에게 있다는 육아서

엄마의 관심이면 질병도 치료된다?

주부 대상으로 글쓰기 강좌를 했을 때다. 몇 회에 걸쳐 자신의 육아 경험을 사회문제로 공론화하는 글을 직접 쓰고 발표도 하는 시간이었다. 참여자들의 사연 중에 비슷한 상황을 완전히 대척점에서 묘사한 경우가 있었다. 두 글은 ADHD(attention deficit hyperactive disorder, 주의력결핍 과잉행동장애)를 소재로 사회적 고정관념을 다루는 내용이었는데 방향은 완전히 달랐다.

하나는 어릴 때부터 산만해서 주변에서 ADHD 검사를 받아보라는 말을 들어야만 했던 아이가 '엄마인' 자신의 엄청난 노력으로 많이 달라졌다는 내용이었다. 절망의 순간에서도 '엄마의 관심이면 불가능은 없다'는 식의 제목을 단 육아서들을 읽으며 포기하지 않았다면서 자신을 요즘 엄마들 나약하다는 고정관념을 이겨낸 경우라고 해석했다. 다른 글은 ADHD 질병을 실제로 진단받은 아이의 엄마가 작성했다. 주변의 온갖 조언들이 오지랖에 불과하다는 것을 뒤늦게 깨닫고 병원 치료를 미루었던 자신을 탓하는 내용이었다. 그간 '엄마인' 자신이 잘못해서 아이가 그런 줄로만 알고 자신을 탓한 것을 반성하고 이제야 전문적인 치료를 받게 된 아이에 대한 미안함이 구구절절했다. 지금까지 '엄마의 관심이면 불가능은 없다'는 식의 제복을 단 육아서들이 만든 고정관념 때문에 죽고 싶을 만큼 힘들었다는 내용과 함께.

두 사례는 분리되어 있지 않다. 첫째 사연에서 아이는 실제 ADHD가 아니었다. 검사 결과 '조금 산만한 정도지만 전혀 문제없는 경우'로 진단되었다. 그런데도 엄마는 '우리 아이가 ADHD 검사받을 정도로 문제가 많았다'는 점을 끊임없이 언급하며 마치 그 병을 진단받았다 할지라도 '엄마의 정신'이라면 문제 될 것 없다고 강조했다. 심지어 이를 악물었던 본인의 철두철미한 관심 덕택에 상태가 호전되었기에 좋은 결과가 나온 것이라 확신하고 있었다. 인용한 참고 문헌들은 죄다 본인과 동일한 육아관을 설파하는 책들이었다. 아이는 문제가 있었지만 따뜻한 엄마의 관심으로 결국엔 회복되었다는 천편일률적인 내용의 책들 말이다.

이 분위기의 피해자가 두 번째 사연을 작성했다. ADHD를 진

결혼과 육아의 사회학

단받고도 적극적인 병원 치료를 망설였던 이유는 처방전으로 '엄마의 정신'을 내놓는 주변 사람들 때문이었다. 사람이 병에 걸렸는데 사람들은 걱정은커녕 '엄마는 뭐했어요?'라는 눈총을 보내기 바빴다. 마음이 무너져가는 당사자를 앞에 두고 "혹시 어릴 때 동화책 자주 읽어줬어요?"라는 핀잔이 넘쳐났다. 어떤 사람은 '엄마' 글자가 대문짝만한 표지의 책을 주면서 설교하기도 한다. "여기 봐요. 아이가 울 때 막 다그치면 안 된다고 적혀 있잖아요. 그러면 아이가 스스로를 통제하지 못하게 되거든요. 이 책 아직 안 읽었죠?"

ADHD 진단을 받은 아이의 엄마는 이딴 수준의 지청구를 별로 안면도 없는 사람들에게까지 들어야 했다. 공공장소에서 아이의 과잉 행동을 조금 늦게 제재하면 "저렇게 관심이 없으니 아이는 자기가 울어도 된다고 생각하는 거야"라는 웅성거림 앞에서, 빨리 제재하면 "저렇게 윽박지르니 아이가 그렇지"라는 수군거림과 마주하면서 엄마는 무너져갔다. 설마 육아서처럼 하지 않았겠는가. 누구보다 먼저 책들을 찾았고 수험생처럼 읽었던 엄마였다. 책에 나온 것처럼 아이가 실컷 울도록 내버려 둔 다음에 "속상했지?"라고 말하며 아이를 다독여도 보았다. 하지만 ADHD는 그러지 않아서 발병하는 것도, 그렇게 했다고 발병하지 않는 병도 아니었다.

"무엇이 문제인지, 어디서부터 잘못된 것인지 다 그냥 내 탓 같아 남편에게도 미안하고 시댁이나 친정 식구 보기도 민망해요. 저 아무한테도 말 못 하고 혼자 끙끙거렸어요. (…) 사실 전 도망가고 싶어요. 이 아이를 기를 만한 엄마가 못 되는 것 같아요."2)

아이가 ADHD 진단을 받은 엄마들은 주로 이렇게 반응한다. 자기 탓이라며 죄책감에 시달리는 부모들은 "부모 때문에 걸리는 병 아니다"라고 말하는 의사 앞에서 자신의 부모가 폭력적이었다, 학창 시절에 겪은 트라우마를 아직 극복하지 못했다는 둥 "자신의 과거사를 쥐 잡듯 찾아내어 그때의 잘못으로 마치 신이 큰 저주라도 내리는 것처럼 여긴다."3) 자신의 실수를 자꾸만 인정해야 하는 분위기 속에 이들은 가급적 약물치료를 피하고 놀이치료로 극복 가능할 수 있다는 믿음을 버리지 않아 전문가들을 당황케 한다. '엄마답지 못한 게' 발병의 원인이 되는 세상에서 '엄마답게' 극복하겠다는 다짐이 넘치는 건 당연하다. 두 번째 사연의 엄마 역시 처음 의사를 만났을 때 "아이에게 약을 먹이진 않겠다. 내가 비록 부족하지만 그 정도는 아니다"라고 말했다. 다행히도 이 여성이 내게 제출한 글쓰기 과제의 끝줄은 이랬다. "나는 더 이상 자신의 경험으로 타인을 재단하는 육아서를 붙들고 자책하지 않겠다."

결혼과 육아의 사회학

육아서에 사회구조는 존재하지 않는다

육아서 홍수의 시대다. 너도나도 작가가 되겠다는 사람이 많은 것도 이유겠지만 육아가 힘들어졌으니 많이 찾는 것이다. 이렇게 편리해진 세상에 무슨 궤변이냐고 하겠지만 정보가 홍수니 고민이 많을 수밖에 없다. 과거와는 다른 걱정거리가 생긴 상황에서 그저 주워들은 정보로 아이를 기를 수 없다. '우리 아이 스마트폰 사용 지도 방법'을 휴대폰도 없었던 시절에 육아를 한 사람들에게 물어볼 수 없다. 요즘처럼 요구하는 것이 많은 세상에 '아이는 알아서 큰다'는 식의 방임형 육아는 그 쓴맛을 톡톡히 볼 뿐이다. 독서가 창의적이었는지를 평가하는 시대에 부모들은 어떤 책을 골라야 하는지 번뇌할 수밖에 없다. 요즘 세상이 대학 가서 취업 준비할 만큼 한가함을 허락하는가? 미리미리 준비하지 않으면 공무원 시험 외에는 선택지가 없는 상황, 그런데 인성까지 좋아야 한다니 이것 참 부모의 어깨가 무거울 수밖에. 게다가 모든 문제의 원인을 가정교육에서 찾는 한국인들의 일관된 나쁜 버릇은 부모들 스스로 제일 잘 안다. 그러니 도움을 얻기 위해 다양한 책들을 찾는다.

하지만 육아서대로 한다고 잘되지 않는다. 육아서에는 '참고 이겨냈다'는 이야기로 가득 차 있고 많은 사람이 그렇게 실천하지만 결과는 신통찮다. 왜 그런지 이유를 찾는 건 어렵지 않다.

육아서의 범람은 마치 취업에 힘들어하는 사람이 많아지면서 자기계발서가 누구 집에나 몇 권은 있는 것과 마찬가지다. 바늘구멍을 통과한 자들의 비법이랍시고 소개되는 내용은 첫째도 노력 둘째도 노력이다. 그래서 모두가 노력하지만 바늘구멍이 넓어지지 않는 이상 개인이 쉽게 구제될 리 만무하다. 오히려 더 노력한 만큼 실패의 좌절감만 커져 바닥을 딛고 일어설 용기조차 사라진다. 도전과 열정만을 강요하며 사회구조를 외면하는 자기계발서에 대해 사람들은 뒤늦게 '아프면 환자지, 무슨 청춘이냐', '노오오오오력' 등의 말로 되받아쳤다.

사회구조를 따질 목적이 애초에 없는 육아서는 자기계발서가 철저히 개인에게 책임을 묻듯이, 부모의(주로 엄마의) 역할을 강조 또 강조한다. 오직 부모가 변해야만 아이도 변한다는 전제하에서만 기승전결이 전개된다. 머뭇거리는 부모들을 위해 책은 충격 요법을 쓴다. '지금 이대로 아이를 방치하면 큰일 될지도 모르는데 내버려 둘 건가요?' 지금 즐거움을 선택했다가 나중에 이름도 없는 대학에 가서 취업 안 된다고 징징거리지 말라는 자기계발서들의 협박과 닮았다.

부모 노릇을 만병통치약으로 강조하는 육아서는 모든 부모가 진공 상태에서 동일하게 존재하는 줄 안다. 부모의 문제가 곧 자녀의 문제이니 부모가 바뀌면 자녀가 바뀐다는 내용을 담고있는 책들은 부모들 각자 다를 수밖에 없는 고통의 무게를 깡그리 무시한다. 경제적으로 안정적인 가정에서 시간을 오롯이 자녀에게 쓸 수 있는 사람들이 실천할 수 있는 목록들을 나열해놓고 '엄마 표'라는 모성 가득한 단어를 덧붙인다. 돈과 시간이 여유로워야 가능하다는 가장 중요한 전제 조건은 책 어디에도 언급되지 않는다. A의 하소연을 들어보자.

임대주택에 사는 맞벌이 엄마 A 씨는 '엄마표 요리 놀이'라는 이야기를 들을 때마다 한숨이 나온다. 그녀는 아주 가끔 슈퍼에 파는 유부초밥 재료로 아이와 함께 요리할 때가 있다. 그리고 반드시 요리한 음식으로 식사한다. 딱 거기까지다. 여기에 아이의 대근육, 소근육을 발달시키고 상상력을 자극하겠다는 목적은 없다. 밥은 해야 하는데 시간은 없고 아이에게 TV만 틀어줄 수 없으니 이거라도 함께하는 거다.

하지만 육아서에는 '요리 놀이'를 하면 모두가 빌 게이츠라도 될 듯이 (검증되지 않은) 효용성을 떠벌린다. 그래서 아이용 앞치마를 두르고 아이용 비닐장갑을(A는 작은 크기의 비닐장갑이 있는지조차 몰랐다) 앙증맞게 끼고 ─ 사진을 찍으면 예쁘긴 하다. 아마 그림이 좋게 나오니 효용성이 있다고 믿고 싶은 것 아니겠는가 ─ 밀가루를 아무 기준도 없이 퍼붓거나 소인국에서나 통할 크기의 수박화채를 만든다. A는 그럴 수 없다. 그건 A에게 다 식량이다. 엥겔지수를 몸으로 체감하며 사는 A에게 요리 놀이는 사치다. 그래서 유부초밥을 만들 때도 아이는 딱 2개만 만들게 한다. 더 망쳐서는 안 되기 때문이다. 일반적인 식사 준비와 뒷정리도 버거운 일상에서, 당장 확인하기도 어려운 '오감을 키운다는' 아이의 저지레를 감당할 자신이 없다. 뱁새가 황새 따라가면 다리가 찢어지지 않겠는가.

다리가 찢어진 사람도 있다. 마냥 좋아 보이는 지침들을 도깨비방망이 휘두르듯 한다고 긍정적인 가정환경이 조성되는 것이 아닌데, 이에 대해 일언반구조차 하지 않는 육아서에 나오는 내용을 따라 할 때다. 가난한 아빠 B 씨가 그랬다. B는 '스킨십'이 육아에서 무척이나 중요하다는 것을 해외 유수 대학의 연구 결과까지 언급하며 소개하는 육아서를 읽고 실천했다. 효과를 좀 보았을까? 함께 목욕하기로 아이와의 전환점을 마련하려고 했지만 보람은 없었다. 당연한 결과다. 목욕 같이한다고 육아의 고충이 사라진다면 누가 육아를 힘들다고 하겠는가.

'스킨십이 많으면 좋다'는 것에는 전제가 있다. 아이가 자신이 소중한 존재라는 것을 부모로부터 일상적으로 느껴야 그 연장선에서 목욕이라는 도구가 시너지 효과를 낸다. 하지만 먹고사는 문제에 허덕이는 부모들이 아이와의 수평적 소통을 위한 노력을 일관되게 하기란 무리다. 파편적으로는 아이와 좋은 추억이 있겠지만 일상의 누적된 경험은 부족하게 마련이다. 이런 가정에서 '스킬'만 흉내 내는 건 별 소용이 없고 부작용이 있을 뿐이다. 아빠와 딸이 놀이동산에 같이 오기는 왔는데 영 따분해하

결혼과 육아의 사회학

는 딸의 표정이나 키즈카페 한쪽에서 졸고 있는 아빠의 모습이 대표적이다. 함께 주말을 보내는 게 좋다고 해서 오긴 왔는데 사람 사이의 응어리가 몇 시간 나들이로 전화위복 될 리 없다. '평소'가 우여곡절인 사람의 '일시' 이벤트는 효과가 없다. 육아서를 읽고 실천한 아빠는 "놀이동산, 키즈카페도 함께 가줬는데 너는 왜 그러냐!"라면서 항변하겠지만 그럴수록 자녀와 부모 사이는 멀어진다. 그 이유가 단순히 경제적인 문제 때문은 아니겠지만 이를 포함해 여러 요소가 얽혀서 나타난 육아의 고충이 도깨비방망이 한번 휘두른다고 말끔해지지 않음은 분명하다.

육아서들은 현대사회의 많은 문제를 가정교육의 부재에서 찾는다. 하지만 이런 책들을 읽은 사람들이 가정교육에 집착해도 문제는 지속된다. 이는 가정교육만으로는 해결할 수 없는 보다 큰 '사회구조적' 측면이 육아의 현장에 존재함을 의미한다. 이를테면 중산층 되기조차 버거워진 이 시대가 대표적이다. 하지만 책에서는 그러한 요인들이 개인에게 끼치는 차이를 일일이 따지지 않는다. 사회 환경이라는 변수를 배제한 '육아 비법'이 강조되면, 이런 비법이 무용한, 다수의 부모들을 짓누르고 있는 요인들이 사회적 관심을 받지 못한다. 심한 표현일지 모르겠으나 이런 육아서는 단연코 반사회적이다.

육아서의 이상한 사회성 교육

육아서는 제시된 내용을 철저하게 준수하면 가정의 행복만큼은 책임져주겠다고 호언장담한다. 그럼 이 매뉴얼을 실천에 옮긴 가정들이 모인 사회는 과연 행복할까? 역으로 상상해보자. 성 불평등을 깨는 것은 따져볼 필요도 없는 시급한 사회적 과제다. 그럼 육아서는 그런 평등한 사회로의 변화를 추동하는 씨앗을 가성에 뿌려줄까? 물론 그런 책들도 있지만 가뭄에 콩 날 정도다.

일반적으로 육아서 독자들은 뒤통수에 충격을 주는 듯한 적극적이고 깨어있는 독서를 원하지 않는다. 머리를 맞대고 무슨 이론이 옳은지를 따지는 것이 아닌 매우 구체적으로 일상의 효능이 창출될 지침을 찾는다. 그래서 성 불평등이 만연한 이 사회를 깨자가 아닌, 그런 불평등 속에서 어떻게든 행복을 찾는 방법이 더 궁금하다. 그럼 답은 간단하다. 남자는 화성에서 왔고 여자는 금성에서 왔으니 서로 인정하고 적절한 역할에 익숙해지면 된다. 육아서들은 진화생물학이나 긍정심리학을 소개한 책들의 몇 구절을 인용해 이런 식의 이해가 당연한 거라고 거든다. 이를 준수하면 가정은 행복해질지 모르겠지만 사회는 불행해진다. 성 불평등에 대한 지점은 다음 꼭지에서 다루도록 하고 '사회성' 측면에 주목해보자.

결혼과 육아의 사회학

도서관의 자녀교육 코너를 두리번거리다가 명문 사립 고등학교에 자녀를 보낸 부모들의 수기를 모은 책을 발견했다. 펼치니 이런 내용이 나온다. 아이 종아리에 회초리 맞은 자국이 있었다. 이유를 물었고 아이는 자기가 강당에 모이는 시간에 자꾸 지각해서 맞은 거라고 했다. 잘못했기에 맞는 건 당연하단다. 그러면서 아이는 예전에 할아버지에게 맞았던 기억을 떠올렸다. 아들의 이 말에 엄마는 역시 'ㅇㅇ고에 보내길 잘했다'고 생각하며, 이리저리 체벌을 정당화한다. 해당 학교는 규칙을 위반하면 학생 법정이 열리고 여기서 징계가 확정되면 회초리를 맞기 때문에 아무런 문제가 없단다(지금은 고전 쓰기로 바뀌었다고 한다). 엄마는 이런 시스템의 우수성이 요즘 체벌 때문에 골머리를 앓는다는 일선 학교에도 널리 알려지길 기대하며 글을 마친다.

어안이 벙벙하다. 체벌이라는 굳이 필요 없는 교육적 처사가 명문 사립고라는 상징성 강한 배경에 다 묻혀버린다. 체벌은 서커스를 위해 동물을 교육할 때나 필요하지 사람에게는 효과가 없다. 만약 효과가 있다면 모두가 매 맞으며 자란 기성세대들이 만든 한국 사회가 이렇지 않을 것이다. 오히려 '때릴 때는 때려야 한다'는 논리가 누군가에게 악용되면 체벌을 가장한 폭력이 등장할 수밖에 없다. 체벌을 통해 목표를 달성했다면 그건 교육이 아니다.

때려가며 공부시키면 안 되는 것이 사회가 나아가야 할 길인데, 한국에서는 성과만 좋다면 이 과정의 '어떻게'는 정당화된다. 그 성과도 사회적인 가치와 무관하니 이것이 각자도생이 아니면 무엇인가. 연령대를 확 낮추어서 5세 아이에게 꼭 해줘야 하는 목록을 정리한 책도 마찬가지다. 전문가의 자문을 받았다는 책은 아이의 사회성을 키우기 위해 '반드시 친구를 만들어주어야 하는 이유'를 강조하며, 엄마들이 먼저 친구가 많아져야 한다고 강조한다. 친구를 '반드시' 만드는 것부터가 어색하기 짝이 없지만 그 노하우는 충격이다. 버젓이 이런 느낌을 풍기는 글들이 등장한다.

외모가 단정해야 한다

아이들도 깨끗한 아이를 좋아한다. 그러니 부모들은 아이가 친구들과 놀 때 용모를 단정하게 해주는 것이 중요하다. 맞벌이 엄마 ○ 씨는 얼마 전 아이가 옷에 구멍이 났다는 이유로 친구들로부터 놀림을 당했다는 소식을 듣고 가슴이 아팠다. 그 일이 있고 난 뒤 ○ 씨는 무슨 일이 있어도 깔끔하게 옷을 입히는 원칙을 지키고 있다. 혹시나 해서 하루 한 번 목욕도 빼먹지 않는다.

아이가 비만이거나 몸에 냄새가 나면 아이에 대해 꼭 이야기를 나눠야 한다. 심하면 병원에 가는 것이 좋다. 혹시나 아이에게 상처가 될까 두려워할 수도 있지만, 밖에서 부딪히는 것보다

결혼과 육아의 사회학

가정에서 먼저 해결하는 것이 아이를 위해서도 좋다.*

　사회성을 빙자한 반사회적 해법이다. 사회성이라는 것은 '남들과 잘 노는 것'이 아니다. 사회성은 사회적 동물인 인간이 타인과 적절한 관계를 맺고 살아감을 뜻한다. 여기서 적절하다는 것은 '많은 사람과', '가급적 문제없이' 지낸다는 뜻이 아니다. 친구 많다고 사회성이 좋은 게 아니란 말이다. 사회성은 내가 만나는 '타인'과 함께 살아야 하는 이유를 알고 실천하는 것이다. 주변에 사회생활 잘한다고 착각하는 사람 중에는 어색한 분위기 풀어보겠다면서 저질 농담을 유머랍시고 일삼는 부류가 있다. 사회를 나쁘게 만드는 나쁜 사람들이다. 마찬가지로 누구의 옷에 구멍이 났다고 놀리는 아이야말로 사회성이 부족하다. 비만은 '개인의 질병'이지 타인에게 놀림이 될 소재가 아니다. 병원은 뚱뚱하고 냄새나는 친구를 따돌리는 아이가 가야 한다.
　하지만 이상한 사회성을 전파하기에 바쁜 육아서에서는 '옷의 구멍'에서 원인을 찾는 엄마가 모범 사례가 된다. 일순간에 진짜 사회성이 부족한 이의 가해성은 사라지고 평범한 아이는 앞으로

---

* 육아서의 전반적인 분위기를 비판하는 글이기 때문에 '어떤 책'을 꼭 집어서 문제 삼는 것이 필요하지 않다고 판단해서 원문을 윤문했음을 밝힌다. 이후 내용에서도 육아서의 큰 그림을 비판하는 지점에서는 개별 책 정보를 직접적으로 드러내는 것을 피했다.

자신의 옷에 구멍이 있는지 없는지를 살피는 강박에서 벗어날 수 없을 것이다. 살이 쪄서 놀림을 당하는 아이는 '살을 빼는' 방법을 택하면서, 반사회적 행동을 한 이들에게 면죄부를 줄 것이다. 그러니 육아서는 정말로 변해야 하는 사회성 결여의 인물을 방치하는 결과를 일으킨다고 해도 과장이 아닌 셈이다.

그런데 이런 육아서만 탓하기도 어렵다. 괴기스러운 조언들이 '육아'라는 진중해야 하는 단어와 함께 설명될 수 있는 이유는 육아서를 찾는 부모들이 그런 정보를 원하기 때문이다. 내 아이가 좀 더 도드라질 수 있는, 혹은 조금이라도 평균치에서 멀어지는 것을 예방하기 위한 정보 말이다.

우리의 부모들은 '경쟁에서 이기는 법-육아 실전 편'을 집어 들었을 뿐이다. 이들에게 육아서는 '가운데(평균)는 당연하고 더 노력해서 더 위로' 진입할 비법을 어쨌든 효과를 본 사례를 근거 삼아 제공한다. 이걸 따라 하는 가정이 과연 행복해질지 의문이다. 아니 가정은 행복해질지 모르겠는데, 그런 가정들이 모인 사회가 얼마나 괴기스러워질지 걱정이다.

결혼과 육아의 사회학

생물학적 남녀 차이를 강조할수록
사회적 남녀 차별은 정당화된다

서로를 존중하면 평등한 것일까?

사랑이 넘치는 불평등한 우리 집.《하나도 괜찮지 않습니다》에서 표현한 우리 집의 모습이다. 부부사이가 화목하지만 결국에는 기울어진 성별 불평등을 그대로 유지하고 살아가는 모습을 이렇게 묘사했다. 아내는 경력 단절이 되어 육아에 전념하고 있는데 이 과정은 남자가 여자를 존중하지 않는 전통적인 투박함과는 거리가 멀었다. 내가 남자라서 일하고 아내가 여자라서 육아를 담당하자는 어떤 강요도 서로 간에 없었다. 이왕이면 경력이 단절된 적 없고, 없었기에 생산성이 높은 내가 — 그러니까 남자가! — 일에 전념하는 게 가정이 안정되는 데 효율적이라 합의했기 때문이다. 얼핏 각자의 영역에서 최선을 다하는 두 개의 축이 가정을 견실히 받치는 것처럼 보이지만, 내가 뼈 빠지게 산만큼 사회에서 나름의 가치를 인정받아가는 것에 비해 아내는 자신의 이름이 아닌 그저 누구의 엄마, 누구의 아내로 존재할 뿐인데 이를 같은 고생이라고 할 수 있을까? 내가 여러 권의 책을 출간하고 방송에 나오는 것에 비해 아내는 그냥 블록놀이의 달인이 되어갈 뿐이다. 그리고 아이와 더 친밀해질수록 사회에서는 최저임금을 벗어나는 일자리를 구하기 어려워졌다. 자연스레 아이를 장시간 맡기는 부담을 감수하면서 쉽사리 노동시장에 진입하기 어려워졌다. 남자인 내가 더 열심히 살아야 하는 상황은 이렇게 완성된다. 우리 가정은 화목할 뿐 한계는 선명하다.

사랑이 넘치든 말든 불평등이 그대로 유지된다면 어찌 사회적으로 권장할 가정의 모습이라고 할 수 있겠는가. 서로가 문제없다고 생각한다고 정말 문제가 아닌 걸까? 평등한 육아를 지향한다는 가정을 살펴보면 각자의 역할에 최선을 다하고 서로의 영역을 침범하지 않으며 존중하는 것을 평등으로 착각하거나, 남편이 약간의 육아 도움을 제공하는 사실을 지나치게 확대 해석하는 경우가 많다. 구체적으로 어떻게 평등하냐고 물으면 육아에 관한 모든 결정권을 지닌 아내가 (주로 평일 저녁에) "애들이랑 이거 하면서 놀아", (주로 주말 낮에) "오늘은 여길 다녀와"라는 지시를 내리면 남편은 고분고분 따르는 경우를 종종 언급한다. 이를 서로 '존중한다'고 표현할 만큼 부부 사이는 평등해 보이지만, 과연 이 부부는 '아이는 역시 엄마가 길러야지'라는 고정관념을 깨는 평등한 육아를 하고 있는 것일까?

아빠효과는 '아빠' 때문이 아니다

철저한 업무 분담 원칙에 티끌 하나 균열을 일으키지 않으면서 겉으로는 세상천지가 달라지는 양 포장하는 육아법이 요즘 유행이다. 수년 전부터 '아빠효과father effects'라는 말이 육아에 고심하는 부모 주변을 배회하고 있다. 서점에서 검색을 해보니 관련 책들이 참으로 많다. 엄마와 관련된 책들은 넘쳐나니 피차 부모의 육아 중요성을 말하는 것 아니냐 할지 모르겠지만 느낌이 좀 다르다. 엄마 쪽은 육아를 힘들어하는 엄마의 미안함을 담은 책부터 극한의 육아를 극복한 사례까지, 육아를 '엄마의 의무'로 규정한 상황에서 고생 따위는 모성의 힘으로 이겨내자는 내용이 주를 이룬다. 하지만 아빠 쪽은 엄마 쪽에서는 도무지 등장할 수 없는 '하루에 딱 10분만' 육아를 하라는 놀라운 지침도 놀랍지만, 그 시간만 아이와 함께 놀아주든 책을 읽어주면 육아의 기적이 벌어진다는 사례들이 나열된다.

그러니 아빠효과는 엄마의 주된 영역이라 생각해온 육아에 아빠도 동참한다는 뜻이 아니라 "아버지만이 줄 수 있는 것이 따로 있다"[4]라는 식의 설명을 동반한다. "섬세한 정보력으로 아이

3 '그들만을 위한' 육아서의 범람

를 코칭하는 게 엄마의 역할이라면, 큰 그림을 그려 아이에게 비전을 제시하는 건 아빠의 몫[5]이라는 전제에서 출발해 엄마는 할 수 없는 아빠만의 육아를 통해 아이의 자존감을 높이고 덩달아 학습 능력까지 폭발시키면서, 인성·사회성·자기 통제력 등등 온갖 좋은 것을 다 갖춰 궁극적으로 아이가 성공할 가능성을 높여준다는 식이다.

효과가 어마어마하고 무시무시하다니 솔깃하지 않을 부모가 있을까? 아빠효과 육아를 주장하는 학자들은 나름의 실험에 기반을 두었음을 강조한다. 오랫동안 추적해보니 아빠가 아이와 목욕도 자주 하고 야외 활동 등 교류가 많으면 자녀들이 폭력성이 낮았고 대인 관계는 더 원만했고 실제 성공 — 주로 명문대에 입학했거나 고소득 전문직 직업에 종사하는 것으로만 등장 — 했다는 식이다.

당연한 소리다. 부모와 사이가 좋은 자녀는 생애 과정을 안정적으로 보낼 확률이 높으니 나름 실패하지 않을 가능성이 높다. 요즘 같은 불안의 시대에는 집안 배경이 웬만해도 성공하기 힘들겠으나, 어디까지나 그 반대편에 비해 확률적으로 그렇다는 거다. 이때 자녀가 아빠와 특별한 관계를 맺어서 긍정적 효과를 얻었다면, '아빠효과'는 엄마가 할 수 없는 기능을 아빠가 수행해서 나타난 결과일까? 아니면 아빠라는 성별 변수가 아니라 자녀와 유대 관계를 형성하는 '타자'가 한 명 더 투입되면서 자녀

결혼과 육아의 사회학

의 주변 환경이 더 긍정적으로 변했기에 나타난 효과일까? '남자'인 아빠의 등장이 중요한 게 아니라 따뜻한 사랑을 지닌 보호자 한 명이 더 증가한 결과로 보아야 함이 마땅하다. 기존의 어른 한 명에(주로 엄마) 추가로 어른 한 명이 적극적으로 육아에 개입하면(주로 아빠) 양적·질적으로 시너지가 엄청나다. 특히 육아가 분산되니 엄마의 조급했던 평소 육아에도 여유가 묻어나고 궁극적으로 아이의 매 순간은 행복이 넘쳐흐를 수밖에 없다.

엄마는 아빠처럼 육아를 못하는 것일까?

하지만 육아서는 이를 남녀 차이로 구분하는 것을 주저하지 않는다. 아빠는 감성적인 엄마에 비해 논리적이고 분석적이라 엄마가 보지 못한 부분을 정확하게 지적할 수 있다는6) 단호함이 책 곳곳에 철철 흐른다. 엄마가 뼈 빠지게 하고 있는 육아의 현장에 개입해 엄마가 미처 '하지 못한'(못하는 것이 아니라!) 지점을 도와주는 아빠의 모습들을 관찰한 결과를 "엄마가 채워주지 못하는 아빠만의 역할"7)이라면서 "엄마의 열정보다 더 큰 위력, 아빠효과"8)라고 하니 어안이 벙벙하다.

이를 당연하다고 받아들이면 월요일부터 금요일까지 엄마와 많은 시간을 살면서 웃고 울었던 아이가 주말에 아빠와 놀이터에서 잠깐 놀면서 방긋방긋한 웃음을 보일 때, '역시, 아빠만이

해줄 수 있는 것이 있어'라고 아빠만이 아니라 엄마와 심지어 아이까지도 착각한다. 나아가 육아 전체를 '함께'하는 것이 아닌, 엄마가 채워주지 못하는 작은 조각을 아빠가 보충하는 식의 참여만으로 아빠 육아는 완성되어버린다.

육아서는 엄마의 육아를 '개입하는' 교육의 형태로, 아빠의 육아는 '지켜보는' 자유 방임형 형태라며 이분법적으로 설명한다. 한 방송국에서는 실험도 했다. 단면만을 보면 틀린 말이 아니다. 아빠는 주변의 모든 것을 활용하고 응용한다. 여차하면 새로운 놀이법이나 도구를 개발한다. 그러니 아빠의 육아에는 규범도 단계도 없다. 말 그대로 자유다. 하지만 엄마는 특정한 것을 선택해, 이를테면 책 읽기나 역할 놀이에 더 집중한다. 그래서 아이에게 집중을 독려하면서 지금은 무엇을 해야 하고 하지 말아야 하는 등의 다양한 규칙들을 제시한다. 이런 모습을 종합해 성급한 결론을 내린다. "엄마들은 수렴적 사고 형태를 보이고, 아빠는 창의적인 사고를 더 촉진한다."9)

확인된 사실에 적절한 설명을 붙인 것 같지만 위험한 접근이다. 아빠와 엄마는 지금까지의 육아에 대한 누적된 경험이 다르기 때문에 아무리 실험이라 할지라도 관성이 있다. 늘 육아를 책임져야 했던 사람과 아닌 사람이 했던 행동을 성별의 차이라고 보는 것은 매우 위험하다. 특히 저 다름은 엄마는 아이가 혼자 성장할 수 있게끔 기다려주지 못하고 자기 욕심에 온갖 닦달을 하는 극성 엄마의 이미지가 만들어지는 시작점이다. 엄마 아빠의 다른 육아 방식은 화성에서 엄마가 왔고 금성에서 아빠가 왔기 때문일까? 엄마가 아빠처럼 육아를 못하는 것일까? 아니면 하지 않는 것일까? 유념해야 할 것은 '한번 해보는' 아빠의 육아와 '매일 하지 않으면 안 되는' 엄마의 육아는 그 본질이 다르다는 거다.

엄마는 불확실성을 선택할 만큼 태평스러운 육아를 할 수 없다. 아니, 지긋이 지켜보는 육아는 이미 다 해봤다. 하지만 엄마에게 육아란 노는 것만이 아니다. 일상의 모든 순간을 책임지는 엄마가 자녀와의 시간을 그동안 함께 못 놀았던 응어리를 푸는 식으로 보낼 수 없다. 오히려 엄마로서의 숙제를 해야 한다. 그래서 늘 진행 중인 '그' 육아를 한다. 연령대에 맞는 언어능력을 자극할 놀이를 해야 하고, 단체 생활을 위해 필요한 생활 습관에 익숙해지는 역할극을 해야 한다. 아이와 친구처럼 현재를 즐기는 것도 중요하지만 코치가 되어 삶의 훈련을 진행하는 것도 엄마의 육아에는 포함된다. 아이가 '까르르' 웃는다는 결과만으로 엄마의 육아 성적표가 에이 플러스가 되지 않는다는 말이다.

그러니 엄마의 육아에는 자녀와의 긴장감이 반드시 등장한다. 지켜야 할 규칙이 많기에 엄마는 감시하고 아이는 주눅 들기도 한다. 이런 딱딱한 일상이 있기에 별다른 제재 없이 '하자는 것 다 해주는' 주말의 부드러운 아빠 육아는 효과가 좋다. 육아서들은 이를 '아빠만이 할 수 있는 육아가 따로 있다'고 해석한다. 아빠와의 밀도 있는 교감을 통해 아이는 모험을 배우고 자신의 세계를 넓힌다나. 남자로서의 특징을 부각하는 아빠효과는 유독 '아들 교육'에 적합하다는 식으로 소개되는 경우가 많다. 자연스레 "남자아이에게는 남자 어른의 인정이 필요하다"10)라면서 아빠는 본능적으로 아들의 행동에 공감하니까 엄마의 육아만으로는 한계가 있다는 고정관념을 확대한다.

아빠효과는 엄마의 평소 역할이 완벽하게 이루어지고 있을 때만 설명할 수 있다. 아빠효과는 남자들이 육아에 대한 부담감이 여자보다 현저히 낮았기 때문에 가능하다. 아빠가 아들이 장난감을 박살 내고 물감으로 벽에 떡칠하고 놀이터에서 친구와 티격태격하는 것을 공감하는 것은 뒷감당이 자기 몫이 아니기 때문이다. 아니면 '그날만' 뒷감당을 하면 되는 여유가 있기 때문이다. 조윤경은 〈'아버지 자녀 양육서'에 내재한 젠더 질서: '아버지 됨'과 '근대적 남성성'의 관계를 중심으로〉라는 논문에서 이렇게 일갈한다. '아버지 자녀 양육서'에서는 아버지들의 돌봄 시간을 '최소화'하는 전략을 취함으로써 아버지의 자녀 '돌보미'로서의 역할은 가계 부양자로서의 아버지의 남성성을 훼손하지 않는다."11) 그래서 주변에서 언급되는 좋은 아빠는 '아이와 놀 때만큼은 성심성의껏 놀아주는' 아빠들이다. 아이와의 별도 '때(시간)'를 설정할 수 있으니 가능한 것 아니겠는가. 가정에 사랑

결혼과 육아의 사회학

이 넘쳐날지는 모르겠으나 불평등은 그대로다.

남자는 태초에 그렇게 설계되었을까?

"남성은 높은 테스토스테론 수치 덕분에 여성보다 더 강한 성욕을 가지고 있다." 남초 사이트에서 불륜을 저지른 남편, 성매매하다 걸린 남성, 카메라로 남을 몰래 찍다 적발된 변태를 옹호한답시고 종종 등장하는 이 논리는 남자아이와 여자아이의 다름을 인정하고 맞춤형 육아를 하자는 책에도 등장한다. 아들은 원래 그렇게 태어났으니 '본성'을 짓누르는 육아는 틀렸음을 강조하는 책들이 최근에 많이 보인다. 남자는 천성이 거칠기에 '이를 제압하기만 하면' 아이는 자존감에 상처를 입어 엉뚱한 곳에서 폭력을 표출할 가능성이 높다는 식의 이야기다.

가장 빈번히 언급되는 근거는 '테스토스테론Testosterone'이라는 호르몬이다. 이것이 남성에게 많고 특정 시기에 더 분비되고 그래서 남성은 공격성·경쟁심·자기주장이 강할 수밖에 없는데, 지금의 육아 방식들은 이를 짓누르려고만 하니 아들들의 스트레스가 이만저만이 아니라는 거다. 다음으로는 남자아이가 언어 능력 발달이 늦고 청각 집중력이 다르기에, 현재의 교육 체제에서는 여자아이에 비해 불리할 수밖에 없다는 논리가 이어진다.

특히 남자아이만을 대상으로 하는 미술교육을 통해 (이 학원에 여자아이는 출입 금지다. 교사도 전부 남자다) 아들 가진 엄마들에게 '내 아들만 유별난 게 아니었다'라는 공감을 일으켰다는 저자의 베스트셀러 책에서는 "남자는 그렇게 설계되어 태어났다"라는 문장과 '고유한 성향'이라는 말이 수없이 반복된다.

틀린 분석은 그릇된 응용으로 이어지는데, 그 정도가 얼마나 심하냐면 밤마다 아이가 울어댈 때 엄마는 즉시 깨어나지만 아빠가 쿨쿨 자는 현상도 이 때문이란다. '듣기' 능력이라는 남녀의 생물학적 차이로 남성은 아이의 울음을 여자처럼 예민하게 들을 수 없다는 거다. 원래 그렇게 설계되어 있으니 측은하게 생각하고 그를 용서하자고 한다. 어휴, 이 애잔함을 어떻게 설명해야 할까? 듣기 능력의 차이는 미세한 과학적 차이일 뿐이지 의학적인 걱정의 수준에서 다룰 성질이 아니다. 그 차이가 일상의 '둔감'을 설명하는 근거가 될 수 없다. 상대적으로 여성이 예민한 것은 청력이 특출 나서가 아니라 그때 깨야 할 사람이 자신이기 때문이다. 반대로 남성이 그 역할을 혼자 해야 할 상황에서 청력 때문에 애를 먹었다는 경우는 들어보지 못했다. 책임을 지는 위치에 있으면 아이의 울음소리는 남녀 누구나 들을 수 있다. 남성이 그때 자는 건 옆에 여성이 있기에 일어날 의무가 없다고 학습받기 때문이지 귀가 안 들려서가 아니다. 만약 사실이라면 듣는 능력이 부족한 남성들은 운전대부터 놓아야 할 것이다.

성별에 따라 다른 임무를 강요하는 사회적 학습을 피해갈 사람은 없다. 육아서 곳곳에는 '키워보니 남자와 여자는 다르더라' 는 식으로 마치 자신은 사회의 공기를 마시지 않으며 육아를 할 수 있는 것처럼 착각하는 사람들이 많다. 이 사회는 무균실이 아 니다. 《여자다운 게 어딨어: 어느 페미니스트의 12가지 실험》의 저자 에머 오툴Emer O'Toole은 이렇게 말한다. "의사가 '공주님입 니다!'라고 외친 순간부터 우리의 몸은 우리를 정의하고, 우리가 어떻게 행동해야 하며, 다른 이들이 우리를 어떻게 대해야 하는 지를 규정한다."12) 의사만이 그러했겠는가? 부모는 가정에서 교 사는 학교에서 남녀 차이를 원래 그런 것이라고 동의했기에 여 전히 '쪼잔하다'는 말은 남성과 연결되어, '조신하다'는 말은 여 성에게 결합해 사용하는 것 아니겠는가.

물론 남녀의 생물학적 차이는 있다. 하지만 육아는 이 차이에 주목하는 것이 아닌, 사람 모두에게 있는 이성적 사고를 발달시 켜 남성과 여성의 본능이라는 것조차 통제할 수 있는 사람으로 성장시키는 데 초점을 맞춰야 한다. 그래서 남자답게, 여자답게 라는 말에 자녀가 구속되지 않도록 부모의 관심이 필요하다. 성 별 차이가 없다는 막연한 주장을 하는 게 아니라 그 차이에 근 거해 남녀를 더 벌려놓는 것은 '사회적 동물'인 인간의 육아가 아니라는 거다. 본성에 충실할 거면 우리는 왜 사람이 되었는 가? (말은 이렇게 했지만 정작 동물의 세계에는 성별 고정관념이라는 사회적 압박 자체가 없다.)

하지만 남자답게, 여자답게라는 말에 익숙한 사람들은 그저 과거보다 조금 나아진 여성의 삶을 천지개벽한 것으로 착각하고, 덩달아 요즘 세상은 남성을 주눅 들게 한다는 주장을 거침없이 펼친다. 누군가의 피해가 줄어들고 있는 현상을 누군가의 피해가 증가하고 있다고 이해하는 오해라니, 놀랄 일이다.

떡잎부터 남녀를 가르는 육아서는 백해무익하다

남자의 본능을 외면 말라는 육아서들은 오늘날의 사회 분위기가 여자아이에게 유리한 형태라서 남자아이들이 자신들의 고유한 성향을 짓누르고 산다는 식의 논의를 전개한다.

초등학교 교사 비율도 이런 연장선에서 언급된다. 초등학교 남녀 교원은 1965년에는 남자가 74.5%로 압도적이었고 1990년에 여자가 50.1%로 절반 이상이 되었다. 이후 여교사는 지속적으로 늘었고 2014년에는 77%에 이르렀다. 이 수치는 '왜 교직에 여자들이 몰리게 되었을까?'라는 가장 중요한 논의를 뒤로한 채, 학교에 '여'교사가 너무 많아서 성장기 남자아이들이 '남'교사로부터 배울 기회를 박탈당하는 객관적 사회문제인 것처럼 소비된다. 나아가 남자아이의 주체할 수 없는 활동성을 무작정 억제하면 결국엔 다른 곳에서 폭력을 행사할 가능성이 높다는 주장이 이어진다.

결혼과 육아의 사회학

얼토당토않은 논리다. 남교사 비율이 월등히 높았을 때 학교에서 발생하는 문제가 '여자 선생님이 없어서'라는 식으로 설명되지 않은 것도 알아야겠지만, 애초에 교사의 수를 성별에 따라 할당하지 않은 이유는 교육의 목표가 사람을 '남자답게, 여자답게' 성장시키는 것이 아니기 때문이다. 교육자에게 필요한 것은 성별에 따른 차등적 접근이 아니라 편견 없이 사람을 대하는 것이다. 예를 들어 보자. 여자아이의 치마를 들어 올리는 남자아이의 장난을 호되게 꾸짖고, 이런 사고를 미리 방지하기 위해 남자아이의 일상 속 '여자 무시'를 섬세히 지적하는 교사는 남자의 혈기왕성한 본능을 짓누르는 사회적 억압을 행사하고 있는 것일까? 오히려 지금껏 이런 모습을 '남자아이들은 보통 저렇게 논다'는 식으로 묵인한 사회였기에 '여자아이들이 그런 장난쯤 당할 수도 있지'라는 무의식적 성차별이 남성들에게 내재화된 것 아닐까? '젠더'라는 말의 뜻도 몰랐던 시대에 남교사와 부대끼며 성장한 우리 주변의 '남자 어른들'처럼 말이다.

과거보다 남자의 활동 반경이 줄어든 것을 '요즘 세상은 여자들 세상이지'라고 해석하면 '역차별'이라는 단어에 남자들을 익숙하게 만들어버린다. '실제 불평등한 세상을 사는 것은 남자들인데 피해자 행세는 여자들이 하고 있다'라는 논리를 아주 자연스럽게 내뱉는 사람들을 보았을 것이다. 여성 혐오의 그럴듯한 논리가 만들어지는 지점인데, 이들의 당당함은 작금의 상황을 '역차별'로 이해하기 때문이다. 이들은 '평균적으로' 불평등한 남녀 문제를 자꾸만 예외적 상황과 결부시켜 무슨 소리냐면서 반문하길 좋아한다. 그래서 추호의 부끄러움도 없이 '여자들은 힘들 때만 약자 취급받으려는 경향이 있다'고 생각한다. 이런 사고가 가능한 토양을 '어릴 때부터' 제공받는다면 과연 그 사회의 미래가 밝을까? 이미 그런 시대는 야무지게 만들어지고 있다.

앞서 본성 육아 옹호론자들이 이런 풍토에서는 남자아이들의 폭력성이 다른 곳에서 표출됨을 걱정한다고 했다. 폭력이 난무한 것은 사실이다. 일베나 몰카, 소라넷의 횡행과 과거보다 데이트 폭력 등 여성 혐오 범죄가 늘어난 면이 그렇게 해석될 만하다. 단언컨대 이는 남자아이의 본성을 억압한 (있지도 않은) 현실 때문이 아니다. 이 폭력은 차별이 아닌 것을 '역차별'이라고 부르짖는 잘못된 해석으로부터 출발한다. 이는 말이 통하지 않는 이상한 커뮤니티만의 논리가 아니라 '육아 책을 열심히 읽는' 주변의 남자아이 엄마들로부터도 종종 발화된다. 딸아이 부모들은 "그 집은 그래도 딸이잖아요. 아들 한번 키워보면 지금 힘들다는 말 못 할 걸요?"라는 냉소를 아들 맘들로부터 상시로 듣는다. "애 키우는 건 아들이나 딸이나 다 힘든 거 아니냐"라고 반문하다가는 "요즘 세상에 아들 키우기가 얼마나 힘든지를 몰라서 하는 소리"라는 역정이 이어진다. 이 말에는 사고를 방지하기 위한 예방적 노력이 어딘가 부당하다는 느낌이 자욱하다. 아들과 딸

결혼과 육아의 사회학

은 다를 수밖에 없는데 세상이 예민해져서 괜히 아들 키우는 엄마만 죄인이 되었다는 푸념이 짙다. 엄마들의 이런 한탄과 성인 남성들이 내뱉는 "요즘 세상에 남녀 불평등이 어디 있나?"라는 자신만만함은 결코 다른 맥락이 아니다.

육아는 그저 아이가 행복하다는 이유로만 완성되지 않는다. 반대로 아이가 행복하지 않다고 해서 육아가 엉터리인 것도 아니다. 육아는 자녀가 지금보다 더 나은 사회에서 살기를 희망하는 부모의 구체적인 실천이고, 이는 틀린 고정관념을 거부하는 형태여야 한다. 부모의 육아를 통해 사람은 동물에게는 없는 '비판적 이성'을 지닌 존재로서의 첫걸음을 시작한다. 이것은 상당 부분 본능을 제어하는 형태이며, 이 덕에 전체 인류의 삶은 평균적으로 좋아졌다. 본성이 억압되어서가 아니라 '조절되었기에' 인류는 문명을 만들 수 있었다. 역으로 본성이라는 달짝지근한 단어가 자주 등장하는 공간에서 '사회의 폭력성'은 면죄부를 얻을 뿐이다. 오툴의 말로 마친다. "우리 사회에서 남성과 여성의 역할은 실제 남성과 여성의 신체가 아니라, 남성과 여성의 의미에 대한 공인된 믿음의 체계에 연결되어 있다."13)

책을 혐오하게 만드는
독서법 과잉의 시대

읽기조차 강박이 된 시대

작가라고 불리기 시작하면서 난감한 질문을 받을 때가 잦아졌다. '자녀 독서 교육'을 어떻게 하는지 묻는 사람들을 만날 때가 그렇다. 작가는 책을 많이 읽을 것이니 덩달아 자녀들도 독서를 잘할 거라는 고정관념 가득한 질문도 어색하지만 무엇보다 내게 독서와 교육은 쉽사리 조합되는 단어가 아니다. 독서가 무엇을 알아가는 과정에서 당연히 필요한 전제임은 분명하지만 독서 자체가 교육의 목적이 될 수 있을까?

하지만 모든 걸 다 가르치는 '요령 천국' 한국에서는 독서도 어릴 때부터 지도 대상이다. 아들의 유치원에서는 매일 책 세 권을 읽고 이를 '독서 목록표'에 빠짐없이 기록해서 제출하라는 가정통신문을 보낸다. 이름도 해괴한 '다독왕'을 뽑는다나 뭐라나. 한 권보다 두 권 읽은 자가 승자가 된다니 이해하기 어렵다. 책 한 권을 가지고 하루 종일 수다 떠는 것보다 '몇 권 읽었는지'를 다른 사람에게 알려주는 게 무슨 의미가 있을까? 마지막 페이지를 넘기지 못하면 독서 낙오자라도 되는 걸까?

딸은 초등학교 방과 후 수업으로 독서토론을 신청했다가 진저리가 난 적이 있다. 이유인즉, 수업이 끊임없이 '요약'과 '찬반으로 나눠서 생각하기'를 반복한다는 거다. 시간 내에 요약하기 위해 마치 100미터 달리기를 하는 식의 독서를 딸은 불편해한다. 독서는 평소 하지 못한 잡념에 빠지게 하니 소중한 것 아니었던가. 이는 나의 독서 철학이기도 한데, 나는 아이가 책을 발판 삼아 어떤 이야기를 스스로 끄집어낼 수 있었으면 하는 것이지 (안 끄집어낸들 어떠하랴) 책을 시험을 눈앞에 둔 교재처럼 대해서는 안 된다고 생각한다. 그러니 딸은 독서토론 수업의 천편일률적인 찬반 토론도 어색해했다. 강제로 배정된 한쪽 팀에서 억지로 찬성과 반대의 의견을 짜내는 건 상상력이 아니다. 그래서일까? 나는 가끔 초등학생 독서토론 대회에 주제넘게 심사위원으로 초대받기도 하는데 솔직히 가관이다. 정답이 없는 책에서 정답을 말하고자 모두가 같은 말을 하고 있으니 안타깝지 않겠는가. 비단 초등학생만의 모습이 아니다. 이런 독서토론 교육을 듬뿍 받고 성장한 대학생들도 다르지 않다. 책 안에서 유유자적하는 독서는 현대사회에서 사라졌다.

독서는 자신의 머릿속 생각을 조각내고 이전의 떨어진 조각을 다른 그림에 끼워보는 과정이다. 이거 읽고 저거 읽다가 퍼즐을 완성하고 동시에 또 떨어진 조각과 마주하는 게 독서다. 이때 타인의 조각은 어떠한지를 보면서 자신의 것과 비교할 수는 있지만 독서는 어디까지나 '스스로'의 행위다. 당연히 독서 방법도 자신만의 스타일을 천천히 구축해 나가는 것이지 (안 구축한들 또 어떠하리) 특정한 접근법이 있는 것처럼 타인에게 강요할 성질이 아니다. 그렇기에 어떻게 하면 책에 관심을 가질 수 있는지, 넓은 주제에서 관련된 책이 무엇인지 정도의 조언은 공유할 수 있지만 '지금은 이 책을 읽어야 한다', '이 책의 주제는 이것이다'면서 독서법을 마치 수학 공식처럼 설명할 순 없다.

하지만 서점에 가보면 '자기처럼' 읽어야지 인생이 달라진다는 거창한 제목을 가진 책들이 많다. 너무 의미심장해 보여 섣불리 페이지를 넘기기가 두렵지만 막상 넘겨보면 만병통치약이 다 그렇듯 공허하기 짝이 없다. 마치 책만 읽으면 삶의 모든 근심이 녹아버리고 어떤 고난도 헤쳐나갈 수 있다는 투다. 어떻게라도 책을 많이 읽으면 좋은 거 아니냐고도 하겠지만 글쎄올시다. 책을 매개 삼아 자신을 자기계발의 위인처럼 꾸미려는 사람들과 이에 열광하는 독자들의 씁쓸한 앙상블, 그리고 출판사의 애절한 상업성 그 이상도 이하도 아니다. 주목할 것은 이런 독서 오

결혼과 육아의 사회학

지랄 경향이 무색하게 대한민국 성인의 40%가 1년에 책 한 권도 읽지 않는다는 사실이다. 2017년도 국민독서실태조사에 따르면 일반 종이책을 한 권 이상 읽은 비율은 성인 59.9%인데 이는 1994년 86.8%에서 지속적으로 하락한 역대 최저치다.[14] 서점에 독서법 책들이 홍수를 이루고 있는 모습과 비교하니 참으로 이상한 일이로다.

독서를 혐오하는 사람들

대학에서 10년 이상 강의를 한 사람들끼리 모이면 털어놓는 공통된 주제가 있다. 요즘 대학생들이 책을 빌려서라도 읽는 것조차 낯설어하니 도통 강의가 매끄럽게 진행되지 않는다고 너도나도 아우성이다. 특히나 교양 수업처럼 강사와 학생 사이의 구속력이 약한 강의에서 교재 구입을 당연시하다가는 강의 평가 최하점을 각오해야 한다. 책은 강사만 구입한다. 그 책의 내용을 요약해 학생들에게 공유하는 게 강사의 일상인데 여간 번거로운 일이 아니다. "다음 시간까지 ○○○ 작가의 책《□□□□》를 읽고 오세요"라는 말은 캠퍼스에서 사라졌다.

단순히 책의 가격이 부담되어 벌어지는 일이라 할 수 없다. 강사들이 힘들어하는 이유는 대학생들이 "책값이 너무 비싸서요"가 아니라 "책을 사서 뭐 하게요?"라면서 너무나 당당히 책을 아무 쓸모없는 궤짝 취급하기 때문이다. 상황이 이러하니 나름 책의 효용성을 경험시켜주고자 강제로 독서를 시켜본들 효과가 없다. 인터넷 검색으로도 알 수 있는 내용인데 왜 책을 사느냐는 불만이 여기저기서 등장한다. 나 역시 이런 난관을 극복하고자 여러 시도를 했다가 두 손 두 발을 다 든 적이 있었다. 책을 읽지 않고서는 절대 답할 수 없게끔 토론을 준비시켰는데 세상에나 조원 한 명이 서점에 가서 책 전체를 휴대폰으로 찍은 걸 모두가 돌려보는 것 아닌가. 책 읽히려다 범죄자 만드는 꼴이었다.

이런 식으로 책을 접하니 지금의 대학생들은 독서력이 객관적으로 낮다. 긴 문장을 싫어하고 함의가 많은 서사 구조에 익숙하지 않다. 독서량 자체가 부족하니 독서의 파생 효과도 없다. 이런 대중의 구미에 맞추려고 출판사에서는 몇 줄 감성적인 글에 예쁜 그림이나 사진으로 적절히 버무린 노골적으로 말하자면 아무리 읽어도 독서의 힘이 길러질 수 없는 책들을 출간하기 바쁘다. 그러니 오래간만에 책 한 권을 골라서 읽어본들 독서의 효과는 존재하지 않는다. 대학생들은 이 점을 흔쾌히 인정한다. 책별로 안 읽는다고, 솔직히 어려운 책은 몇 장도 못 읽는 사실을 부정하지 않는다. 그리고 반문한다. "꼭 책을 읽어야 하나요?"

과거에는 차마 없었던 반응이다. 예전부터 책벌레는 소수고 독서 포기자는 다수였지만 독서를 혐오한다는 건 상상도 할 수 없는 일이었다. 하지만 지금은 중학교 교실에서 '책을 읽을 필요

결혼과 육아의 사회학

있다! 없다!'로 팽팽한 찬반 토론을 하기도 하고 중고등학생 자녀에게 생일 선물로 책을 주면 친구들 사이에서 왕따 당한다는 씁쓸한 소문이 떠돈다. 그런데 앞서 말한 독서 교육 열풍을 생각한다면 앞뒤 안 맞는 결과다. '독서'라는 말에 노출될수록 독서를 혐오하는 현상이라니 놀랍다.

2018년의 대학 강의실에는 1999~2000년에 태어난 학생들이 앉아 있다. 이들의 부모들은 1960년대 후반에 태어난 경우가 많고 1970년대 생도 있다. 1990년대 신세대 열풍과 궤적을 함께한 신세대 부모들이다. 이들은 한국의 교육 팽창 시기에 성장해 누구보다 경쟁에 익숙하고 사교육에 최적화되어 있다. 위기는 교육으로 극복할 수 있음을 믿는 사람들, 그래서 외환위기 이후 완전히 달라진 풍토 속에서도 악착같이 적응할 수 있었다.

이 당시 유행했던 말이 '가족 경영'이다. 주부를 가정의 경영 지도자로 재현하는 '주부 CEO' 담론이나 '매니저 엄마' 같은 말들도 곳곳에서 들렸다. 'CHO Chief Household Officer'라던가 '헤라 HERA주부Housewives+고학력Educated+인생 재설정Reengaging+진취적인Active 여성' 같은 단어들이 돌아다녔다. 정체불명이지만 함의는 명확하다. 가정이, 정확히는 부모 그중에서도 엄마가 모든 것을 책임지라는 거다. 괴기스러운 용어들은 부모들을 자기계발의 주체로 인식하게끔 독려했다.[15] 이 열정은 육아서를 문제집처럼 대하게 했다.《애완의 시대: 길들여진 어른들의 나라, 대한민국의 자화상》의 저자들은 이렇게 말한다.

"사실 너무나 당연한 결과이기도 하다. 그들 자신이 경험으로 체화되지 않은 교육 방식으로 배우며 자랐기 때문이다. 직접 몸을 통해 체득한 경험이 체계적이고 객관적인 지식의 원천이 아니라, 그야말로 사지선다형으로 규정되는 구획된 정보와 지식의 배열 속에서 정답 찾기에 익숙했기 때문이다."16)

사교육 세례를 받은 세대들은 육아도 책으로 배웠다.17) 궁금한 건 물었고 성공 사례를 찾아서 아이에게 적용했다. 육아서들도 노골적으로 변해갔다. 서울대 합격생의 공부 방법이 공부법의 정석이 되는 것처럼 사람들은 '육아 1등'의 노하우를 알려고 했다. 자녀들을 서울대에 합격시킨, 특목고에 입학시킨, 전교 1등을 만든 부모의 이야기가 넘쳐나기 시작했다. 특별한 사람들의 아이 교육 방법은 보편적인 매뉴얼이 되었다. 참고로 육아에 관심 있는 사람이라면 안 들어본 적이 없는 '잠수네 영어'가 입소문이 나기 시작한 것이 2000년이다.18)
사람들은 성공한 사람의 삶에서 행동 강령을 찾았다. 그 결과 육아서에는 자녀의 공부 습관을 길들이는 요령에서부터 인공지능이 지배하는 미래 세계를 어떻게 대비해야 할지까지 담겨있다. 질문은 거창해도 대답은 단호하다. 학습장을 주도적으로 작

결혼과 육아의 사회학

성하는 요령 같은 시시콜콜한 지점도, '상상력 키우기', '인성 최고 아이 만들기' 등의 두루뭉술한 내용에도 단호한 비법이 있는 것처럼 소개된다. '이렇게만 하면 불가능은 없다'는 서울대 합격 수기에 익숙한 부모들은 육아서를 붙들고 '이대로만 하면' 유종의 미가 달성될 것이라고 확신한다. 이런 적극적인 부모들 밑에서 2000년대를 보낸 아이들이 지금의 대학생들이다.

독서 교육법의 폐해

무시무시한 독서법도 이런 분위기의 연장선이다. 개념도 생소했던 '독서 지도사'라는 직업이 익숙해지면서 독서 교육도 활개를 친다. 이 직업이 문제라는 것이 아니라 새로운 직업이 등장하는 배경이 과연 긍정적이었는지를 생각해보자는 거다. 겉으로는 사교육보다 독서가 더 좋다고 포장했지만 실제는 1등 자녀의 독서법을 소개하는 등 학업 성적 향상이라는 뚜렷한 목표를 전제로 독서 교육은 성장했다. 독서 효과를 특히 강조하려는 집착에 빠지면 독서의 힘을 과잉 포장하는 실수를 하게 된다. 어린 시절 독서 교육의 중요성을 극단적으로 강조하는 책이나 칼럼에서는 미국 카네기재단의 보고서를 이렇게 인용한다.

"부유층 아기들은 88%가 독서를 경험하지만 빈곤층 아이들은 12% 정도가 독서를 경험한다. 연구자들은 미국 내의 이런 육아 독서 교육의 차이가 장차 학력의 차이를 만들어내고, 학력의 차이는 경제적 차이를 만들어내는 중요한 요인이 될 것이라고 전망했다."

부유하기에 독서를 하고 빈곤하기에 독서를 하지 못하는 상황을, 독서를 해서 부유하고 독서를 안 해서 빈곤한 경우로 해석해 독서의 필요성을 강요할 만큼 한국의 독서 교육은 앞뒤를 가리지 않는다. 그러니 프롤로그에서는 "아이에게 사교육보다 더 중요한 것이 무엇인지 아시나요?"라면서 따뜻한 내용으로 시작하지만 본문에는 엄마는 자녀의 운명을 만든다, 평생 독서 습관은 유아기에 결정된다는 등의 차가운 기운이 독서 교육 관련 책에는 가득하다. 전쟁 교본을 보는 느낌이랄까.

성적을 높이는 독서인만큼 매뉴얼은 엄하다. 연령별 적기 독서를 어떻게 해야 하는지, 부모들은 책을 읽고 어떤 질문을 해야 하는지, 음독에서 묵독이 되는 시점이 언제여야 하는지, 다독과 정독 중 무엇이 좋은지, 한 권만 반복해서 읽는 것을 제재해야 하는지 마는지, 학습만화는 언제까지 읽어도 괜찮은지, 음악 들으며 읽어도 괜찮은지 등등. "도서관 사서와 친하게 지내는 것도 좋은 독서 습관을 가지는 지름길이다"라는 우스운 설명도 등장하고 어떤 책에는 "거실에서 흉물스러운 텔레비전을 과감히 없애고, 그 자리에 서재를 꾸미자"라면서 타인의 공간까지 폭력적으로 간섭하는 경우까지 허다하다.

심지어 멀쩡한 책들을 선별하기까지 한다. 아이의 성장 속도에 맞추어 적기 독서 교육이 필요하다는 책에서는 《양치기 소년》은 잘못을 하면 벌을 받는 내용이라 이를 읽은 아이가 거짓말을 숨기는 결과를 일으킨다면서, 잘못을 사실대로 말해 용서받거나 보상을 받은 《조지 워싱턴과 벗나무 이야기》나 《금도끼 은도끼》를 읽어야 정직하면 긍정적 보상을 받을 수 있다는 '올바른' 생각을 아이들이 할 수 있다고 한다. 17년 차 독서 지도사가 나름 비판적으로 접근한 책 《우리 아이 진짜 독서》에서는 이런 풍토를 "엄마와 아이를 모두 힘들게 하는 가짜 독서 교육"[19]이라며 날카롭게 꼬집는다. 저자는 초등학교 1학년 학생들이 〈강아지똥〉의 주제를 파악하는 게 과연 가능한지 질문한다.

"똥으로 태어나 우울해하고 힘들어하던 강아지똥이 민들레의 거름이 되면서 자신의 가치를 깨닫고 행복해한다는 내용이다. 엄마들은 이 동화를 읽으면 책의 메시지를 대략 파악한다. 사실 그 메시지가 책의 전부가 아님에도 불구하고 엄마의 시선에서 보이는 것을 '주제'라 단정 짓는 경우도 있다. 그래서 아이도 자연스럽게 그것을 파악할 것이라고 생각한다. 그런데 이 동화를 읽고 엄마의 짐작대로 '세상의 모든 것은 쓸모가 있구나'라며 이야기하는 1, 2학년이 있을까. 그 주제를 기본으로 자기 경험까지 글로 표현하는 1, 2학년이 과연 있을까."[20]

저자는 "아이들은 주제를 파악하기 위해 책을 읽지 않는다. 그냥 좋아서 읽는다"[21]라고 하지만 솔직히 어른들도 책을 펼쳐 주제를 따로 기억하고 중심 내용을 별도로 요약하며 읽지 않는다. 자신의 느낌을 천천히 구체화하면서 책을 음미하는 건 독자 개인의 권한이다. 그러니까 어른들은 하지 않는 독서 방법을 아이들에게 가르쳐주기 바쁘다. 게다가 느낌이라는 추상적 지점을 한 단어로 적으라고 하니 어찌 독서가 재미있겠는가.

하지만 본문에서 주제를 빨리 파악하는 건 수능 국어 고득점을 위해서 필요하다. 독서가 공부가 되는, 책이 참고서가 되는 순간이다. 누가 고욕의 시간을 오랫동안 기억하고 싶겠는가. 대학 입시가 끝나면 내다 버리는 문제집처럼, 책 역시 소정의 목적을 다했다는 순간 기억에서 사라지지 않겠는가. 입시가 끝난 후 공부하는 모습만 보아도 진저리를 치는 수험생처럼, 입시를 위해 책을 접했던 이들은 '주제, 주제어, 주요 내용'을 연상해야 하는 책이라는 물건을 보면 소름이 돋는다. 무시무시한 독서 교육이 무시무시한 독서 혐오로 탄생하는 순간이다.

결혼과 육아의 사회학

제목에 '노동'이 들어가는 책은 빼라?

고등학교 몇 곳에서 1년 동안 수업을 한 적이 있다. '클러스터' 과정이라고 하는데 정규시간 외에 외부 강사가 와서 고교 교과에 없는 내용을 강의하는 형태다. 나는 1년간 사회학을 고등학생 수준에서 소개했다. 좋은 취지라 될 수 있으면 계속하고 싶었으나 나는 스트레스를 이기지 못하고 학기가 끝나자마자 그만두겠다고 통보했다.

다른 건 다 참겠는데 학생종합기록부에 기록되는 '교과 연계 독서 활동' 내용을 강사인 내가 재량껏 할 수 없는 건 이해가 되지 않았다. 처음에는 책을 소개하고 학생들이 독후감을 써오면 평가하는 것으로 이해했는데 아니었다. 내가 권장하고픈 책은 소개도 못 했다. 진학지도 담당 교사는 '노동'이 들어가는 책을 빼라고 했다. 고개를 갸우뚱하니 괜히 대학 입시에서 트집 잡힐 수도 있다는 게 이유라면서 '긍정적인 사고를 고취하는 책을 잘 읽었음을 강조'하라고 연신 말했다. 학생들이 작성한 내용 수준에 상관없이 대강 이런 틀로 작성하면 된다면서 몇 가지 평가 양식도 소개해줬다. 덧붙여 전교 1등인 ○○○의 경우 학교에서 선택과 집중을 하고 있으니 좀 더 신경 써 달라는 말까지 빼먹지 않았다. 이처럼 대부분의 학생에게 독서는 대학 입시와 직결되어 있었고 그러니 부모님은 자녀의 독서 활동에 깊숙하게 개입했다. 학생들은 자기도 무슨 뜻인지 모르는 내용을 천편일률적으로 적어왔고 나는 "책을 읽고 세상의 문제를 전체적으로 조망하는 상상력이 풍부한 질문을 던졌다"라는 영혼 없는 평가를 전산 시스템에 남겼다.

알베르토 망구엘은 《책 읽는 사람들》에서 이상적인 독자는 "텍스트를 절개해서 껍질을 들어내고 골수까지 파고들어가, 동맥과 정맥을 일일이 추적해서 완전히 다른 생명체를 만들어낼 수 있는 번역가"라면서 "이상적인 독자는 박제사가 아니다"라고 했는데22) 내가 바로 박제사를 지도하는 사람이었다. 동물이 변형 불가능한 형태로 박제되어 관람자의 시선을 끄는 것처럼 독서를 규격화된 틀에 맞춘 다음, 긍정적인 어휘로 포장해 입시용으로 그럴듯하게 만드는 시간은 내게 정말 치욕이었다. 나 스스로가 책에 염증이 생길 정도였으니 학생들은 오죽했겠는가. 내가 대학에서 마주한 학생들도 이런 과정을 거쳤을 것이다.

쓰기도 읽기처럼 강박이 되었다. 우리 아이 독서 교육 코너 옆에는 글쓰기에 관한 책들이 즐비하다. 하긴 고등학교 입시를 위해 자기소개서를 작성하고 평가받는 시대다. 대학생들은 취업용 자기소개서를 사설업체에 돈을 주고 검증받는다. 그러니 대학에서도 기업에 선택될 자기소개서 작성법을 가르쳐주는 글쓰기 강좌를 개설한다.

글쓰기를 경쟁하니 타인의 결함을 찾아내기 바쁘다. '띄어쓰

결혼과 육아의 사회학

기', '비문 찾기'가 자신의 실력을 위해서가 아니라 남의 사소한 실수를 발견하는 데 사용된다. "문장은 짧아야 좋다", "첫 줄에 메시지를 드러내라" 등의 비법이 난무하니 별다른 논거 없이 그 반대 스타일의 문체를 비하한다. 일부러 주어를 생략해서 문장의 의미를 도드라지게 한 글을 보고 '문장력 엉망' 운운한다. 바야흐로 글쓰기 '지적의' 전성시대다.

내용이 아닌 글의 형태 몇 개를 보고 글쓴이를 비꼬는 게 어떻게 가능할까? 글쓰기가 기계적으로 학습된 시대의 민낯일 것이다. 맞춤법 검사기를 많이 사용한 만큼 사람들은 이상한 걸 물고 늘어지는 성향도 커졌다. 어릴 때부터 자신의 글에 결함을 찾아내는 타자를 만나야 했던 상황에 익숙해진 결과다. 별걸 다 경쟁하는 시대의 이면이다. 독서조차 사람을 '가르는' 기준이 되었고 글쓰기의 사소한 실수를 글의 '본질'로 규정하는 사람들이 가득하다. 제대로 독서를 했다면 남이 어떻게 읽고 쓰는지는 관심사가 될 수 없는데 말이다.

결혼과 육아의 사회학

자연과 함께했으니 우리 아이는 특별할 것이라는 착각

거대 자본에 길들여진 부모들, 길들여질 자녀들

일하면서 아이 잘 기를 수 없는 이상한 사회

4

이상적 육아라는
이상한 육아

"'아이들이 자기가 원하는 삶을 살도록 돕는 엄마가 되고 싶다'는
점잖은 엄마들도 그 속내를 들여다보면
사실은 자신도 망가질까 봐 두려워하고 있다."

- 이승욱 · 신희경 · 김은산의 책, 《대한민국 부모: 대한민국에서 가장 아픈 사람들의 이야기》 중 - 1)

자연과 함께했으니
우리 아이는 특별할 것이라는 착각

대안에 무작정 박수를 칠 수 없다

"좋은 사회란 대단한 결심 없이 평범하게 살아도 인간으로서의 존엄성이 보장되어야 한다."

⟨말하는대로⟩(JTBC)라는 프로에 나가서 이 말을 한 적이 있다. 왜 공무원 시험이 열풍인지를 설명하는 긴 이야기의 한 구절이었는데 사람들이 이 내용만 캡처해 '감명 깊은 구절'이라며 여기저기 공유를 해서 민망했던 경험이 있다. 단순히 취업문제만이 아니라 한국에서 생애를 보내는 누구나 죽도록 고생해야 겨우 평범해지는, 아니 그렇게 고생해도 평범하기조차 힘든 현실에 답답함을 느꼈기 때문일 것이다. 무슨 대단한 일을 하겠다는 것도 아닌데 한국에서 살아가야 하는 사람들에게는 신경 쓸 일

4 이상적 육아라는 이상한 육아

도 넘어야 할 산도 너무 많다.

좋은 사회를 저렇게 정의하게 된 사연이 있다. 이 내용은 "믿을 건 9급 공무원뿐인 헬조선의 슬픈 자화상"이란 절망적 느낌의 부제를 단 책《대통령을 꿈꾸던 아이들이 어디로 갔을까》의 에필로그에서 자세하게 소개한 바 있는데 대략 이런 내용이다. 세상을 비판하는 책을 쓰는 나는 강연장에서 꼭 이런 말을 자신 있게 하는 사람들을 만난다. "작가님이 말씀하신 것처럼 저 역시 한국에 대해서 불만이 많습니다. 그래서 이런 끔찍한 세상에서 아이를 키울 수 없다고 생각해서 다른 선택을 했어요." 그 목록으로는 나열되는 것은 이렇다. 진작 대안학교에 보냈다, 홈스쿨링을 통해 위기를 극복했다, 자퇴한 아이와 1년 동안 세계 여행을 다녔다 등등.

나는 어떻게 답했을까? 비판을 하려면 반드시 대안이 있어야 한다고 믿는 사람들에게는 이런 식의 처방이 나름 솔깃하겠지만 사회학에서는 쉽사리 무엇을 '정답'이라고 말하기 어렵다. 개인으로서는 존중받을 수 있는 이 선택들을 과연 사회적으로 권장할 수 있는가 하는 질문을 던진다면 우려할 지점이 많다.

대부분의 사람들은 바다를 표류하더라도 바다 자체를 거부할 수 없다. 〈효리네 민박〉(JTBC)에서 이효리 부부가 보여주는 자연과 동화되는 '내려놓기'의 삶이 아무리 의미가 있다 한들 누구나 제주도에서 이효리처럼 살 수 있는 게 아니다. 시골이라 불러

결혼과 육아의 사회학

도 무방한 지방에 가 강연을 하면 묻지도 않았는데 "초등학교까지는 시골에서 보내는 게 참 좋아요!"라는 말을 하며 자신이 원래 여기 사는 사람이 아니라 도시에서 이주했음을, 그리고 몇 년 후에는 원래대로 돌아갈 수 있음을 굳이 밝히는 사람들이 있다. 사회학에서 대안에 무작정 박수를 칠 수 없는 이유다. 누구나 새로운 결심을 할 수 있는 게 아니기 때문이다. 존엄한 인간의 권리란 자신이 살아가는 평범한 일상에서도 보장받아야 하는 것 아니겠는가. 그런데 자꾸만 대안에 방점을 찍게 되면 현실에서 벌어지는 폭력은 면죄부를 얻는다. 공교육이 지나치게 경쟁적이라고 비판하면 '그렇게 싫으면 대안교육을 선택하면 되잖아'라는 분위기, 기존의 경제체제를 부당하다고 비판하면 '함께 사는 삶을 실천하고 싶으면 협동조합 물품을 사든지'라는 반응이 그러하다. 대안 중독증에 걸린 사회에서 현실의 모순은 쉽게 개선되지 않는다. 그러니 개인이 알아서 피할 수밖에 없다.

문제를 인지하고 답답함을 느끼는 이가 스스로 다른 현실을 선택하는 것이 유일한 해결책이 되어버리면 사람들은 자신들의 방향이 옳았음을 인정받으려 한다. 그래서 부모들은 선택 자체가 유의미한 결과라도 되는 것처럼 예단한다. 특히나 '땅을 더 밟고', '친구들과 더 놀고' 등의 수식어가 붙을 수 있는 상황이라면 자화자찬이 지나칠 정도다. 아이를 둘러싼 지금의 상황이 여러모로 비판할 지점이 많다는 건 누구나 동의한다. 하지만 현실

4 이상적 육아라는 이상한 육아

을 비판하는 수준을 넘어 자신이 선택한 삶이 이상적理想的 육아를 실천하는 절대 선善인 것으로 해석한다면 그 주변 사람들이 여간 피곤한 게 아니다.

'안아키'가 가능했던 진짜 이유

'안아키(약 안 쓰고 아이 키우기)' 논란은 제법 큰 이슈였다. "약은 모든 '내성'을 일으키는 '나쁜 편'이므로 약을 쓰는 의사도 '나쁜 편'이며 그들이 만드는 백신도 '나쁜 편'이라는 논리"[2]로 무장한 이들은 동명의 책을 바탕으로 일종의 자연주의 육아를 적극적(×100)으로 실천했다. 아이를 키우면 한 번쯤 듣게 되는 예방접종 부작용에 관한 조각 같은 정보들을 매우 구체적으로 신뢰해 정말로 백신을 거부하는 식이다. 면역을 키우기 위해 해열제를 가급적 쓰지 않는다는 고전적인 행동들도 있지만, 인류를 질병으로부터 해방시키기 위한 그간의 의학적 노고를 수포로 만들려고 작정이라도 한 듯 수두 파티(수두에 대한 면역을 만들어내기 위해 수두에 걸린 아이들과 함께 노는 것)를 한다니 어안이 벙벙하다. 그 외에도 화상에는 뜨거운 찜질이 제격이고 아토피는 빡빡 긁어서 구멍을 내야 한다나 뭐라나. 세상에나!

어떻게 이런 일이 가능했을까? 억지로 사회구조적인 측면에서 보자면, 현대사회에서 평범한 사람들이 접하는 일상적인 것들이 너무 기계적이고 가공적이고 소비적이기에 이에 대한 염증이 그 반대로 강력하게 작용한 결과였을 것이다. 그렇다면 이 지점을 비판하고 맹신적인 측면은 성찰하면 될 일이다. 하지만 문명을 거부해버리는 극단까지 치닫게 된 동력의 정체는 무엇일까? 안아키가 나름의 입소문을 타 많은 엄마들에게 호감을 얻은 냉정한 이유는 자연주의 육아가 마치 자녀를 진정으로 생각하는 부모의 선택처럼 포장되었기 때문이다. 즉, 여기에 관심을 두지 않으면 개념이 부족한 부모로 보이지 않을까 하는 두려움이 그들에게 있었다는 말이다.

실제 자연주의 육아는 그 반대를 나태하기 짝이 없는 모습으로 그리면서 사람들의 관심을 유도했다. 일전에 항생제 오남용의 문제를 알려주는 방송에서3) 자연주의 육아를 긍정적으로 보여준 적이 있었다. 여기에 '아이에게 가장 훌륭한 의사는 엄마'임을 강조하며, 해열제는 '부모가 자기 편하고자 사용하는 것에 불과하다'는 주장으로 유명한 안아키 논란의 당사자인 한의사가 등장한다. 한의사는 항생제를 사용하지 않고 음식을 통해 면역을 키워나가는 자신과 회원들의 생활을 공개했다. 실제 태어나서 한 번도 병원에 가본 적 없다는 아이가 모든 항생제에 대해 100% 감수성이 있다는 — 내성이 없기에 모든 항생제로 100% 치료 가능하다는 — 놀라운 결과도 나왔다. 음모론처럼 제기된 한국의 항생제 남용 문제가 충분히 공론화될 수 있는 주제로 부

상황과 동시에, 자연주의 육아에 대한 대중의 관심사가 한 단계 업그레이드되는 순간이었다. 그런데 여기까지여야 했다.

방송은 면역력이 좋다는 열 살 남자아이가 냉장고에서 젓갈을 꺼내 먹는 모습을 신기하고도 대견스럽게 그려낸다. 먹는 모습만이 아니라 "햄버거, 돈가스, 피자를 좋아하는 요즘 아이들과 달리"라는 내레이션을 덧붙이면서 '아이가 이런 것도 잘 먹을 줄 안다'는 이미지로 말이다. 그리고 발효식품을 최고의 보약으로 여기는 엄마의 자녀답게 아이는 장독대 앞에서 직접 담그는 고추장을 맛보고 맛있어한다.

항생제를 쓰는 집은 어떠할까? 방송은 어린아이들이 항생제를 끊지 못하는 현실을 보여주면서 이 가정을 아주 나약하고 게으른 모습으로 조명했다. TV를 틀지 않으면 밥을 먹지 않는 아이가 등장하고 지친 기색이 만연한 부모는 TV에 빨려 들어갈 표정인 아이에게 밥을 억지로 먹인다. 하지만 아이는 고기반찬만 찾으니 채소 먹이기는 참으로 힘들다. 이런 장면들을 보고 있으면 마치 부모의 의지가 부족해서 해열제, 항생제를 쓰고 아무거나 먹이는 게 아닌가 하는 느낌이 들지 않을 수 없다.

아날로그에 지나치게 의미를 부여하면, 항생제를 사용하는 집단을 '편리에 길들여진 현대인의 나약함'으로 읽히게끔 한다. 열이 날 때 해열제를 먹지 않느냐는 제작진의 물음에 "뜨거운 물 먹으면서 하룻밤 자고 나면 그냥 바로 나아요"라고 대답하는 자

　　　　　　　　　　　　　　　결혼과 육아의 사회학

연주의 가정에서 자란 아이의 당찬 인터뷰는 그 반대편의 부모를 참으로 약해 빠진 사람으로 만든다. 그저 동네 병원 다니고 시키는 대로 약 먹이는 평범한 육아를 하는 사람들이 내 아이에게 몹쓸 짓을 하고 있다는 느낌을 받게 하는 이런 식의 전개는 자연주의 육아를 옹호하는 사람들의 단골 레퍼토리이자 그들의 전형적인 시선이다. 그들만이 아니라 한국 사회에서 이런 관점을 보유한 이들은 많다. 예를 들어 햄버거를 먹은 아이가 신장 기능이 극도로 악화되어 큰 병에 걸린 사건을 보자. 부모가 햄버거를 원인으로 지목하고 소송을 걸면서 언론에서도 크게 다루었는데 (사실 여부는 차치하고) 뉴스마다 꼭 등장하는 댓글이 무엇이었을까? 바로 '어떻게 애한테 햄버거를 먹일 생각을 했느냐'는 막말이었다.

명백한 대비를 통해 자연주의 육아는 자신이 나쁨을 적극적으로 '거부한' 부모라는 위안을 주기에 안성맞춤이다. 혼자 뿌듯해하면 아무 문제 될 게 없다. 하지만 이런 집단들끼리 뭉치면 자신의 아이는 '다른 것'이 아니라 '특별하다'는 오만이 생기기 쉽다. 그러니 젓갈이나 장아찌 먹는 모습을 단순한 음식 취향의 차이가 아닌 보통 아이들은 감히 흉내도 낼 수 없는 예사롭지 않은 면모로 인식한다. 그래서 자기 아이에게 나타나는 모든 긍정적인 것은 음식을 잘 먹여서이고, 다른 아이에게 나타나는 모든 부정적인 것은 평소에 아무거나 먹인 것으로 결론짓는다.

4 이상적 육아라는 이상한 육아

이런 논리로 대동단결했으니 집단 지성collective intelligence이 아닌 집단 사고group thinking가 부유했음은 당연하다. 집단 사고는 결속력이 강한 집단이 그릇된 결정을 하면서도 논리적으로 판단을 내렸다고 믿는 경우를 말한다. 자신들의 육아 방식을 진리와 선으로 규정해 과학의 개입을 막는 사람들이 집단 사고의 오류에 쉽게 빠지는 것은 두말하면 잔소리다.

왜 자기소개서에 '공동육아' 경험이 등장했을까?

물론 안아키는 극단에 있는 사례일 것이다. 하지만 대한민국이라는 토대 위에서의 끝이다. 유사한 문법을 지닌 결사체들은 꽤 많다. 나는 그중 '공동육아'의 사소한, 그러나 평범한 사람을 불편하게 하는 사소하지 않은 문제점을 말하고자 한다. 공동육아를 어떻게 안아키를 비판하는 지점에서 함께 다룰 수 있냐고 따지는 사람도 있을 거다. 이 육아법의 장점은 익히 알려져 있는데 내가 굳이 비판적으로 다룰 필요가 있을까 여러 번 고민했다. 그럼에도 불구하고 한 고등학교에 글쓰기 특강을 다녀온 후 마음을 달리 먹었다.

'내 삶을 성찰하는 글쓰기'가 특강의 주제였는데, 성찰적 글쓰기의 특색을 대비적으로 이해하기 위해 자신을 자랑하는 형태의 글인 '자기소개서'를 대학 면접관이 읽는다고 생각하고 써보라

결혼과 육아의 사회학

고 했다. 예상대로 오만가지 '오만한' 치장들이 난무했다. 해외 여행을 다녀왔으니 자신은 세상을 보는 시야가 넓을 수밖에 없다, 병영 체험 캠프를 두 번이나 수료한 나의 의지는 지구 최강이다 등등 취업을 앞둔 대학생의 자기 소'설'서와 조금도 다르지 않았다. 그런데 '공동육아' 경험도 등장한 것 아닌가. 쓰임새는 자기소개서의 원칙을 벗어나지 않았다. 글은 "일반적인 어린이집과는 다르게"라는 표현으로 시작해서 "그래서 상상력이 풍부한 교육을 받았다"라는 결론으로 이어졌다. 글 어디에서도 자신이 창의적인지, 협력적인지, 독립심이 강한지, 자연을 사랑하는지 증거를 제시하지 않았지만, 남들과 다르게 공동육아를 경험했기에 저 특징들을 갖고 있다는 논리가 일관되게 강조되었다.

자신의 특색을 드러내고자 일반적인 어린이집을 무슨 바보나 만드는 공장처럼 분류시키는 무례함은 자신의 어린 시절조차 의미심장하게 포장해야 할 정도로 현재의 경쟁이 치열함을 의미한다. 공동육아조차 그런 포장지의 역할을 한다는 것은 공동육아가 효과가 없다는 말이기도 하다. 아니, 효과가 일시적으로나 혹은 개인의 추억에서 존재는 하겠으나 입시라는 용광로 앞에서는 무용지물이란 말이다. 보다 자기주도적으로 시간을 보낼 수 있는, 보다 자연과 가까이할 수 있는 보육을 지향하는 공동육아가 일종의 '학위증'처럼 껍데기만 남아 이 경험 여부를 단서 삼아 타인과 자신을 위아래로 구별 지으려는 시도로 사용된다니 얼마나 씁쓸한가.

모든 것을 평가하고 어떻게든 자신의 상품성을 드러내야 하는 현대사회에서 '선한 의도'는 선한 상태로 흘러가지 않는다. 오히려 선한 의도에 참여했다는 상징만이 전략적으로 활용될 뿐이다. 사회의 근본적 문제가 여전히 견고하게 살아 숨 쉬는 곳에서 한쪽에서는 학력의 우수성을 어떻게든 알리기 위해 아이를 괴물로 만드는 육아를 하고, 한쪽에서는 학력'만'이 우수한 것이 아님을 증명하기 위해 아이가 괴물이 아님을 '지나치게' 강조한다. 어떤 경우든 참으로 씁쓸하다.

공동육아 경험을 자기소개서에 드러내어 타인과의 '구별 짓기'를 시도하는 모습을 보면서 나는 공동육아라는 벽에 불편함을 느꼈던 사람들이 내게 조심스레 털어놓았던 이야기를 공개할 용기가 생겼다. 공동육아의 문턱이 높다, 부모들이 굉장히 바쁘다 등 일반적으로 널리 알려진 단점을[4] 말하려는 게 아니다. 3개월 만에 공동육아를 포기했다는 A는 기존의 시스템에서 거리를 두었다는 이유만으로 이 공간에는 결점이 없다고 생각하는, 정확히는 이 방식이 기존 제도권 육아보다 훨씬 우수하다고 확신하는 분위기가 낯설었다고 고백한다.

A는 자신의 아이가 지나치게 내성적이어서 공동육아를 선택했다. 보통의 유치원에서 아이가 재능을 발휘하지 못할 것이 두려워서가 아니라, 그저 활동적이지 않다는 평범함이 아이가 고

립되는 이유가 되지 않을까 걱정했기 때문이다. 하지만 아이는 공동육아의 공간에서도 여전히 힘들어했다. 새로운 환경에서는 경쟁 교육을 하지 않는다는 경쟁력을 강조했다. 그러기 위해서는 활동적이어야 했다. 산책하러 가면 반드시 무엇을 주워 연관되는 것을 억지로 상상해야 했다. 꽃을 발견하면 눈을 감고 냄새를 맡는 것도 일종의 의례였다. 그 모습은 사진으로 찍혀 부모들이 '우리 아이는 자연과 친해 → 앉아서 기껏 그림만 그리는 보통 어린이집에서는 경험할 수 없지'라고 생각하는 단서가 되었다. 고등학생이 기억도 나지 않는 20년 전의 일을 떠올려서 자신을 포장하는 도구로 삼는 건 진짜 그래서가 아니라, 이 경험을 특출 나게 해석하는 주변인들이 그만큼 많았기 때문일 것이다. "점잖을 뺌으로써 아이에게 집착하는 엄마들의 대열에 합류하지 않았다고 자위하면서 사실 더 교묘하고 더 어리석은 방법으로 아이들을 집어삼키려"5) 한 부모의 강박이 없었다면 자기소개서는 달라졌을 것이다.

A는 일반 어린이집에서도 바깥 활동을 하고 자연과의 접촉을 위해 부단히 노력하는 것을 잘 알기에, 아이에게 자연과의 동화를 지나치게 강요하는 공동육아의 교육철학이 불편하게 느껴졌다. 아이들이 공부에 구속되지 않고 자연에서 뛰어노는 거야 좋은데, 그곳 부모들이 자신들의 육아 방식이 이상적이라 확신하는 모습에는 거리감이 생겼다. 부모들은 반대편을 헐뜯으면서

4 이상적 육아라는 이상한 육아

자신들의 선택이 긍정적인 결과가 있는 양 행동했다. 겉으로는 아이를 여유롭게 키우고 싶다는 사람들이, 모이기만 하면 일반 육아의 현장을 비난하기 급급했다. 영어를 일찍 가르치는 건 아동학대, 생일날 피자파티를 하며 나트륨 덩어리를 애들이 먹도록 한다는 게 말이 되느냐 등등. 그러면서 자신들을 '부모가 아이에게 스마트폰이나 쥐여주며 방치하는' 사람과 구분했다. 이들은 자신들의 특별함을 다른 쪽을 혐오하면서 완성하고 있었다. A는 학습지로 영어 사교육도 시키고 있고 가끔 햄버거에 콜라도 일곱 살 아이와 함께 먹는다. 어떨 때는 유튜브 동영상도 보여준다. 이 모든 순간의 선택에는 A만이 이해할 수 있는 복잡한 변수들이 얽혀 있다. 하지만 그럴 만한 이유를 누군가는 귀담아듣지도 않을 것이고 그들에게 이런 순간들이 악惡으로 비칠 수 있다고 생각하니 버틸 재간이 없었다.

보통 사람을 죄인 만들지 말라

우리들이 '이상적 육아'를 좇는 것보다 더 중요한 것은 '이상한 육아'를 하지 않는 것 아니겠는가. 자신의 특별한 육아법이 '특별하다'는 인정을 받기 위해 젓갈 먹는 모습에 감탄사를 보내고 산에서 꽃향기 맡는 모습에 지나치게 흐뭇해할수록 그 반대의 영역은 나쁜 이미지로 묘사된다. 그러면 평범한 삶을 살던 부

결혼과 육아의 사회학

모는 죄책감을 느끼고 이상적 육아라고 소문난 것을 선택해야 하는 강박에 사로잡히게 될 것이다. 그리고 자신의 선택이 옳음을 증명해야 하는 부담감을 가지니 다시 극단적인 분류법으로 육아 담론을 만든다. 악순환이 선순환될 수밖에 없다.

스마트폰이 아이에게 유해하니 가급적 노출시키지 않는 게 이상적 육아라는 것은 누구나 다 안다. 하지만 스마트폰을 보고 있는 아이를 보고, 고작 이 하나의 정보만으로 "저 부모는 도대체 뭐 하는 거야"라면서 비아냥거린다면 이야말로 이상한 사람 아닐까? 어른에게도 좋을 게 없다는 탄산음료를 아이에게 권하지 않는 게 상식적이라는 건 누구나 안다. 하지만 어떤 아이가 콜라를 마시고 있는 현장 하나를 기억한 채, "저 집은 개념 없게 콜라를 막 먹이더라. 어쩌려고 그러냐. 아이가 왜소한 게 다 이유가 있지"라는 식의 험담을 할 이상한 권리가 이상적 육아를 실천한다는 그 사람들에게 과연 있을까? 자신의 선택이 옳았음을 인정받기 위해 보통 사람을 죄인으로 만들어서야 되겠는가.

거대 자본에 길들여진 부모들,
길들여질 자녀들

거기에 그것이 등장했다

"거기 갔다 왔어?" 이웃들은 A에게 매일 물었다. "같이 갈래?"
라는 권유도 아니고 "나는 갔다 왔어"라는 고백도 아니다. 모름
지기 앞서가는 사람이라면, 도시 사람이라면 그리고 이 동네 주
민이라면 가봐야 하는 거 아니냐는 물음이다. 무엇보다 거기가
어딘지 정확히 말도 하지 않았지만 당시에 거기가 어딘지를 되
묻지 않아도 이야기가 통하는 사람들이 많았다. 타이밍을 놓쳐
뒤늦게야 무슨 이야기를 하는지를 알게 된 A가 아직 가보지 않
았다고 하니 사람들은 "아니, 아무리 바빠도 진작 다녀왔어야
지" 하며 의아스럽다는 표정을 짓는다. 특히 어린애들이 매개체
가 될 때, '그곳에 가보라!'는 강도는 강해졌다. "아이들이 좋아

결혼과 육아의 사회학

하는 거 정말 많아. 집에 안 오려고 한다니까. 하루 종일 있어도 다 못 봐. 나중에 '왜 이제야 왔을까' 후회하지 말고 얼른 가. 갔다 오면 이 동네에 살길 잘했다고 생각할 거야. 그 근처 아파트는 집값 벌써 올랐다잖아." 초등학교 3학년 아이의 학부모인 A는 이런 설득과 강요를 수없이 들어야 했다. 그것이 동네에 들어선 다음부터.

그것은 '스타필드 하남(이하 스타필드)'이다. 축구장 70개 규모의 초대형 쇼핑몰로 A가 사는 동네 옆에 들어섰다(2016년 9월 개장). 앞으로 집값에 호재가 될 거라면서 수년 전부터 동네 사람들은 "저기 큰 백화점 들어선대"라는 식으로 말했는데 그 뭐가 바로 스타필드였다. A의 집에서 차로 15분 거리다. 신세계 정용진 회장이 세상에 없던 쇼핑몰을 만들기 위해 치열하게 고민하여 야심 차게 준비했다는 이곳은, 정말 들어서면서부터 '신세계'를 느낄 수 있다. 마치 쥐라기 공원에서 공룡 '인도미누스 렉스'를 만나는 느낌이다. 영화 〈쥐라기 월드〉에 등장하는 인도미누스 렉스는 공룡에 익숙해진 사람들을 유혹하려는 인간들이 유전자 조작으로 만들어낸 '더 거대하고 포악스러운' 공룡이다. 영화의 결론은 알다시피 이 거대한 공룡이 자신보다 거대하지 않은 공룡들을 닥치는 대로 헤치는데, 그러니까 공원 전체 생태계를 박살 낸다.

거대한 스타필드에는 모든 것이 있다. 기존의 쇼핑몰에서 팔던 것은 물론이고 팔지 않았던 것, 그리고 팔 수 없었던 것들까지 있다. 백화점과 명품 매장은 물론이고 창고형 매장, 시중에서 쉽게 접하기 어려운 가전제품 전문 매장, 초저가 상품 판매장, 스포츠 체험장, 영화관, 서점 그리고 찜질방과 아쿠아리움까지 모든 것이 한곳에 있다. 지방의 명물 음식은 물론 가본 적도 없는 세계 어딘가의 듣도 보도 못한 신기한 음식들을 파는 식당도 즐비하다. 화려하다. 지금까지 보아왔던 다른 소비 공간은 지극히 평범하게 보일 만큼.

쇼핑하기 좋은 '한 곳'이 주변의 '다른 곳'과 조화를 이룬 경우는 지금껏 없었다. 쇼핑몰은 주변에 새롭게 짓는 아파트의 광고에 "최적의 입지 조건, 대형 쇼핑몰 10분 거리"라는 식으로 적히며 모두를 이롭게 하는 모양새로 선전되지만, 실제로는 주변의 기존 상권을 스펀지처럼 흡수한다. 하루 평균 7만 명이 방문하며 1인당 평균 5시간 30분을 체류하는[6] 스타필드 역시 마찬가지다. 한곳에서 모든 것이 가능하니 사람들이 '여기 온 김에' 하남의 다른 명소를 굳이 방문하지 않는다. 하남의 전통시장 상인회 회장은 이렇게 말한다. "우려했던 현실이지만, '파죽지세'라는 말이 실감 난다. 상인들마다 아우성이지만, 누구도 해법을 내놓지 못하고 있다."[7] 당연하다. 어떻게 초식 공룡이 '육식 공룡도 잡아먹는 육식 공룡'을 상대하겠는가. 상인들 말고는 관심도 없다. 오래전부터 대기업의 논리로 세팅된 유통 환경에 길들여

결혼과 육아의 사회학

진 사람들은 스타필드에 사람이 많으면 그게 바로 지역경제의 활성화이자 상생이라 생각한다. 하지만 일자리 증가도 그 속살을 살펴보면 캐셔, 환경미화원, 주차요원, 물류수송 등의 업무에 한정되어 아웃소싱 회사에 계약직으로 취업하는 경우가 대부분이다.[8]

사람들은 자본을 그만큼 들였기에 가능한 화려함에 마냥 찬사를 보낸다. A의 이웃들은 '가까운 곳'에 스타필드가 생겨서 너무 좋다고 했다. 그 공간의 스펙터클을 보면서 역시 대기업이 하면 달라도 참 다르다면서 감탄한다. 사람들은 임시 오픈 기간부터 꼬박꼬박 출석한다. 또 누구는 부지런히 움직여 선착순 사은품 챙겼다면서 싱글벙글 웃는다. 벼르고 벼른 만큼 다녀온 후기 공유가 정성스레 이어진다. 마치 해외여행 다녀온 사람이 자랑하듯이 '여기에 이런 것도 있더라'면서 신세계가 제공해준 신세계에 다녀온 정보를 경쟁적으로 늘어놓는다.

"마치 소풍을 온 것처럼 일상을 벗어난 기분"[9]을 느끼는 좋은 곳을 '또' 가는 것은 당연한 것, 몇 달이 지나자 사람들은 자신의 일상을 그곳으로 이전한다. 가족끼리의 나들이도, 친구와 만남도 그리고 천진난만한 아이들끼리의 막연한 놀이도 그 공간에서 지속한다. 스필(스타필드의 줄임말)에서 시간 보내기가 A가 사는 동네의 문화가 된 것이다. "스필 가서 애들은 영화 보게 하고 우리는 차 마시자", "오후에 스필에서 애들이랑 밥 먹자"라는 내용

4 이상적 육아라는 이상한 육아

이 단체 카톡방에 자주 등장했다.

평범하게 만들어갈 수 있었던 사람과의 관계가 '스타필드'에 가지 않으면 형성되지 않으니 A는 고민에 빠졌다. 지금껏 아이는 자연스럽게 알게 된 친구들과 자주 어울려 놀았다. 좋은 관계를 맺기 위해서 부모가 별다르게 해야 할 일은 없었다. 아이들은 자연스러운 일상 안에서 자연스럽게 만나서 자연스럽게 친해졌다. 동네 놀이터가 무슨 대단한 효과가 있다는 이야기를 하려는 게 아니라 친구와 시내는데 그렇게 돈이 들 필요가 없었다는 말이다. 그냥 집 앞에서 주로 놀다가 주말에 키즈카페를 가거나 어쩌다가 피자나 같이 먹을 수 있는 수준이면 충분했다. A의 아이들도 이런 식으로 친하게 지내는 사총사가 있다. 하지만 거기에 그것이 생긴 이후 사총사는 두 그룹으로 자연스레 구분되었다. 한쪽은 자주 그곳을 가고 한쪽은 자주 그곳에 가길 힘들어한다. 두 집단은 앞으로 공유할 삶의 추억이 무척이나 다를 것이고 당연히 예전의 친구와는 예전처럼 지내지 못할 것이다.

이마트는 더 이상 고유명사가 아니었다

A는 스타필드가 생기기 전부터 사람들이 흥분하는 모습이 의아했고, 싫었고, 자신은 그런 공간 안으로 너무도 자연스럽게 들어가는 것을 경계했다. 기계가 일자리를 뺏는다고 기계를 때려

결혼과 육아의 사회학

부쉈던 '러다이트 운동'을 한다는 것이 아니라, 아이가 자본이 제공하는 편리함과 익숙함에 당연하게 길들여지면서 성장하길 원치 않아서였다. 주변 사람들이 볼 때, 원시인처럼 보이는 이런 결심을 하게 된 데는 이유가 있다.

A 역시 쇼핑 공간의 진화와 함께 성장한 사람이다. 새로운 쇼핑 공간에서 느끼는 놀라움을 A도 무수히 경험했다. 어린 시절 '백화점'을 처음 갔을 때, 2000년대 초 '이마트'를 처음 갔을 때, 몇 해 지나 '코스트코'라는 창고형 할인 매장을 처음 갔을 때도 비슷한 신비로움과 경이로움을 느꼈다. 이마트에서 카트를 끌면서 상품을 고르는 자신이 세련되어 보였고, 코스트코에서는 그 이국적인 분위기에 흠뻑 취해 '아, 여긴 한국이 아니라 미국 같다'[10]라며 매료되었다. 영화 속에서 보던 대형 피자는 그 포장 상자마저도 세련되어 보였다. 이상한 은색 기계의 손잡이를 빙빙 돌려 다진 양파를 그릇에 받아 케첩과 머스터드 소스에 버무려 먹는 사람들이 멋지게 보일 정도였다. 여주나 파주의 대형 '아울렛 매장'에 발을 딛는 첫 순간에도 "이제야 여길 왔구나, 나 요즘 문명 생활을 너무 멀리했어!"라면서 흥분했다.

특정 형태의 쇼핑에 익숙해지면 색다른 맛을 갖춘 다른 형태의 쇼핑몰이 세상에 등장하곤 했고, A 또한 그런 곳에 의무적으로 방문하고 즐거워했다. 쇼핑몰을 진화시켜준 대기업이 고마웠다. 바버라 크루거Babara Kruger가 말했던가? "나는 쇼핑한다. 고로 존재한다I shop therefore I am." 대기업 덕택에 내 존재가 유지되니 고마워하는 건 인지상정 아니겠는가. A는 "도시에서 고립된 사람들일수록 소비가 행복을 보장할 것이라는 착각과 망상"[11]에 빠져있다는 철학자의 일갈이 자신을 설명한다는 것을 잘 안다. "강박적으로 옷을 사는 것은 자신의 몸에 대한 부정적인 생각을 육체적으로, 또 은유적으로 위장하려는 시도"[12]라는 심리학자의 쇼핑 중독자에 대한 분석에도 이견이 없다. 자신이 그러했기 때문이다.

사는 게 힘들었고 그럴 때마다 쇼핑으로 위로했다. A에게 백화점이나 대형마트는 일종의 치유 공간이었다. 백화점에 가면 '이런 명품 하나쯤 있어야 무시당하지 않는다'는 정당화와 함께 결국엔 하나보다 더 사고, 마트에 가면 '일상에 도움 될 유용한 것'이라는 합리화와 함께 결국엔 사놓고도 별로 사용하지 않는 생활 잡화를 사는 게 일상이었다. 드라마에 나오는 청담동 부자들처럼 '많이는' 아니지만, '자주는' 쇼핑했다. 그러다 보니 언젠가부터 노동의 이유가 카드값을 해결하려는 목적이 되어버린 느낌이었다. 힘들게 벌어서 단번에 써버리니 계속 힘들게 벌어야 했고, '더' 힘드니 '더' 쇼핑하는 악순환은 결혼생활과 육아의 스트레스가 가중되니 '더' 심해졌다.

자본주의 사회에서 개인의 소비는 전체 구성원들의 삶의 질을 풍요롭게 하는 미덕임에는 분명하지만 문제는 소비를 통해 자신을 증명하려는 안타까움 아니겠는가. A는 백화점에, 대형 쇼핑몰에 가면서 느꼈던 박탈감을 극복하는 삶을 살고 있었다. 처음에는 '내가 가지기에는 너무 비싼 것'들이 점점 열심히 노력하고 살았으니 당연히 가져야 하는 것이 되어갔다. 이런 식으로 자본주의 사회에서 버티는 자신을 치유할 수 있다면 다행이겠지만 치유는 일시적일 뿐이다. 이 과정이 누적될수록 더 상위의 물건들이 보이기 시작했고 가질 수 없는 박탈감은 자신이 무능력하게 느껴지는 모욕감으로 변해갔다. 그렇게 '돈 열심히 모아서' 전에 갖지 못했던 그 물건을 사는 것 자체가 삶이 되어갔다. 이를 위해 자신에게 만족을 즉각적으로 주지 않는 도서 구입이나 시민단체 기부 등의 소비는 철저하게 줄였다. 김기림 시인이 말했던가. "갖고 싶은 것이 무수하게 번식하고 또 그 자극이 쉴 새 없이 연달아 오니까 거기 따라서 사람들의 욕망 창고에는 빈 구석만 늘어갈 밖에 없다."[13]

이런 A가 습관을 바꾸기 시작한 것은 아이 때문이었다. 주말만 되면 아이가 먼저 "이마트 안 가요?"라고 묻는 것을 그냥 내버려 둘 수 없었다. 아이는 보통명사 '시장'보다 고유명사 '이마트'를 먼저 떠올리면서 '시장=이마트'로 이해했다. 유치원에서 '우리 마을 그리기'를 하는데 경찰서, 소방서, 병원, 학교 등은 일반적인 모습을 그리다가 시장은 노란색 이마트 상표로 그리는 것 아닌가. 하긴 전통시장은 가본 적이 없고 대형마트는 신앙심

두터운 신자가 교회의 주일 예배에 참여하듯이 다녔으니 그럴 만도 하다. 주말만 갔겠는가. '문센(문화센터)'은 아이에게 최초의 학교였느니라. 게다가 부모가 습관적으로 쇼핑할 때마다 아이도 무엇이라도 하나쯤 손에 얻는 것이 일상이었으니 좋아하지 않을 수 있겠는가. 특히 A는 지친 일상 속에서 아이에게 '버럭' 한 것에 대한 후회를 선물을 사주며 만회하는 경우가 허다했다.14) (또 아이와 별 갈등 없이 지냈으면 육아를 잘했다고 스스로에게 선물을 줬다.) 그러니 아이에게 이마트는 파라다이스였다. 놀이터이자 맛난 음식을 먹는 곳이었고, 심지어 동물원이자 수족관이었다.

어린이가 이마트를 하나의 기업 브랜드로 이해하지 않고 함께 살아가는 마을의 필수 생활공간으로 이해하는 이 풍경은 아마 '이마트'가 간절히도 원했던 결과였겠지만, 정말로 우리 마을의 경제 생태계가 좋아지느냐에 관한 물음을 던진다면 회의적일 수밖에 없다. 하지만 아이에게 시장(이마트)은 건재하고 진화하는데, '전통시장의 쇠퇴' 같은 사회적 현상이 의미 있을 리 만무하다.

비단 아이에게 국한할 문제도 아니지만 A는 아이가 자기처럼 '무덤덤'해질까 봐 두려웠다. 그래서 최소한 '그런 곳에 의무적으로 가야 하는' 그래서 '소비해야 하는' 강박을 아이가 가지지 않길 바랐다. 그 결과로 동네에서 A는 '요즘 같은 시대에 어울리지 않는' 이상한 사람으로 소문나버렸다.

스펙타클의 사회는 진화한다

프랑스의 아방가르드 예술가 기 드보르Guy Debord는 《스펙터클의 사회La Société du Spectacle》에서 현대인들의 소비문화를 꼬집는다. 스펙터클은 넓은 의미에서 비상식적인 자본주의가 굉장히 자연스럽게 돌아가는 틀 같은 것이다. 다시 말해, 거대 자본이 만들어놓은 "이미지들에 의해 매개된 사람들 간의 사회적 관계" 15)가 만들어낸 삶의 규칙이 준수되는 곳이 바로 '스펙타클의 사회'다.

화려함과 그 화려함에 가까이 다가갈 수 있는 편리함에 길들여진 사람들이 그런 규격 안에서 자신을 굉장히 합리적이라고 여기고, 이를 타인에게 강요하는 모습은 스펙타클 사회의 전형적인 특징이라 하겠다. 드보르는 권력이 제공하는 단맛에 빠져 주체성을 잃어버린 사람들 덕택에 면죄부를 얻은 권력의 폭력성이 더 확장됨을 비판하는데, 이는 "스스로 필요하다고 착각"16) 하며 쇼핑하는 우리들의 모습과, 이들 덕택에 진화하는 쇼핑몰의 현재 모습과 다르지 않다. 이런 길듦이 이미 상당 부분 진행되었음은 주지의 사실이다. 그렇다면 앞으로 '길들여질' 아이들에게 가장 우려되는 지점은 무엇일까? 스펙타클 하지 않기에 존

폐의 기로에 놓인 전통시장 걱정을 해야 할까? 솔직히 말해 알파고가 이세돌을 제압하는 시대에 전통시장의 '기울어짐'을 무조건적으로 걱정하는 건 굉장히 공허하다. 아무리 걱정을 해도 지금의 방향을 돌리지 못할 것이기 때문이다.

나는 "우리 아이는 전통시장에서 사회를 배워요" 같은 우스운 말을 하려는 게 아니다. '전통' 예찬론자들은 소비문화의 스펙터클을 비판하면서 전통시장의 '인간적 가치'를 지나치게 포장해 그곳을 성지로 믿들려는 경향이 있다. 그곳에 가면 사람이 있고 정이 있고 뭐 어쩌고저쩌고 그런 거. 그러나 '관계에 지친' 현대인들은 자기 돈 주고 물건을 사면서까지 인간관계를 신경 쓰는 것에 그다지 매력을 느끼지 않는다. 노골적으로 말해 전통시장은 현대인들에게 너무 '살갑게' 다가가기 때문에 매력이 없다. 하지만 작금의 시대는 그런 살갑다는 행동들을 '간섭', '오지랖' 나아가 '꼰대'로 해석할 정도로 개인주의화가 대세가 되었다. 이를 대단한 걱정이나 되는 것처럼 말하는 사람들도 있지만 굉장히 자연스럽고 긍정적인 시대 변화다. 우리는 전통사회에서나 통했을 법한 '가족이 아닌 사람들하고 가족 같은 관계'를 굳이 맺을 필요가 없다.

문제는 이 자연스러움을 어떻게 자연스럽게 이해해주느냐는 거다. 많은 이에게 추억이었던 이 공간을 역사의 뒷길로 보내면서 지나친 의미 부여까지는 아니더라도 그래도 "모든 사라져 가

결혼과 육아의 사회학

는 것들에게 경의를"[17] 표할 수 있냐는 말이다. 왜냐하면 기존의 작동 방식을 뒤엎어버리는 기술의 진화를 일상적으로 마주하는 현대인들은 죽을 때까지 '사라짐'과 마주하기 때문이다. 누구나 이 대상이 될 수 있기에 우리는 사라지는 것을 잘 보내주어야 한다. 하지만 스펙터클의 사회에 길들면 이러한 사라짐을 단순히 '몰락'으로 이해한다.

예를 들어 대형마트에 익숙해진 사람들은 전통시장에서 느끼는 불편한 주차 문제, 한 번에 여러 물품을 구입하기 어려운 동선 등을 문제 삼는다. 이런 이유로 전통시장이 불편한 것은 그곳이 오랫동안 전통시장이기 때문이지 다른 이유가 없다. 하나의 거대 기업이 전체 공간을 지배하는 형태가 아닌 곳에서는 획기적인 투자를 공격적으로 할 수 없다. 무엇보다 그곳의 상인들이 자기 재산을 다 퍼부어도 대기업이 투자하는 모습을 흉내조차 내기 어렵다. 전통시장이 찔끔찔끔 변하기는 하지만 늘 그대로인 듯한 모습을 보이는 이유다. 전통의 구조에서는 이런 문제가 본질적으로 해결되기 어렵고 그래서 역사의 뒤로 사라질 채비 중이다. 그러나 사람들은 어떻게 생각하는가? 변화가 불가능한 구조의 문제를 이해하지 않고 '현실에 적응하지 못했으니 도태되어 마땅한 것'으로 이해한다. 전통시장이니까 스펙터클 하지 않은 것인데, 스펙터클 하지 않았으니 철퇴되어도 마땅하다고 본다. 이는 대기업이니까 제공할 수 있는 편리성에 길들여진 자신에게 면죄부를 주고 거대 자본의 횡포를 횡포가 아닌 것으로 이해하는 착각으로 이어진다.

이런 시야는 곳곳에 부유한다. 사람들은 지방의 쇠퇴에는 그럴 만한 이유가 있고 중소기업의 몰락에는 충분한 배경이 있다고 생각한다. 이런 공간에서 사니 우리의 삶은 부동산에 목숨을 걸고 대기업의 눈치를 보는 게 일상이 되었다. 이 스트레스를 우리는 쇼핑으로 푼다고 착각하고 있는데 우리 아이들은 이보다 더 끔찍해진 세상에 살아갈지 모른다. 스트레스가 커진 만큼 쇼핑의 수준도 달라지지 않겠는가. 쇼핑하지 말자는 것이 아니다. 산속에 칩거하지 않는 한 우리는 소비하고 살아갈 수밖에 없다. 문제는 '과잉'이다. 그리고 이를 지나치다고 생각하지 않는 사람들의 '시야'가 만들어낼 일상의 괴기스러움이다.

한편, 수요가 늘어날 것임을 예측해서일까? '스타필드 하남' 바로 옆에 코스트코가 2019년에 문을 연다. 사람들은 우리 동네 좋아졌다면서 환영 일색이다. 드보르의 표현을 빌리면서 마친다. "스펙터클이 원칙적으로 요구하는 태도는 무기력한 수용이다. (…) 스펙터클은 현대의 수동성의 제국 위에 머물고 있는 결코 지지 않는 태양이다."[18] 지금의 무기력한 어른들 덕택에 아이들은 더 무기력한 어른으로 성장할 것이다. 올더스 헉슬리가 말한 '멋진 신세계'에서.

결혼과 육아의 사회학

일하면서 아이 잘 기를 수 없는 이상한 사회

은밀했던 저자와의 만남

낯선 번호로 전화가 걸려왔다. 상대는 자신을 모 대학의 입학처 관계자라고 밝힌 다음 학생부 종합전형 검증 과정에서 사실 관계를 확인하기 위해 전화를 걸었다고 했다. 내 아이는 아직 초등학생이라 이게 무슨 소린가 하는데, 수화기에서는 ○○고등학교의 독서토론 동아리 학생들과 인터뷰를 한 적이 있냐는 목소리가 흘러나왔다. 고등학교를 방문해 작가와의 만남 행사에 참여하는 경우가 많아서 순간 기억이 가물가물했지만, 학교 위치를 재차 알려주자 금세 아파트값 비싸기로 소문난 서울 어딘가에서 진행된 그날의 충격적인 잔상이 구체적으로 떠올랐다. 관계자에게 하고 싶은 말이 많았지만, 차마 그러지는 못한 채 "있다"고 얼버무렸다. 전화를 끊고 한심한 나 자신이 싫어서 땅이 꺼지게 한숨을 쉬었다.

그날은 이랬다. 처음에는 독서토론 동아리를 담당한다는 학교 교사로부터 전화가 와서 하던 대로 세부사항을 조율하려고 했다. 그런데 교사가 나를 전혀 모른다는 느낌이 들었다. 보통은 초대하는 쪽의 간절함을 인사치레라도 전하기 위해 내 책을 감명 깊게 읽었고 방송도 잘 봤다는 빈말이라도 하는데, 교사는 다짜고짜 '50분만 시간 낼 수 있는지'를 묻기 바빴다. 이 행사를 굉장히 귀찮아하고 있음이 분명해 보였다. 그러면서 학생들 때문에 약간 불편할 수도 있는데 양해를 부탁드린다는 말을 마지막으로 했다. 학생들이 책에 대한 질문을 날카롭게 해서 작가를 난처하게 한다는 뜻인가 하고 생각했던 내가 얼마나 순진했는지를 며칠이 지나 알게 되었다.

강연 전날 교사로부터 학교가 아니라 룸을 대여해주는 도심의 스터디 카페에서 모임을 진행할 예정이라고 연락이 왔다. 장소가 그리 중요한 건 아니다 생각하고 가보니 제법 큰 방에 고작 학생 5명이 앉아있었다. 이 어색함의 엄청난 이유를 알게 되기까지는 그리 긴 시간이 필요하지 않았다. 토요일에 밖에서 나를 맞이하면서 교복을 입고 있었던 학생들의 질문은 어색하기 짝이 없었다. 상투적인 수준을 넘어서 내게 전화를 걸었던 교사와 마찬가지로 이들도 자기들이 초대한 사람에게 관심이 있는 표정이

결혼과 육아의 사회학

아니었다. 룸에 붙여 놓은 현수막에 쓰인 "만나고 싶었습니다 – ○○고 작가와의 만남 행사"라는 글귀가 참으로 멋쩍어 보였다. 지루한 50분이 지나자 갑자기 중년 여성들이 방으로 우르르 들어와서 바삐 움직였다. 학생들의 엄마들이었다. 학생들과 현수막을 들고 사진을 꼭 찍어야 한다고 했다. 내가 머뭇거리니 "사진 찍으려고 교복까지 입고 왔다"라는 알아듣지 못할 말을 했다. 부끄럽게 사진을 촬영하고 나니 한 엄마는 백화점에서만 판다는 수제 쿠키를 건넸고 그 안에는 원래 약속되었던 강연료보다 더 많은 금액이 든 봉투가 있었다. 이러니 기억을 안 하기가 어렵지 않겠는가.

당시에는 이 어색한 만남이 학생부 종합전형을 통해 대학을 진학하려는 누군가를 설명하는 조각이 되리라고는 상상조차 하지 못했다. 엄마들이 주도하고 교사가 추진한 나와 소수 정예 학생들과의 은밀한 만남은 ○○고의 진로탐방 인턴십 프로그램으로 적절하게 포장되어 인문계열 진학을 희망하는 학생들의 학생부에 마치 학교 공식 행사인 양 기록되었다. 학생부에 무분별하게 기록되는 '대외 행사'가 문제가 되어 지금은 교내 행사만 기록해야 하는데, 합심한 몇 명이 움직이니 대외에서 교내 행사를 적절하게 치르는 것은 일도 아니었다. 교사인 친구에게 이런 일이 어떻게 가능한지를 물어보았다. 교사 한 명이 어떻게 교내 행사를 조작할 수 있느냐, 다른 교사들이 가만있는 게 말이 되느냐고 의문을 표하니 친구는 그 5명이 학교에서 '밀어주는' 에이스라면 사립학교에서는 충분히 가능하다고 했다(그러면서 공립학교라고 해서 불가능할 것 같진 않다는 말도 덧붙였다).

대한민국 입시제도의 허점을 따져보자는 게 아니다. 이 조각의 시작과 끝에는 내 책을 읽고 그런 연출을 기획한 '꼼꼼한 엄마'가 있었다. 입시 때 부모라면 누구나 그러는 수준이 아니다. 입시 한참 전부터 이들은 누구나 그러는 수준보다 더하다. "임신 계획부터 교육까지 치밀한 로드맵을 구축, 난계석으로 아이를 키우는 이들"19)을 아키텍 키즈맘Architec-kids Mom이라 한다. 검증된 방법으로 건물을 짓는 건축가architect처럼 아이의 삶을 차근차근 설계해 공들여 키우는 엄마를 뜻하는 아키텍 키즈맘은 단지 공부만이 아니라 아이의 창의성과 정서 발달에도 관심을 가져 개성을 살려서 삶을 살아갈 수 있도록 도와주는 역할을 한단다. 말은 좋지만 학업 성적만으로 학생들을 뽑지 않는다고 말하면서 여전히 학업 성적을 최우선으로 평가하는 대학의 모습과 진배없다. 아이가 공부만 경쟁하기에도 엄마 노릇은 벅찬데 아이가 창의적인지, 개성적인지, 얼마나 자신의 꿈을 위해 노력해야 하는지에 엄마가 관심을, 그것도 이렇게 적극적으로 가져야 한다? 입시 부정이니 뭐니 고상한 이야기를 차치하고, 도대체 그럴 시간이 어떻게 가능하다는 말인가.

결혼과 육아의 사회학

모두가 돼지엄마가 되어야 하는 세상

'돼지엄마'라는 말이 있었다. 국립국어원에서 발표한 2014년도 신조어 중 하나인 돼지엄마는 사교육 정보에 능통한 한 명이 다른 엄마들을 끌고 다니는 경우를 말한다. 평범한 엄마들은 도무지 알 수 없는 정보를 돼지엄마는 속속들이 알고 있다. 돼지엄마는 복잡한 입시 전략에 맞추어 체계적으로 학습을 이끌 과외 교사를 찾아내고 적절한 소그룹을 유지해 나간다. 최적의 효과를 위해서 이 집단은 너무 커서도 안 되고 또한 아무나 들어와서도 안 된다. 엘리트 소수를 계속 소수로 유지하기 위해서 철저히 다수를 배제한다. 그러니 이 소수 정예에 포함되어 새끼돼지가 되고 싶은 엄마들의 노력은 눈물겹다.

돼지엄마는 보통 사람들은 이해하기 힘든 그들만의 리그를 적나라하게 보여주는 소재였다. 일부 엄마들의 극성스러운 사례랍시고 모두가 비판하기 바빴다. 마치 대치동만 그러하고 다른 지역에서는 굉장히 인성적인 교육이 오가는 것처럼 말이다. 한데 그럴 리 있겠는가. 감히 대치동 수준이 아닐 뿐이지 곳곳에 돼지엄마는 있다. 대한민국 어디에서도 초등학생 독서토론 모임일지언정 어중이떠중이에게까지 결코 진입 장벽을 낮추지 않는다. 현재 위치보다 한 단계 더 빠르게 올라가기 위해서는 최적의 교육 정보를 선별하고 이를 특정한 팀으로 꾸려 운영해야 효율적

4 이상적 육아라는 이상한 육아

이기 때문이다. 사교육에 관심 있는 엄마들, 그러니까 사실상 대한민국 부모라면 누구나 한 번쯤 이런 제안을 받는 이유다. "나 좋은 정보 있는데, 그 집 애도 해볼래? 아이가 똑똑하다고 해서 물어보는 거니까 좋은 기회라고 생각하고. 그리고 절대 다른 집에는 말하지 말고!"

그러니 돼지엄마라는 신조어는 초반에만 반짝하고 사람들의 관심에서 사라진다. 여기저기 곳곳에 존재하니 특별한 게 아니기 때문이다. 특히나 학생부 종합전형이라는 취시는 좋지만 취지대로 흘러가지 않는 새로운 입시전형이 등장한 이후 이제 모든 엄마가 돼지엄마가 되었다. 학생들이 학업 성적 이외의 영역에도 자신의 가치를 증명해야 하는 상황에서 엄마들은 자녀의 관심 분야를 극대화하기 위해 스스로 돼지엄마가 되는 걸 마다하지 않는다. 고등학교에 진학하기 전부터 학생들이 하나의 주제로 일관되게 포트폴리오를 작성하고 보완해갈 수 있도록[20] 도와줘야 하기 때문이다. 어색한 저자와의 만남에서 내가 만난 그 엄마들 역시 자녀들의 '독서 활동' 영역을 아름답게 포장하려는 사람들이었다.

이러고 보니 기존의 돼지엄마 시스템이 차라리 괜찮은 거 아닌가 하는 생각이 든다. 특히나 정보를 확인하고 따져볼 시간이 절대적으로 부족한 '워킹맘'에게는 더욱 그렇다. 사교육 논쟁은 잠시 차치하고 어떻게든 자녀를 경쟁에서 낙오되지 않게 하고픈

결혼과 육아의 사회학

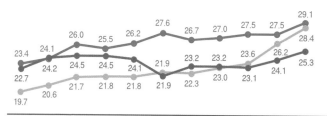

자료: 교육부, 2017년 초 · 중 · 고 사교육비 조사

커지는 사교육 시장, 빨라지는 입시 준비 교육부의 '2017년 초 · 중 · 고 사교육비 조사' 결과 학생 1인당 월평균 사교육비는 27만 1000원으로 사상 최대를 기록했다. 5년 연속 증가하는 추세이며, 초 · 중 · 고 간 큰 차이가 없다. 한 유명 입시업체가 개최한 특목 자사고 선택 및 대학 입시 설명회의 신청자 6188명 중 33.6%에 해당하는 2078명이 미취학 · 초등 자녀를 둔 학부모였다. 그만큼 입시를 준비가 빨라졌다는 의미다.

마음에서 볼 때, 가장 검증된 '한 명만' 믿고 이 불안한 레이스에 뛰어드는 것도 나쁘지 않은 전략이다. 애들 키우는 데 드는 비용이 걱정되어 일을 그만둘 수 없다는 엄마들의 입장에서는 지출이 계획대로 이루어지는 것이니 보람찬 일 아니겠는가. 굳이 긍정하자면 말이다. 그런데 지금의 입시 시스템에서는 돼지엄마에게만 자녀를 맡긴다고 될 일이 아니다. 성적은 물론이고 개인의 다재다능한 역량을 어필해야 선발되는 상황에서는 그저 학원만 보낸다고 될 일이 아니기에 모두가 돼지엄마처럼 적극적인 교육 투사가 되어 자녀를 위한 절대적 시간 투입을 늘려야 한다.
이런 기운이 넘쳐나는 사회에서 일하는 엄마들은 난처할 수밖
에 없다.

워킹맘들이 워킹맘들을 괴롭히네

1976년도 신문에 이런 기사가 실렸다. "'직장의 꽃'으로 흔히
불려온 직장 여성, 용모와 미소와 상냥함만을 요구받던 장식품
역할에서 벗어나 뚜렷한 직업관과 인생관을 가진 능동적 자세로
여성 샐러리맨의 자리를 다져가고 있다."[21]

기가 찬 소리다. 이 말은 2018년도를 살아가는 A에게는 적어
도 적용될 수 없는 말이다. 대학을 졸업하고 드라마 〈미생〉과 (규
모는 물론이고 성차별이 만연한 조직 문화까지) 비슷하다는 기업에
서 일하는 A는 직장의 꽃이라는 '뚜렷한 직업관과 인생관을 가
진' 덕택에 지금껏 살아남을 수 있었다. 그러니까 여성으로서 당
연히 주장해야 할 것을 '별 필요 없다'는 식으로 당당히 거부하
는 A를 회사는 능동적 자세를 가진 여성이라면서 좋아했다.

하지만 A는 (독박) 육아를 하게 되면서 더 이상 회사가 원하
는 여성일 수 없었다. 남보다 일찍 출근해서 상냥한 미소로 회사
의 좋은 분위기를 선사할 여유도 없었고 밝게 분위기를 이끌었
던 회식도 참여하기 어려웠다. 결국 '결혼 안 한' 동료에게 승진

에서 밀렸고 자연스레 역량을 발휘할 기회가 오지 않았다. 그런데 남편은 "우리 부서의 B 과장은 애 키우면서 잘만 다니던데, 넌 왜 그렇게 힘들다고 난리냐?"라며 힘 빠지는 소리를 한다. 애도 키우면서 '잘도' 다닐 수 있는 사람이니 잘 다니는 것 아니겠는가. 그러지 못할 사람들은 대부분 경력 단절이 되는 현실에서 남편 눈에는 어쨌든 회사 일도 집안일도 다 해내는 사람만 보일 뿐이다. 가정에서 남편은 "육아와 가사에 비교적 협조적이긴 했지만, 근본적으로 육아에 임하는 자세가 제한적이고 간접적이었다."[22] 남편은 아이에 관해서는 아내가 훨씬 전문가라는 말을 자주 했지만, 이 겸손은 자녀 교육의 책임이 A에게 전적으로 있다는 뜻이었다. 사람은 좋을지언정 부부가 함께 일을 계속할 수 있는 방법을 함께 고민한다는 것을 신경 쓰지 않는 남자이기에 비수를 꽂는 말을 태연스럽게 하곤 했다.

일은 일대로 육아는 육아대로 지친 A는 도대체 다른 워킹맘들은 어떻게 이 난관을 헤쳐나가는지 궁금했다. '재충전'을 한다면서 일요일은 '사회인 야구' 활동에 전념하는 남편 때문에 아이와 찾은 도서관에는 일과 육아를 다 잘한다는 사람들의 이야기들을 담은 책들이 많았다. 그림책 읽어달라는 아이를 잠시 외면하고 몇 쪽을 넘겨보니 독박 육아든 생존 육아든 '육아의 신'들이 말하는 내용은 비슷했다.

"나는 고군분투했고 이겨냈고 그러니 워킹하면서 육아는 가

4 이상적 육아라는 이상한 육아

능하다!" 책은 왜 일터에서 여성들이 결혼과 출산을 이유로 경력 단절이 많을 수밖에 없는지를 오히려 증명했다. 고군孤軍, 즉 고립되어 홀로 이 상황을 이겨내야 하는 사람 중 싸움을 이겨내는 분투奮鬪가 가능한 경우는 드물 수밖에 없다. 그러니 여성 10명 중 절반이 경력 단절이 되는 거다(2016년 기준 48.6%).

책 안에는 '아이를 핑계로' 일을 그만두는 사람들을 "게으르거나 재테크에 관심 없는 듯한 이미지"로23) 묘사하면서 은근히 비꼬는 분위기가 팽배했다. A는 기분이 나빴지만 요즘 자신이 당장이라도 일을 때려치우고 싶은 상황인지라 예민하게 느낀다고 생각했다. 하지만 정말로 실소를 금할 수 없는 내용을 담은 워킹맘 육아서들이 많다. '야구를 핑계로' 육아는 자기 원할 때만 하는 남편을 탓하는 내용이 없어서가 아니다. 두 아이의 육아와 일을 훌륭하게 병행했다고 자부하는 대기업 워킹맘은 '두 아이는 친정어머니에게 맡겼고 충분한 돈을 드렸다'는 것을 해법처럼 말하면서 뜻이 있는 곳에 길이 있음을 강조했다. 객관적으로 '고군'도 아닌 상황을 겪은 자가 말하는 솔루션은 참으로 기만적이다.

여기까지는 A도 참을 만했다. 회사가 육아를 책임지는 여성의 입장을 모르는 것이 어제오늘 일이었던가. 그러니 오래된 사회 구조의 모순을 깨는 것이 아니라 '어떻게든 적응하라는' 육아서가 현실을 인정하고 살아야만 하는 개인에게 필요할지 모른다.

결혼과 육아의 사회학

또 그게 원래의 기울어진 운동장을 체념하는 것이라 할지라도 '일을 그만두지 않고' 여성이 살아간다는 것은 그 자체로 진보일 테니. 하지만 워킹맘을 위한 육아서 옆줄에 있는 '모든 엄마가 읽어야 하는 책'들을 살펴보면 눈이 휘둥그레진다. 너무나도 서정적인 표지와는 다르게 해야 할 목록은 엄격하다. 웬만한 상황이 아니고서는 일과 육아 둘을(아니 실제로는 집안일까지 셋을) '잘' 병행할 수 없음을 뼈저리게 느낄 수밖에 없다.

A는 다섯 살 아이의 손을 잡고《똑똑한 엄마가 골라주는 그림책》24)이라는 제목의 책을 꺼내 들었다. 바쁜 일상 속에서 '책을 골라서 읽혀야 한다는' 생각조차 못 했던 A는 주변 지인의 권유로 그림책 전집을 사는 것으로 충분히 엄마 역할을 한 줄 알았다. 하지만 "엄마의 꼼꼼한 그림책 선택이 아이의 정교한 어휘력을 결정한다"라는 부제의 책을 보며 A는 두 가지 생각이 들었다. '나 지금까지 뭐 했지?'라는 자괴감과 '나는 앞으로 이렇게 할 수 있을까!'라는 두려움.

그런데 읽어줘야 할 책을 까다롭게 고르는 것을 그저 '극성 엄마들이나 그렇지'라고 치부하기 어렵다. '유럽 엄마들이 실천하는 생각하는 책 읽기의 모든 것'이 책에 담겨있단다. A는 어린이집 종일반을 보내면서 아이의 '사고력'을 키워줄 교육까지 요구할 순 없었다. 사실 그런 단어를 고민조차 한 적 없다. 아침 7시 30분에 제일 먼저 등원해서 저녁 7시에 마지막으로 하원하는 아이가 그저 밥 잘 먹고 안 아픈 것만으로도 충분했다.

사고력? 사실 어린이집에 저렇게 오래 있으면 TV를 볼 수밖에 없다. 사고력을 '안 키우는' 시간이지만 개의치 않았다. 그렇다고 일을 그만둘 수는 없다고 생각했기 때문이다. 집에 와서도 마찬가지다. 피곤에 찌든 몸으로 상상력이 넘쳐나는 엄마와 아이의 소중한 시간을 만들어내긴 어렵다. 하지만 누구 엄마는 아이 감성을 자극한다는 지구 반대편의 '스칸디나비아 육아법'을 실천하기 위해 책을 선별하고 있었다. 이 상황에서 A 같은 워킹맘이 할 수 있는 일은 그것조차 사교육에 의지하는 거다. 아이에게 책 고르고 읽어주려고 경력을 쉽게 포기할 수 없으니까. (하지만 이 이유 때문에 포기하는 사람들이 정말 많다.) 더구나 재취업 시 지금의 임금이 보존될 가능성이 희박하기에 일을 그만둔다는 것은 굉장히 신중해야 한다. 한국에서 경력 단절 후 재취업을 하면 그렇지 않은 경우에 비해 월평균 임금 차가 (3년 전보다 10만 원 더 벌어져서) 76만 3000원이다(2016년 기준). 한번 단절되면 평균 8.4년의 공백이 발생하니 이후 아무리 발버둥 쳐도 경력을 계속 이어온 여성의 73.9% 수준의 임금을 받을 뿐이다.25)

하지만 '사교육으로는 절대 불가능한 엄마표 책 읽기'라니 심란하다. 세상은 사교육 그 이상의 경쟁력을 가지길 엄마들에게 강조했다. 이게 과연 그럴 가치가 있는가 하는 고민으로 책장을 넘기면, 책은 부모가 아이의 발달 시기별 특성을 고려해 적절한 자극을 주지 않으면 큰일 날 수도 있음을 머리말에서 강조한다. 아마, 엄마의 손길이 필요함을 설파하는 모든 책에서 등장하는 논리일 것이다. 이런 발달 이론을 전면에 접하고도 아이의 감성, 창의성, 사회성 나아가 언어능력까지 키워준다는 그림책에 두려움을 느낀다면 그건 '엄마다움'이 아니리라. 머리가 어질어질해 A는 다른 책을 집어 들었다. 《난 육아를 회사에서 배웠다》는 초현실적인 제목의 책이다. "글로벌 기업 16년 경력 워킹맘들이 전하는 육아 경영 노하우"라는 부제의 강렬함에 한 장을 넘기니 프롤로그부터가 압도적이다. "육아는 경영이다" 1부의 제목을 보고 주저앉는다. "엄마 CEO의 스마트한 가정 조직 관리 비법!"[26]

전업주부들이 말하네, 일하면서 애 잘 키우길 바랐냐고

워킹맘 A의 고충은 '일을 그만두지 않고' 해결될 수 있을까? 고립무원이 된 A는 이웃에게 슬쩍 자신의 고민거리를 털어놓았다. 하지만 전업맘(전업주부)들은 A의 상황을 전혀 이해하지 않았다. 이들은 교육정책이 완전히 바뀌어서 '엄마의 관심'이 더 중요해졌다는 육아서 이야기를 반복했다. 놀랍게도 고작 다섯 살 아이 육아에 관한 고민을 털어놓는데 기승전'입시'의 답이 돌아온다. 학원만 보내서는 안 되고 엄마가 어릴 때부터 어딘가 함께 돌아다녀야만 하는 시스템을 구축하지 않으면 나중에 학생부에 '적을 내용'이 없단다. 엄마들 이야기의 시작은 명문대 진학률에 목숨 거는 고등학교에서는 모두에게 공평한 기회를 주기보다 될성부른 나무가 될 '떡잎'만을 찾기 때문이라면서 한국 교육의 문제를 신랄하게 비판하더니 그러니 엄마가 할 일이 많아졌다는 결론을 낸다. 그래서 미리 탁월함을 보유한 채 입학해야 하고, 그러기 위한 장기 레이스에 5~6세 아이의 학부모들도 출발선에 들어선 것이다. '비교과' 영역이 대학 입시에 반영되는 현실에서 어릴 때의 독서 습관은 오히려 보상이 뚜렷해졌다. 그러니 대충 아무거나 읽는 시대는 끝났다는 것.

묘한 것은, 아니 어찌 보면 당연한 거겠지만 '일하면서 이 문제를 해결할 방법을 찾는' A에 대해 전업맘들이 동류의식을 가지지 않는다는 거였다. A는 전업맘들이 자신을 향해 '모성애도 없는 독한 사람이네. 엄마 손길 없는 아이가 나중에 어떻게 되는지 알고나 저러나. 어떻게 애를 떼어놓고 살 수 있어? 정말 엄마 맞아?'[27]라고 말하는 것 같았고 자기들끼리 '엄마 손이 덜 간 애들은 어떻게든 티가 난다'고 속삭이는 것[28] 같았다. 아이가 자라면서 자연스레 겪는 위기 상황을 엄마가 일해서 저런 것이라고 할 때 워킹맘의 심리 상태는 취약해진다. 실제 어떤 워킹맘은 "아이들의 얼굴이 어둡다, 아무래도 엄마가 일해서 애들이 기가 안 살아서 그런 거다"라는 말을 지인에게 듣고 일을 그만둘지를

결혼과 육아의 사회학

심각하게 고려했을 정도다.[29)]

안타까운 여성들 '간'의 갈등 상황은 쉽게 봉합되기 어렵다. 왜냐하면 앞서 설명한 워킹맘들의 '고군분투기'가 활개를 칠 때마다 일조차 하지 못하는 전업맘들의 일하면서 육아하는 이들에 대한 경계 심리가 커지기 때문이다. 전업맘들이 심성이 나빠서 저러겠는가. 일하는 여성을 바라보는 고정관념은 일을 하지 않는 여성을 바라보는 고정관념이 존재했기에 더 강화된다. 워킹맘들의 글들을 보면 전업맘들은 쥐구멍에라도 숨고 싶은 심정이다. 일하는 것에 자부심을 느낀다, 일을 하며 당당해졌다, 그리고 결정적으로 "집에서 노는 것보다야"라는 말로 시작하는 일에 대한 긍정적인 의미 부여는, 과거와 달리 '하고 싶은 걸 다 할 수 있다'는 소리를 들으며 유년기를 보냈지만 지금은 하고 싶은 걸 대부분 못하고 있는 전업맘들을 더 우울하게 만들고, 울적해진 이들은 자녀의 교육적 성공만이 유일한 보상이 되기에 '더' 희생한다.

전통적인 성 역할을 거부할 수 없었던 자신들에게 그걸 극복했다고 말하기 바쁜 워킹맘이 과연 동료로 느껴질까? 학부모가 동등하게 희생해야 하는 상황에서도 "제가 일을 해서요", "저희는 맞벌이라서"라는 말을 뱉는 이에게 살갑게 다가갈 (집에서 논다는 소리를 듣는) 엄마들이 있겠는가. 많은 것을 희생했기에 자신이 더 알 수밖에 없었던 육아의 여러 팁을 그저 가져가려는 저 사람이 미울 뿐이다. 아이 교육에 대한 정보와 이를 얻기 위한 노력이 하나의 권력이 되면서 '나와 다른 여성'을 견제하는 것은30) 이처럼 같은 약자들끼리의 진흙탕 싸움이 존재하기 때문이다. "일하면서 애 키우기 힘들어 죽겠다"라고 말할수록 주변의 전업맘들은 '일도 안 하고 애 키우는 나는 힘들다고 말도 못 하겠네'라는 생각을 가지면서 상대가 압박을 느낄만한 모성 담론을 생산하지 않겠는가.

피해자이자 가해자인 A는 상황을 정리하기 시작했다. 이제는 엄마가 자녀와 함께 입시를 준비한다. 그리고 이 입시 유형에 맞추려면 자녀의 나이별 과정이 필요하고 사교육에만 의지할 수도 없다. 사교육이 해결해줄 수 없는 것까지 평가할 정도로 한국 사회는 모든 것을 경쟁한다. 더욱 놀라운 것은 이미 수많은 엄마는 이 세계에 적응 중이었고, 스스로 느끼는 어색함은 '아동의 발달 시기에 적합한 교육'이라고 정당화하고 있다는 거였다.

이제 A에겐 각오가 필요하다. 일을 그만두든지, 아니면 고군분투하면서 일과 육아를 다 해내야 한다. 하지만 '마음만 먹으면 할 수 있다'는 워킹맘들의 공허한 이야기는 오히려 A에게 일과 육아 두 마리 토끼를 동시에 잡는 게 현실적으로 불가능함을 알려주었다. 시중의 육아서에는 어떻게든 일과 가정을 병행한 슈퍼우먼들의 이야기가 즐비하나 "만일 그 둘을 병행하느라 '엄마 역할'을 게을리할 경우, 그것은 복구될 수 있는 부족이나 실수가 아닌 치명적인 실패라는 비난이 가해지는 것"31)에서 A는 자유롭지 못했다. 이 상황에서 일을 계속하면 육아는 뒤처질 것이다. 그렇다면 현재 A에게 일은 어떤 가치가 있는가? 자식 때문에 일을 포기하지 않을 만한 어떤 소중한 의미가 있냐 말이다.

출산 이후 직장의 꽃이 되길 포기하면서 이미 회사의 분위기는 달라졌다. 회사는 과거처럼 내게 큰 기대를 하지 않는다. 당장 그만두더라도 아무도 공백을 아쉬워하지 않을 분위기다. 여기서 더 버티는 게 무슨 의미가 있을까? 엄마라는 이유로, 여자라는 이유로, 일과 가정의 양립을 위해 왜 이렇게 나만 고군분투해야 하나. 남편은 당연하게만 여기는데! 내 아이라도 잘 기르고 싶다. 지금껏 회사 생활을 한 자신을 보면 육아는 정말 잘할 것 같다. 그래, 관두자. 아이야, 지금까지 미안했다. 이제부터 그림책 잘 골라서 읽어줄게. 그래서 사회성, 창의성, 인성을 갖추는 것은 물론이고 어휘력까지 풍부해져서 남들 다 이겨버리자.

4 이상적 육아라는 이상한 육아

결혼과 육아의 사회학 ...

사교육 시키는 부모에게 책임을 묻지 마라
모두가 '평가'에 길들여진다
'왕따'를 참고 버티도록 해주는 놀라운 마약

5

유용한
사교육의
유해성

●

"능력주의를 종교처럼 떠받들면 감당하기 힘든 대가를 치러야 한다."

– 크리스토퍼 헤이즈의 책, 《똑똑함의 숭배: 엘리트주의는 어떻게 사회를 실패로 이끄는가》 중 – 1)

사교육 시키는 부모에게
책임을 묻지 마라

사교육이 효과가 없다고?

나의 첫 책 《우리는 차별에 찬성합니다: 괴물이 된 이십 대의 자화상》은 어릴 때부터 능력주의를 신줏단지처럼 받드는 경쟁에 길들여진 개인이 세상을 너무나 협소하게 바라보면서 결국엔 스스로 학력주의의 덫에 걸려 허우적거리게 됨을 안타까워하는 내용을 담고 있다. 교육의 역설을 짚는 책이니 이 주제로 교사 연수나 교육청이 학부모를 대상으로 진행하는 행사에 곧잘 초대되어 강연하는 경우가 많다.

아이들의 미래를 걱정하는 사람들끼리 모이면 불꽃 튀는 토론을 할 것 같지만 그렇지 않다. 경쟁 교육의 문제점을 이해하는 것과 이를 거부하는 것은 전혀 다른 문제이기 때문이다. 특히나 교육이 가난을 구제한다고 믿어 의심치 않는 교사나 한국이 아무리 싫다고 해서 뉴질랜드나 캐나다로 조기 유학 보낼 형편이 아닌 학부모라면 더 그러하다. 한숨 나오는 현실, 하지만 쉽사리 외면하기 어려운 것 또한 현실 아닌가. 나는 이런 뜨뜻미지근한 아쉬움을 문제라고 생각하지 않는다. 사람들이 딜레마를 인지하고 판을 단번에 갈아엎는 것이 아닌 좋은 쪽으로 천천히 이동시키는 흐름을 만들어나가는 것, 이 역시 진보라는 역사의 물줄기일 것이다.

하지만 강연장에 가면 꼭 "사교육은 사람 바보 만들어요!"라면서 다른 사람을 무안하게 만드는 사람을 만난다. 오버페이스가 된 자녀들의 삶을 적정 수준으로 되돌릴 방안을 모색하자고 강연한 나는 당황스럽다. 이렇게 말하는 사람의 특징은 곧 드러난다. "우리 아이들은 학원 한 번 다닌 적 없는데 둘 다 외고에 갔어요."

말인즉슨 사교육은 아무런 효과가 없다는 것인데, 그럴 리 있겠는가. 이런 분들 덕택에 나는 사회학이 무엇인지를 쉽게 설명할 기회를 얻는다. 전국의 자사고, 과학고, 외고 학생을 운동장에 모아 사교육 경험 여부에 따라 나누면 어떤 모습일지 굳이 말할 필요는 없을 것이다. 한국의 고등학생들 평균 사교육비를 기준으로 더 많았는지 아닌지를 구분해보아도 한쪽으로 쏠릴 것이 분명하다. 학생들 대부분이 사교육의 경험이 있을 것이고 명

결혼과 육아의 사회학

문대의 지름길이라는 특별한 고등학교라면 더 많이 했을 것이다. 군이 이런 수고를 하지 않더라도 구글 검색 몇 초면 알 수 있는 사실이다. 중학교 3학년을 대상으로 한 조사에서 자사고 희망자들의 90%[2], 외고 희망자 85%, 과학고 희망자 83%가 사교육을 경험하고 있었다. 일반고는 67%였다. 이 중 사교육비로 월 100만 원 이상 지출하는 경우는 과학고 35%, 자사고 29%, 외고 15%였다. 물론 일반고는 현저히 낮은 4.9%였다. 고등학교 1학년을 대상으로 한 조사에서는 사교육비로 월평균 50만 원 이상 지출하는 경우가 자사고 80%, 과학고 76%, 외고 58%였다. 일반고는 31% 였다.[3]

사교육을 받지 않아도 외고든 명문대든 합격할 수 있겠으나 그러지 못할 확률이 훨씬 높다. 사교육은 그게 유해하든 아니든 엄청나게 유효하다. 내가 《우리는 차별에 찬성합니다》에서 비판한 괴물이 된 20대들의 대부분이 사교육 세례를 듬뿍 받아 명문대라고 불리는 곳에 합격한 이들이었다.

사교육 무용론은 옳지만 정당하지는 않다

강연장에서 당당한 저들을 볼 때마다 가까운 내 지인이 생각난다. 내 아이가 구몬학습을 처음 시작했을 때 지인은 이렇게 말했다. "그걸 왜 시켜? 그 정도야 부모가 옆에서 해주면 되지." 내

5 유용한 사교육의 유해성

표정이 일그러지기도 전에 지인은 자신의 육아 철학을 늘어놓기 바빴다. 여지없이 자기 아이는 그거 없이, 부모가 옆에서 잘 봐줘서 한글도 쉽게 뗐고 지금은 영어도 수학도 또래보다 잘한다고 장광설이 한참 이어졌다. 당당함은 지나침을 부른다. "아니 맨날 돈 없다고 그러더니 애들 학원 보낼 돈은 있나 봐. 쓸데없는 데 돈 쓰면 되나."

무례한 내 지인은 결혼할 때 증여세 한 푼 내지도 않고 수억 원을 부모에게 받아 집을 장만한 부모이자 무엇보다 부부가 모두 서울대를 나온 사람이었다. 미국에 꽤 거주했기에 영어는 거의 원어민 수준이다. 물론 경제적으로 안정되어 있지 않거나 명문대를 나오지 못한 부모들이 초등학생 학습지보다 수준이 낮다는 말이 아니다. 하지만 누구에게는 그 평범한 관심조차 어려운 개인적 상황들이 겹겹이 쌓여있다. 그리고 이 상황들이 응축되면 보통의 개인들은 만성적으로 불안의 상태를 느끼기에 자녀만큼은 미래에 안정적으로 살기를 바라는 집착을 하게 된다. 그 결심의 아주 사소한 것이 아마 학습지 아니겠는가. 그런 개인이기도 한 나에게 비수를 꽂는 행동을 서슴없이 한다는 것이 어떻게 가능했을까?

방송이나 신문에서 사교육을 다루는 수준을 보면 이런 사람들의 버릇이 이해된다. 한국 사회는 사교육의 문제만큼 사교육의 문제를 천편일률적으로 비판하는 수준도 문제다. 대개 이런 식이다. 굴지의 기업가 출신의 유명인이 등장해 "사교육이 국가 경제에 기여하는 것이 전혀 없는데, 부모들이 왜 사교육에 매달리는지 안타깝다. 사교육을 시킬 시간에 책을 읽히면, 아이가 훨씬 호기심 많고 창의적인 인재로 성장할 것이다"4)라고 말하거나, 지식인 소리를 듣는 소설가가 "손자에게 '사교육 폭탄'을 던지지 말라고 며느리에게 강력히 경고했다. (…) 그거 아무 필요 없는 거다. (…) 손자들이 어렸을 때부터 집에 오면 반드시 서재에서 만났다. 공부는 재미있는 것이라는 사실을 알 수 있게 서재에서 동화 읽어주고 노래 불러주며 길렀다"5)라면서 마치 사교육 시키는 부모를 철부지처럼 묘사한다.

이 냉소가 비록 개인의 객관적 경험에 근거해 옳다고 이해될지 몰라도 다른 개인을 판단하는 잣대가 되는 건 정당하지 않다. 먼저 사교육의 폐해는 분명 존재하기에 옳다. 부모들은 노후 준비도 못 하고 자녀에게 돈을 쓴다. 희생이 전제된 투자는 자녀에게 성과를 맹목적으로 강조하니 아이들은 우울증에 걸린다. 사교육에 길들여진 자녀들은 대학에 가서도 스스로 공부하는 법을 모르는 '잘 만들어진 로봇'처럼 살아간다.6) 즉각적인 효능에 충실하고자 상상력, 창의력을 발휘할 기회를 제공하지 않는다는 사교육 비판은 진부하지만 틀린 말이 아니다. 하지만 상상력과 창의력을 평가하는 시스템이 없는 한국의 교육제도 안에서 이런 논의는 기만적이다. 웬만큼 공부 실력이 받쳐주는 사람이 창의력까지 있어서 정점의 위치까지 올라갔다고 하자. 그저 '평균적인 중산층이라도' 되고 싶은 사람에게 사교육 무용 어쩌고를 말하는 게 맞을까? 부모들의 꿈은 자녀들이 스티브 잡스가 되는 것이 아니라, 대기업에 입사해서 최소한 본인 부양만큼은 해결하고 살았으면 하는 거다. 상상력과 창의력이 회사 생활에 필요할진 모르겠으나, 일단 회사라는 관문을 넘어서기 위해서 자녀가 로봇이 되는 것도 마다할 수 없다.

사교육이 효과가 없다니 정말 웃을 일이다. 지금껏 학원 강사들은 거짓말만 하고 살았을까? '무용하다는' 사교육 의존도를 낮추기 위해 어떤 국가정책이 시행되든 고객 유치를 위해 치열한 경쟁을 펼치는 학원들은 언제나 유용성을 입증하며 건재를 과시했다. 사교육은 늘 공교육에 학생들을 안착시키는 목표로 (옳고 그름의 방향성을 떠나) 진화를 거듭했다. 영어가 절대평가로 바뀌니 학원에서는 영어를 초등학교 때 마스터하고, 중학생이 되면 수학과 내신에만 집중할 교육 전략을 학부모에게 소개한다. 초등학생이 수학을 포기하게 만든다는 '스토리텔링' 교육법이 등장하니 학원에서는 학교에서는 하지도 않는 '예비 단계'를 만들어 학생들의 적응을 돕는다. 수학에 접근하는 방식이 갑자기 바뀌면 학생도 학부모도 당황하게 마련이다. 하지만 학교는 혼란에는 관심 없고 정해진 일정에 따라 진도만 나간다. 고개를 갸우뚱거리는 이들에게 원 포인트 레슨을 해주는 큰 스승은

결혼과 육아의 사회학

학원이라 해도 과언이 아니다.

　신문 지상에서 다루는 사교육 비판은 '사교육이 성적 향상에 도움이 되지 않는다'는 식의 논의로 전개된다. 일부에서는 한국개발연구원KDI의 '왜 사교육보다 자기주도학습이 중요한가'라는 연구 결과를 자료 삼아 사교육의 효과 없음이 증명되었다고 강조한다.[7] 이 연구는 사교육 시간이 어느 지점 이상으로 늘어나면 성적 향상의 폭이 확연히 줄어드는 현상을 증명하면서 학년이 올라갈수록 누적된 학력 격차가 사교육으로 만회되지 않기에 과도한 사교육은 효과가 낮음을 주장한다.[8] 이 결과에 대해 언론은 사교육'보다' 스스로 공부하는 것이 더 좋다고 우후죽순 보도한다. 스스로 공부한다는 게 말처럼 쉽지 않다는 가장 기초적인 사실은 외면한 채 말이다. 자신이 공부에 재능이 있다는 것을 알고 스스로 공부에 승부수를 띄울 만한 상황은 어떻게 만들어졌을까? 어릴 때부터 체험학습도 많이 다니고 부모가 양질의 토론문화를 아이에게 익숙하게 해주었기에 자기주도학습이 가능했다면 이 조건을 단지 사람의 의지 문제로만 볼 수는 없을 것이다. 엄마가 수천 권의 책을 읽어준 효과라고 친다면 이것이 누구나 할 수 있는 간단한 일인지를 따져봐야 하지 않겠는가.

　농축된 조건들이 모여서 등장한 결과를 표피만을 긁어서 사교육은 '해봤자' 소용없다는 결론을 내는 건 위험하다. 한 입시업체의 조사에 따르면 2017년도에 수학능력시험을 치른 1~3등급

학생의 77.8%가 고등학교 3학년 시기에 사교육을 받았다. 전체 평균 70.9%보다 높은 수치다. 1등급 성적을 받은 학생의 44%는 사교육만 3개, 22%는 4개 이상 이용했다.9) 즉, 사교육의 효능성이 없다는 말은 이처럼 상위권이 사교육의 도움으로 견고하게 현상 유지를 하기 때문에 일반적인 수준의 사교육으로는 성적 향상이 어렵다는 뜻이다. 모두가 다 사교육을 하기에 사교육으로는 쉽사리 상황이 역전되지 않는다는 말이다. 그러니 '효과도 없는데 왜 사교육을 하는가?'라는 질문은 틀렸다. 그래서 사교육을 하지 않았다면 대부분이 현상 유지조차 실패했을 것이다. 사교육 광풍의 사회는 그저 최악을 피하려는 이유 때문에 많은 이들이 문제가 무엇인지 알면서도 이 레일을 벗어날 수 없다는 데 있다.

'내 아이 사교육을 받으면 바보 된다'는 식의 어설픈 담론이 부유하는 곳에서는 엉터리 현상 진단이 이어지기 마련이다. 특히 몇 년 사이 집중 조명되는 '수포자(수학 포기자)'가 증가하고 그 시기가 초등학교로 빨라진 현상에 대한 분석도 비슷하다. 일부 전문가나 시민단체 관계자는 수학은 개념을 이해해야 하는 것인데, 학원처럼 문제만 푸는 방식에 익숙해지면 다음 단계로 절대로 넘어가지 못함을 강조한다.

한편, 요즘 아이들이 학원에 다녀서 머리가 나빠졌다고들 하는데 이것은 사실일까? 수학을 포기한 학생들을 만나보면 "학원

결혼과 육아의 사회학

에 다녀도 이해하지 못해서 저는 수학에는 소질이 없다고 생각했어요"라는 말을 공통적으로 하니까 충분히 그럴 만한 추론으로도 보인다. 하지만 속살을 살펴보면 사교육이 머리를 나쁘게 해서 이런 일이 벌어진 게 아님을 알 수 있다. 오히려 학원에 다니면서 지나치게 똑똑해진 이들 때문에 문제가 발생한다. 기본으로 1~2년치 선행학습을 한 학생들 때문에 기존의 교과과정으로는 내신 변별력이 제대로 생기지 않아, 공교육 기관인 학교가 지나치게 난이도 높은 문제를 출제하는 경우가 많다. "수학 문제 더 어렵게 출제하라"라는 요구는 학부모 운영회의 단골 안건이다. 더 '많은' 사교육을 받아서 더 똑똑해진 학생들을 우대해주겠다는 이 친절하고도 공정치 않은 발상 때문에 그만큼 사교육을 받지 못하는 이들은 뒤로 밀려난다. 평범한 수준의 사교육으로는 좀처럼 좁혀지지 않는 간격에 망연자실해 지레 겁을 먹고 수학을 포기하는 경우가 많다. 학원에 다니면서 개념을 이해할 능력이 망각되어서가 아니라, 학원 덕택에 겨우 개념을 이해해도 항상 날고뛰는 사람들이 존재하기 때문에 공부 자체에 흥미를 잃는다는 말이다.

사교육 없이 평범하기조차 힘든 세상은 누가 만들었나

일반적인 사교육 무용론은 무용하다. 여기에는 두 가지 기만

이 숨어있다. 첫째는 사교육의 기능을 부모가 대신하면 된다는 식이다. 대부분의 무용론이 '기승전-부모 교육' 구조인 경우가 많다. 학원 대신 부모가 대체재란 거다. 특히 '어머니 노동'을 당연시하는 꼴이다. 학력도 소득도 그리고 개인의 상처도 천차만별인 어머니가 자녀 교육을 직접 할 필요가 없다는 건, 굳이 찾자면 있을 사교육의 좋은 점이다. 자본이 가정의 모든 영역을 위탁하고 있다는 식의 비판이라면 일리가 있겠으나 이게 '부모 노릇' 운운으로 이어지는 선 바람직하지 않다. 이런 담론은 결국 여성의 경력 단절 현상과 밀접히 연결될 뿐이다. 자연스레 다음 문제를 떠올릴 수 있다.

부모의 교육 개입에 집중하다 보면 중산층 그리고 고학력자라는 변수에 따른 결과의 천지 차를 수긍하라는 두 번째 기만을 야기한다. '그럴 만한 집이니까' 가능한 대안을 가지고 사교육의 무용론을 말하는 건 비겁하다. '자녀들 학원 안 보내고 명문대 보낸 ○○○ 교수'와 같은 기사를 찾는 건 어렵지 않다. 읽어보면 '안 보내도 될 만한' 다른 환경을 가졌다는 말만 쏙 빼놓고 하는 그런 기사들 말이다. 자신의 유학 생활 때 외국에서 태어난 아이라는 결정적인 전제를 빼고 자녀에게 별도로 외국어 공부를 시키지는 않았다고 말하는 사람의 이야기가 과연 사회적으로 경청할 만한 내용일까?

사교육 없이 사교육 이상의 결과를 내는 건 사교육을 받지 않아서가 아니다. 공교육이 무너지지 않은 학군에 거주할 수 있는 여건, 교사의 관심을 끌어낼 수 있는 학부모로서의 관심 등을 비롯해 공부에 지친 자녀가 '하고 싶은 거 마음대로 하면서' 쉴 수 있는 환경을 제공할 수 있느냐 없느냐는 개인의 학업 성적에 지대한 영향을 미친다. 이런 조건들이 모이고 누적되면 '내버려 둬도 알아서 공부하는' 희소한 사례가 된다. 이때의 성과는 사교육을 하지 않아서 얻어낸 결과가 아니다. 공부를 잘할 수밖에 없는 다른(그리고 강한) 변수들을 갖추고 있었기에 가능한 것이다. 대부분이 이런 변수들을 가지지 못하니 사교육에 의지하는 것은 당연한바, 그런데 사교육이 무용하다니 이 정도면 농간이다.

사교육은 효과가 좋아서 문제다. 그것이 유용하니까 이를 실천하는 과정에서 발생하는 '유해한 지점'들을 과감히 파괴하지 못하고 알고도 지켜만 봐야 한다. 그 효과를 알기에 엄마와 아빠의 해야 할 역할에 따라 가족이 찢어지기도 하고 뭉치기도 한다. 효과가 있기에 친하지 않았던 친척일지라도 학원 정보나 공부법의 정보를 얻기 위해 애써 관계를 트기도 하고 별문제 없었던 지인과는 잘못된 정보를 유통했다는 이유로 괜히 서먹해지기도 한다.[10]

사교육의 객관적인 문제는 모두가 평가에 익숙해져서 서열화를 만든다는 데 있다. 그런데 이 서열화가 바로 사교육의 효과 때문에 가능하다. 즉, 서열화는 사교육의 애초의 목표였을 뿐이다. 그렇기에 경쟁주의 교육에 길들여진 사람은 서열화를 문제삼는 것 자체에 동의하지 않는다. 자신이 누군가를 제쳤고 이를 가능케 한 교육적 효과와 결과에 따른 차등적 대우를 긍정했기에, 자신을 제친 남이 더 큰 보상을 받는 것이 부당하다고 생각하지 않는다. 지그문트 바우만은《왜 우리는 불평등을 감수하는가》에서 이를 '사회적 불평등의 자연스러움'이라고 말한다. "능력이란 원래 불평등하게 구분되는 것이라고 생각한다. 이런 생각에 따르면, 어떤 사람들은 다른 사람들이 아무리 힘들게 노력해도 결코 달성할 수 없는 것을 쉽게 이룰 수 있다."11)

서열화는 필연적으로 아래에 대한 멸시와 혐오를 정당화한다. 그래서 사교육은 그 놀라운 효과 때문에 전인적 인간을 길러내지 못한다. 누구는 이야말로 사교육이 무용한 객관적 증거라고 주장할 것이다. 하지만 이런 유해성을 공교육이 전혀 평가하지 않는다. 고등학교에서도 대학에서도 마찬가지다.《시험국민의 탄생》의 저자 이경숙은 한국의 교육 현실을 이렇게 묘사한다. "왜 그런 문제를 내는지 따위를 묻는 행위는 개인으로서는 합격의 길로 가는 데 낭비요, 장애의 시간이다."12) 그러니 "날마다 해마다 들이미는 성과 기준표 앞에서 대범하게 살아보겠다는 시도는 무지한 용기"13) 아니겠는가. 이런 교육 시스템 안에서 개인은 그냥 시키는 것만 하면 된다. 사교육의 나쁜 결과, 그러니까 전인적이지 못한 당사자가 다음 단계로 진입하는 과정에서

결혼과 육아의 사회학

피해볼 일은 없다. 오히려 서열화를 비판하며 모두의 평등을 주장하는 사람은 공교육에서도, 나아가 대학과 기업에서도 싫!어! 한!다!

사교육의 효과는 부귀영화를 보장하는 것이 아니다. 평범하게 살아가기 위한 최소한의 투자다. 그런데 오늘날 헬조선에서 '평균치'로 살아간다는 것은 대단히 어려우니 사교육을 멈출 수 없다. 모두가 멈추지 않으니 모두가 시작점을 앞당긴다. 결국 사교육이 일상이 되어버리니 그 효과는 '일상 유지'에 불과하다. 그러나 '하지 않으면' 평균에서 이탈하는 엄청난 결과가 초래된다. 알다시피 한국은 패자에게 가혹하다. 그러니 유해한 걸 알면서도 유용하기에 사교육을 선택할 수밖에 없다.

사교육을 하지 않으면 평범하기조차 불가능한 세상에 그 책임은 부모에게 있지 않다. 사교육의 유해성을 알아도 유용성을 외면할 수 없다. 이걸 해야지 평범한 삶이라도 보장되는 걸 '효과'라고 자위해야 하는 이 슬픈 몽타주는 도대체 누가 만들었을까? 사교육 없이는 존재하지 못하는 이상한 공교육이 만들어진 건 누구의 잘못일까? 사교육이 무용하다면서 모든 걸 부모의 욕심으로 설명하면 과연 문제가 해결될까?

참고로 나는 '그럴 만한 사람'이 아니라서 불안의 세상에 태연하게 살지 못한다. 우리 아이는 오늘도 방과 후 수업으로 컴퓨터를 배우고(월 4만 원) 동네에서 영어와(월 24만 원) 태권도를(월 12

만 원) 배우는 중이다. 물론 구몬학습도 계속하고 있다(수학 월 3만 5000원, 한자 월 2만 9000원). 내가 아이를 망치고 있는지 모르겠으나 우리 집의 현실이 신문에 나오는 유명인사와 같은 예외적 상황이 아닌지라 이 정도를 마다할 생각은 추호도 없다.

모두가 '평가'에 길들여진다

사교육에 문제가 있다 한들

생존수영은 중요하다. 배워두면 평생 사람에게 이로울 것이다. 최근 생존수영 교육이 초등학생에게 의무화된 것도 같은 맥락이다. 근대 공교육의 교과들은 모두 이런 필요성을 지니고 있다. 국어는 물론이고 영어도 수학도 적절한 수준에 익숙해지면 세상을 살아가고 이해하는 데 다 필요하기 때문에 그토록 오랫동안 배우는 것이다. 문제는 '모두가' 생존수영을 하도록 하자는 취지가 '누가 더' 잘하는지를 가려내는 식으로 변하면서 발생한다. 처음에는 물에서 오래 버티기 기록만을 측정하다가 점점 모두가 웬만한 수준에 이르자 평가 방식은 수영 기법으로, 잠수로, 다이빙으로 진화한다. 굳이 그렇게까지 수영을 잘할 필요가 있냐고 생각하겠지만 그렇게 하지 못해서 얻은 평판, 이를테면 "쟤

5 유용한 사교육의 유해성

는 잠수도 못하는 사람이야", "물장구가 어설퍼 보이는데 과연 일을 잘하겠어?"라는 식의 수군댐이 개인을 평생 괴롭힌다면 입장은 달라질 수밖에 없다. 평생 잠수할 일 없어도 수영 잘 가르치는 학원을 찾고 본토의 다이빙 자세를 전수받기 위해 필사적으로 노력하고 어느 정도의 성과를 내려고 노력한다. 그리고 물에 뜰 줄만 아는 사람을 향해 자신처럼 노력하지 않은 사람이라면서 평생 무시한다. 대한민국 교육 시스템의 현주소다.*

이를 사교육의 폐해라고 말하는 사람도 있지만 난 동의하지 않는다. 사교육은 공교육에 영향을 끼쳐 한국의 평가 시스템을 이상한 방향으로 끌고 가기는 했지만, 이는 공교육이 튼실하지 못하기에 나타난 문제다. 마르크스는 '시험에 출제되지 않으면' 아무리 의미가 있는 지식일지라도 중요성이 반감된다고 했다. 14)이 말은 아무리 의미가 없어도 '시험에 출제되면' 의미를 지닌다는 말이다. 학원에서 아무리 자유형을 배워온들, 남들은 흉내 낼 수 없는 잠수 실력을 익힌들 공교육이 평가하지 않으면 별 효용이 없다. 하지만 우리나라는 한다. 영어든 수학이든 남보다 잘하면 높은 석차를 얻고 이 줄 세우기에 따라 대학 합격이 결정되기 때문이다. 평가 교과가 아니라면 자신의 장점을 듬뿍 적을

---

* 수영을 교육에 비교해 표현했을 뿐인데 가끔 맥락을 놓치고 "학교에서 수영을 저렇게 평가하는 경우가 없는데 왜 거짓말을 하나!"라면서 따지는 사람들도 있다. 한국의 교육 시스템에 잘 길들여진 사람들의 반응이라 생각한다.

결혼과 육아의 사회학

수 있는 자기소개서를 통해 어떻게든 반영한다.

　사교육은 공교육에 적응하면서 성장했을 뿐이다. 물론 공교육은 사교육 때문에 변했지만 충분히 영향받기를 거부할 수 있었음에도 그렇게 하지 않았다. 어느 순간 초등학교 1학년이 한글을 모르는 걸 담임교사부터가 의아해하는 시대가 되었다. 교사들은 절대 그러지 않는다고 아우성치겠지만 그건 본인 입장이고 한글을 따로 배우지 않은 아이의 학부모가 느끼는 감정은 전혀 다르다. 한글을 모르는 아이가 학교에서 겪게 되는 일화는 결코 아름답지 않다. 부족함과 뒤처짐으로 해석할 수밖에 없는 상황에 아이들은 노출되고 부모들은 걱정한다. "아직 한글을 모르는데 안 가르치셨어요?"라고 말하는 교사를 만났다는 학부모는 수두룩하다. 안 그러는 교사도 있겠으나 교육은 피교육자의 복불복 게임이 아니다. 좋은 교사를 만나는 게 '운'인 이상 누군가는 불안할 수밖에 없다. 심지어 유치원에서도 한글을 모르는 아이는 어색함과 마주해야 한다.

　사교육은 기본적으로 평가에 기반을 둔다. 자신의 수준을 다른 이들과 비교해 순위로서 직시하고 이를 오직 상승시키는 것만을 목표로 하는 것이 사교육의 본질이다. (나 역시 아이를 인성 교육 시키려고 학원에 보내는 것이 아니다.) 그렇다면 공교육은 사교육을 통해 길러진 '오직 평가에만 익숙해진 사람'들을 싫어할까? 절대 아니다. 공교육이야말로 평가 시스템을 존중한다. '줄

넘기 급수제'가 학교에서 시행되는 것이 대표적이다. (혁신학교에서도 한다.) 자신이 그저 잘하고 못하고를 아는 수준이 아니라, 1~10등급까지 구체적으로 구분된다. 이런 현실에서 어떤 아이들은 한 단계 한 단계 실력이 향상되는 기분을 느끼기도 하겠지만, 누구는 '줄넘기 좀 못했다고' 전의를 상실한다. 남들이 7급일 때 혼자 10급이라는 사실, 남들이 두 단계씩 향상될 때 혼자 정체되는 사실을 확인하고 이 경험이 누적될수록 아이 스스로 줄넘기에 소질이 없음을 인지하니 굳이 즐기지 않게 된다. 이런 포기의 정서가 아이의 자존감 하락으로 이어져 학업 성적이 절대적 영향을 미칠 수 있음을 걱정하니, 어떤 가정에서는 '급수 상승'이라는 묘한 목표를 위해 줄넘기조차 사교육에 의지한다. 이런 것도 학원이 있을까 싶지만 태권도 학원에도, 동네 체육관에도 프로그램이 즐비하다. 역시 돈을 내고 배워보면 그 어렵다는 줄넘기 기술을 자유자재로 보여주며 하는 경지에 이른다. 그러면 학교 선생님께 칭찬을 받는다. 칭찬받지 못한 자는 줄넘기 학원을 찾을 것이고.

엄마의 욕심이란 말은 틀렸다

요즘 초등학교 입학식이 있는 날의 학교 앞 풍경은 마치 아파트 분양을 하는 모델하우스 주변에서 저금리 대출을 책임지겠다

결혼과 육아의 사회학

는 은행들의 홍보 전쟁을 보는 기분이다. 몇 해 전 딸이 초등학교에 입학하는 날도 마찬가지였다. 학교 반경 3킬로미터 내 거의 모든 학원과 대한민국의 모든 학습지 회사에서 출동해 나눠주는 전단과 사은품으로 내 두 손이 무거울 지경이었다.

딸이 다니는 학교는 혁신학교로 나름 이름이 알려진 곳이라 사교육 종사자들이 그리 선호하지 않을 거라 생각했는데 그건 기우였다. 이곳은 '인성은 학교에서, 학업은 학원에서'라는 놀라운 문구의 광고가 통하는 곳이었다. 학부모들도 개의치 않았다. 이미 4~5세부터 본격적으로 시작된 사교육에 안 그래도 지쳐있는 아이들이 그나마 학교에서는 스트레스를 받지 않으니 좋은 거 아니냐며, 학교에 대한 낮은 기대치를 그대로 드러냈다. 그러니 모이기만 하면 학교의 한계를 학원에서 어떻게 커버할지를 심사숙고하며 때론 학원 진도와 박자가 안 맞는 학교 교육의 현실을 지탄했다. 주로 엄마들이다.

그래서 사교육 문제를 언급할 때 '엄마의 욕심 때문'이라는 무례한 말이 단골처럼 등장한다. 조정래의 소설 《풀꽃도 꽃이다》에서는 처음부터 끝까지 그릇된 경쟁 교육에 노출된 아이들을 걱정하면서 이를 엄마의 탐욕과 연결해 묘사한다. 하지만 교육의 문제는 이들이 '욕망 덩어리'라는 말을 들으며 조롱을 받아도 멈추지 않는다는 데 있다. 왜냐하면 당사자가 볼 때는 순기능이 훨씬 크기 때문이다. 효과가 없다면 누가 욕먹을 짓을 하겠는가.

5 유용한 사교육의 유해성

어떻게든 고소득자가 될 수 있는 길에 들어서는 것이 목표가 되면 어떤 사회적 인간이 되어야 하는가는 고민거리가 아니다. 남보다 수영 좀 잘한다고 사람을 무시하는 버릇이 개인에게 생긴들 문제 될 것은 없다. '사회=시장'이라고 생각하는 곳에서는 성공만을 좇다가 내면의 가치를 상실한들 이를 '소탐대실'이라고 걱정하지 않기 때문이다. 영어만 잘하면 대학도 갈 수 있는 시스템에서는 영어만 죽어라 파다가 어떤 문제가 생긴들 중요치 않다. 영어유치원 열 곳이 생길 때마다 소아정신과 하나가 생긴다는 농담이 진짜라 하더라도, 외국어 습득이 빠를수록 상상력 발휘에 한계가 있다는 연구 결과가 있다 해도,[15] 아이가 학업 스트레스로 손톱을 다 물어뜯어 손톱을 깎을 일이 없어도[16] 그것 때문에 눈앞에 보이는 효능을 포기할 순 없다.

사교육을 빨리, 많이 받을수록 자신의 꿈이 무엇인지 제대로 알 수 없다는 비판은 고리타분한 육아서에 종종 등장하지만, 특목고 입학, 명문고 진학, 대기업 합격이 가져다주는 부와 명예가 대단한 세상에서 사회의 관성대로 획일화된 꿈을 꾸는 게 솔직히 무슨 문제가 되겠는가. 요즈음 대기업에서는 단순히 학점만이 아니라 4년간 수강과목을 어떻게 설계했는지도 평가한다. 이때 시장에 적응하기 위해 한 우물만을 판 사람이 피해볼 일은 거의 없다. 하지만 '나의 진정한 꿈을 찾기 위해' 여러 학문에 이리저리 발을 걸친 이는 오히려 "당신의 전문성이 무엇이냐?"라며

　　　　　　　　　　　　　결혼과 육아의 사회학

추궁당한다. 다양한 경험이란 기업이 설정한 큰 틀 안에서 포장될 때 의미가 있지, 월급 주는 회사에서는 그저 꿈만 많은 몽상가를 선호하지 않는다. 사회는 정답을 찾아 세상을 헤매는 사람을 좋아하지 않는다. 확실한 정답을 어린 나이에 알고 평생을 한 방향으로 달려온 이에게 환호한다.

한편, 나는 사교육을 비판한다면서 '아이들을 놀이터에서 신나게 놀게 하자'는 식의 뜬구름 잡는 말을 하는 경우를 경계한다. 아이들이 흙에서 놀면 '더' 인성적으로 성장한다는 등의 말도 우습다. 앞서 '스펙터클의 사회'를 비판하면서도 언급했지만, 그 공간은 모두에게 평등하게 제공되기에 중요할 뿐이다. 최소한 놀이터와 맨땅에서는 빈부차가 드러나지 않기 때문이다. 하지만 그 이상의 감성적 포장은 곤란하다. 지금의 기성세대들은 놀이터에서 많이 놀았고 흙과 함께 시도 때도 없이 지냈지만, 그 시절 땅 밟고 큰 교사들은 학생들을 오뉴월 개 패듯이 때렸다. 놀이터에서 신나게 논 학생들은 이를 학대라고 생각조차 못 했다. 우리가 폭력에 예민해진 것은 놀이터를 벗어나 철저하게 개인화되었기 때문이다. 물론 지나친 개인화가 야기한 다른 우려들도 존재하겠지만 그 걱정이 다시 과거처럼 산다고 사라지는 게 아니다. 우리가 걱정해야 하는 것은 공교육과 사교육이 합작해 만든 이 시스템이 사람을 어떻게 길들이고 있는지 파악하고, 이를 완화해야 할 방법을 찾는 것이지 원시사회로 돌아가자는

5 유용한 사교육의 유해성

처방은 아무런 소용이 없다.

평가가 많을수록 평가 결과는 정당화된다

우리는 잦은 평가가 어떤 끔찍한 결과를 가져오는지를 걱정해야 한다. 모두에게 생존수영을 교육시키는 것을 넘어 다이빙과 잠수까지 하는 사람을 특별하게 평가하다 보면 물에 뜰 줄 아는 사람은 물에 뜰 줄'만' 아는 사람으로 취급받는다. 그러면 충분히 물에 뜰 사람들도 지레 수영 자체를 포기하게 된다. 어차피자신은 정교하게 배울 형편이 안 된다는 것을 알기 때문이다. 결국 물에서 뜨지도 못하는 한심한 사람이라는 말을 들으며 평생변변치 못한 일자리를 떠돌 가능성이 높다.

학교와 학원에서 평가가 많아지고 사람들이 이에 적응할수록자신의 계급적 한계를 너무나 잘 아는 사람은 많아질 수밖에 없다. 초등학생에게 장래희망을 물어보면 이런 분위기가 확연히드러난다. 과거보다 연예인이 되고 싶은 경향이 짙고 인터넷에서 1인 방송을 진행하는 사람들을 동경하고 심지어 임대사업자,건물주라는 개념을 정확하게 이해하게 된 데에는 현대사회가 자유분방해서도 혹은 이들이 돈밖에 모르는 속물이어서도 아니다. 이런 결정은 평범한 인생에 쉽사리 안착하기 힘든 현실에서의 전략적 선택인 경우가 많다. 평가가 일상적으로 이루어지면

결혼과 육아의 사회학

스스로에 대한 부족함을 이른 시기부터 진중하게 느끼기 때문에 진로 수정을 할 가능성은 그만큼 높아진다. 자신이 금, 은이 아닌 '흙'임을 너무 빨리 깨달았기에 내린 차선책으로서의 장래희망이라는 점을 완전히 부정하긴 어렵다. 언제나 '흙'은 존재했겠지만 평가가 집요해지면 이를 깨닫는 시기가 빨라진다. 그리고 초등학생 때 이 현실을 인지하는 사회는 '지독히도' 불평등한 사회다.

불평등의 크기가 가혹할수록 특정 집단의 체념은 빨라진다. 시도 때도 없이 사사건건 평가하는 사회에서 학생들은 '내가 못해서 그런 것인데 별수 있나'라고 생각하고 깔끔하게 포기하거나 하루빨리 다른 길을 찾는다. 이들은 학교 현장에서 "널브러진 애들"[17]로 다시 평가되며 이 낙인은 교육을 통한 차별을 정당화한다. 평가가 나빴던 사람과 좋았던 사람들의 '앙상블' 덕택에 사회 전체의 변혁 기운은 감소할 수밖에 없다. 명백한 사회적 문제에 대한 집단적 외면은 각자도생의 길로 집단을 이끈다. 학교에 다닐수록 아이들은 '인생은 어차피 혼자다'라는 차디찬 냉소만을 몸에 입력하기에 십상이다.

이런 사회에서 "치킨을 시킬지(1, 2, 3 등급), 치킨을 배달할지(7, 8, 9 등급) 이번 겨울이 좌우한다"라는 현수막을 내걸고 학원 광고를 하는 풍경은 낯설지 않다.[18] 비록 논란이 되어 현수막은 철거되었지만, 대표적인 평가 결과인 내신등급에 따라 대우가 다른 건 당연하다고 많은 사람이 생각한다. 예를 들어 치킨을 배달하는 노동자에 대한 처우가 좋지 않고 이것이 비정규직이라는 구조적 문제에서 발생하는 것이라고 치자. 이를 개선하고자 하면 난리도 아니다. 평가에 익숙해진 사람들은 지금까지의 평가가 어그러질 때 예민하기 때문이다. 그래서 "어릴 때부터 더 고생한 사람은 어쩌란 말이냐", "정정당당하게 시험을 쳐서 정규직이 돼라" 하는 말만 넘쳐흐른다.

평가를 신성화하는 사회에서는 이 문제를 해결하는 사람들이 아무리 진심을 다해도 상식적이지 않은 선택을 할 가능성이 높다. 나는 《하나도 괜찮지 않습니다》에서 지하철 스크린 도어를 수리하다 비극적으로 생을 마감한 젊은 노동자를 바라보는 한 정치인의 황당한 태도를 언급한 바 있다. 비정규직으로서 평가에 예민할 수밖에 없는 열아홉 살의 노동자는 안전 수칙을 지킬 시간이 없어서 죽음을 당했다. 가방 속에 있는 컵라면은 그가 점심조차 제대로 먹지 못하고 뛰어다녀야 하는 현실을 대변했다. 많은 이들이 시대의 비극에 슬퍼하고 있을 때 그 정치인은 이런 글귀를 트위터에 남겼다. "컵라면이 마음을 아프게 한다. 조금만 여유가 있었더라면 덜 위험한 일을 했을지도 모른다."[19] 나는 이 반응을 평가가 만연한 교육 시스템에 길들여진 최악의 경우라고 생각한다. 이 정치인의 나이가 오십을 훌쩍 넘겼다는 점을 고려할 때 작금의 상황은 더 최악이란 말이다.

결혼과 육아의 사회학

평가 중심의 교육에서는 평가의 결과에 따라 모든 사람이 같은 대우를 받을 수 없음을 굉장히 중요하게 여긴다. 모두에게 1억 원을 주라는 뜻이 아니라 어떤 노동을 하더라도 인간으로서 존엄성을 보장받을 권한이 있다는 주장을 해도 이 교육 시스템은 이를 인정하지 않는다. '모두가 행복할 수는 없다'는 전제가 더 나은 평가를 받으려고 매진하는 개인을 만드는 중요한 윤활유이기 때문이다. 이 철학은 보통의 가정에서도 자연스레 발견된다. 냉정하기 그지없는 집에서는 "너 공부 안 하면 저런 일 하다가 죽을 수 있어. 그러니까 공부해!"라고 자녀들을 다그친다. 이보다는 좀 인간적이라 생각되는 부모들은 이렇게 말한다. "너는 이다음에 성공하면 저런 사람들 모른 척하지 마." 피차 마찬가지다. 인간의 존엄성은 '돈 많이 받는 사람에게 도움받을 때'를 기약하며 미뤄둘 수 있는 성질이 아니다. 이런 사람들도 안타까운 사고를 보면 슬퍼한다. 하지만 딱 거기까지다. 아마 진심을 다해 무례한 추모를 한 그 정치인도 마음만은 누구보다 따뜻했을 것이다. 그러나 모두가 행복하긴 어렵다는 신념에서는 한 걸음도 물러서지 않았다.

이런 사람들이 사회의 지도층이 되어 교육의 문제를 해결하려고 하니 효과가 없다. 공부 잘하는 사람들은 '교육 기회의 평등'만이 이 문제를 해결하는 유일한 길인 것처럼 확신하는 경우가 많다. '형편이 좋았으면 저런 일을 하지 않았을 텐데'라는 발

상처럼 가난한 사람에게 양질의 교육 기회를 제공하면 문제는 사라진다고(적어도 줄어들 거라) 확신한다. 그러면 차별에 노출된 직업이 사라질까? 또 누군가는 마찬가지의 노동을 할 것이고 죽음에 쉽게 노출되겠지만 이들은 문제의 본질에는 관심이 없다. 왜 이런 대학교수가 있지 않았던가. 등록금이 너무 비싸다고 하소연했더니 "잘 찾아보면 여러 장학금 제도가 있을 거야"라고 말한 사람 말이다. 가난해도 누구나 학교 다닐 수 있는 환경을 만들기 위해 다 같이 노력해야겠지만 엘리트의 생각은 여기에 이르지 못한다. 어떻게든 존재할 '그 사람'이 겪은 고충이 좀처럼 사라지지 않는 이유다. 기회에서 배제된 취약 계층에게 도움을 준들 이 빌어먹을 평가 시스템에서는 '하위' 자리를 맴돌 누군가가 반드시 존재할 수밖에 없다. 이를 고려하지 않는 미봉책은 오히려 '기회를 공정하게 주었는데도' 결과가 이렇게 된 이상 이제 별수 없다면서 능력주의에 근거한 차별을 정당화할 뿐이다.

어디에서건 일상이 된 강연 평가

닐 포스트먼Neil Postman은 기념비적인 저서《교육의 종말The end of education》머리말에서 "나는 학교 문제에 대한 정의를 수단에서 목적으로 전환시키는 희망에서 이 책을 쓴다"[20]라고 밝혔다. 그는 부모들조차 기업처럼 "학교 교육을 미래의 직업을 위한 기초 훈련의 장으로 생각하는 경향"21)이 있을 정도로 교육이 실용주의의 함정에 빠져 도구화되는 것을 걱정했다. 평가 시스템은 실용주의를 극대화하는 데 지대한 영향을 끼친다.

　이런 우려를 걱정하는 교육 현장에서는 나름의 방식으로 경쟁 위주의 교육을 탈피하고, 민주 시민을 양성하기 위해 협력 교육을 만들었다. 혁신학교는 이런 분위기가 가장 정교히 다듬어진 제도의 산실이라 할 수 있다. 그런데 수단으로써의 교육이 오랫동안 유지되어 온 곳에서는 목적으로써의 교육을 위해 별의별 시도를 해도 효과가 크지 않다.

　이유는 어렵지 않게 찾을 수 있다. 우리나라는 평가 교육에 지친 아이들을 위한 새로운 교육도 평가하고 이 중에서 우수한 결과를 얻은 사례를 모범적 교수법이라면서 획일적으로 보급한다. 그래서 애들 웃음 하나 가지고 '혁신교육의 놀라운 성과', 학교를 좋아하게 된 아이들'이라면서 자화자찬하는 경우가 많다. 실제로 무엇이 혁신된 지 전혀 드러나지 않음에도 '우리는 이런 식의 교육을 했으니' 기존의 경쟁 교육에서 얻지 못한 나눔의 정신을 배웠다는 공허한 주장들이 많다. 협력의 가치를 가르치는 것과 특정 방식의 교육이 무조건 협력의 결과를 가져온다고 포장하는 건 전혀 다르다. 학생들을 소규모 모둠의 형태로 마주 앉힌다고 해서, 모두가 각자의 생각을 드러낸다고 해서, 그 자체가

　　　　　　　　　　　　5 유용한 사교육의 유해성

'좋은' 수업을 보장하진 않는다. 아무 맥락 없이 진행되는 발표 수업은 오히려 평범하게 묻혀있다면 괜찮았을, '비록 소극적이지만 자신의 상상력을 가지고 있던' 아이에게 적극적이지 않다는 결핍의 징표만을 제공해 한 아이의 미래를 더 힘들게 할 지도 모른다. 하지만 평가에 길들여진 사회에서는 이상한 강박이 부유하고 우스운 해법이 정답인 양 위세를 떨친다.

강연을 하러 가면 진보적인 단체든 아니든 강사 보는 앞에서 '강연 만족도 설문조사' 종이를 청중에게 나눠주고 "꼭 평가해주세요~"라고 말하는 경우가 많다. 아예 강연 전에 책상에 다 깔아놓고 대기하기도 한다. 강사가 강연장을 떠날 때까지 기다린 후 이 행정적인 진부함을 진행하는 몇몇 곳은 참으로 예의 바른 경우였다는 생각이 들 정도다. 경쟁 교육을 비판하는 강연을 평가해 다른 강연과 비교하는 사회라니 얼마나 우스운가. 평가에, 숫자에 길들여진 사회의 괴기스러운 민낯이다. 하긴 요즈음은 초등학생들의 작은 동아리에서도 온갖 기준을 만들어 상벌점 제를 능동적으로(?) 실천하는 세상 아닌가. 이 수동성에 길들여진 사람들이 '원래 그런 것'이라면서 생각하고 행동하는 사회의 모습이 과연 얼마나 정의로울 수 있을지 궁금하다.

'왕따'를 참고 버티도록 해주는
놀라운 마약

'그러니 그렇지'라는 폭력적인 추임새

중고등학생 학부모를 대상으로 하는 강연회에 초청을 받았다. '우리 아이 잘 기르기'라는 진부한 주제에 대해 여러 명의 강사가 짧게 강연을 하고 단체로 질의응답을 받는 형식이었다. 얼떨결에 다른 사람의 강연을 듣게 되었는데 제목부터 놀라웠다. 한 명은 '우리 아이, 왕따 당하지 않는 법'이란 주제로 강연을 했다. 우리 아이가 왕따를 하는 그 집단의 무리일 수 있음을 상기시켜주는 것이 교육적이겠지만 청중들은 별문제 없다는 눈치였다. 이 분의 직함은 놀랍게도 '소통전문가'였다. 기업에서 수백 차례 강연했다는 강사는 자신만만하게 왕따 예방의 절대 비법을 소개했다. "항상 깔끔한 옷을 입고 웃는 얼굴로 살면 자신에게 다가

5 유용한 사교육의 유해성

올 불행의 대부분을 예방할 수 있습니다. 이런 노력조차 하지 않으면서 세상 탓하면 안 되겠죠?"

'다 그럴 만한 이유가 있으니 폭력에 노출되는 거다'는 식의 상상력을 강제 동원하는 이 무책임하고 기상천외한 논리는 자연스레 두 번째 강연으로 이어졌다. 오랫동안 교사로 근무하고 얼마 전 정년퇴임했다는 서당 훈장님 같은 강사는 '아이의 언어능력이 교실을 지배한다'면서 국어와 한자교육의 중요성을 장황하게 늘어놓더니 기상천외한 발상을 말로 뱉는다. "자신의 의사를 정확히 표현할 줄 아는 아이는 왕따도 안 당해요. 어릴 때 독서교육 안 시키는 부모는 자기 아이 왕따 당해도 할 말 없어요." 그런데 이걸 또 받아 적는 사람들이 많았다.

학부모들의 반응은 다음 강연에서 절정을 이루었다. 주최 측에서 삼고초려 끝에 초청할 수 있었다는 대형학원 스타강사는 '중2 겨울방학이 인생을 바꿀 마지막 기회'라는 주제로 호통을 쳤다. 학교 전체 왕따였던 아이가 자기 지도하에 하루 12시간씩 공부하고 성적이 수직상승하니 담임교사부터 눈빛이 달라졌다는 소리에 사람들은 "오~"라는 반응을 보이면서 집중했다.

마지막 연사였던 나는 그곳에 모인 사람들의 기대와는 도무지 어울리지 않는 경쟁 교육을 비판하는 이야기를 했고 강연장은 한순간에 차갑게 식었다. 알고 보니 내 강연은 '학부모들이 다양한 이야기를 들을 기회를 제공'한다는 행사 취지에 구색을 맞추

결혼과 육아의 사회학

려고 한 용도였다. 단체 질의응답 시간에 내게 질문을 던지는 사람은 아무도 없었다. 왕따의 책임을 개인에게 묻고, 개인의 노력으로 왕따를 극복할 수 있다는 자칭 전문가들에게 청중들은 극복 사례를 공유해달라고 요구했다.

"나를 험담하는 별명이 있다면 그것에 익숙해져라, 친구들과 유사하게 행동하고 생각하도록 노력하라"[22] 온라인 커뮤니티에 '헬조선식 왕따 예방법'이라면서 올라온 사진에 있던 내용이다. 합성사진이 아니라 실제 교육기관에서 있었던 일이었다. 네티즌들은 이 모양이니 한국에서 여전히 왕따가 존재하는 거라며 흥분했지만, 내가 학부모 강연장에서 목격한 황당함을 보면 낯선 것도 아니다. 학교에서도 별반 다르지 않다. 괴롭힘에 시달리는 학생들이 교사에게 도움을 요청하면 "네가 다른 애들처럼 생각하면 안 될까?"라는 소리를 듣는다.

'그래도 그러면 안 되잖아'가 아닌 '그러니 그렇지'라는 추임새가 만연할수록 왕따라는 폭력의 가해자는 지워지고 이를 방관하는 사람들의 책임이 사라지는 것은 분명하다. 그러니 사바나 초원처럼 약육강식의 법칙이 통용되는 한국 사회에서는 '약하니까 당하는 거지, 억울하면 힘을 길러라'는[23] 주변의 조언에 적응하고 살아가는 것이 차라리 현실적으로 보인다.

피해자만 있다

집단따돌림 현상은 1990년대 중반 이후 달라진 초등학교의 풍토를 설명하면서 종종 등장했고 1997년 외환위기를 전후해 사회문제로 자리 잡는다. 1996년도에 이미 초등학생의 82.2%가 집단 괴롭힘을 경험했다고 응답했을 정도다[24) 그 시절 갓 대학생이 된 사람들이 주로 하던 이야기가 있다. "그래도 우리 때는 한 명 골라서 반 전체가 따돌리는 건 없었지. 오히려 약한 애만 괴롭히는 나쁜 놈들을 싸움 잘하는 녀석이 두들겨 패고 그랬지." 정의구현이 철철 넘쳐흘렀다는 게 아니라 상대적으로 왕따 피해자들에게 지금처럼 야박하지는 않았다.

불특정 다수가 모여든 교육 현장에서 일반적이지 않은 행동을 해서 여러 명에게 밉상으로 찍히는 아이들은 늘 있었다. 그래서 영어 단어 'bullying'은 청소년의 또래 동조성에 바탕을 둔 따돌림을 일반적으로 표현할 때 사용된다. 하지만 외환위기 전후로 학교 폭력의 결은 달라졌다. 1998년 11월 26일 자 《한겨레》는 "왕따 현상은 시대의 병이다"라는 사설을 통해 더 이상 이 문제를 철없는 아이들의 장난기로 보아서는 안 됨을 경고했다[25) 1999년에 왕따의 고통이 정신과 진료로 이어지는 유의미한 통계 자료가 등장하고[26) 피해자가 가해자와 학교 재단에 1억 원 소송을 거는 등의[27) 일을 종합해보면, 외환위기 이후 심화된 교

결혼과 육아의 사회학

육 경쟁의 중압감과 교실에서의 왕따 현상은 충분히 연결되어 있다고 보는 것이 타당하다.

"성적만 중요시되는 분위기에서 많은 학생들은 학업에 대한 부담과 스트레스, 좌절감을 경험하게 된다. 이러한 스트레스와 좌절감을 타인에 대한 공격성, 특히 구성원 한 명을 희생양 삼아 표출하게 되는 것"[28] 혹은 "힘을 가진 자가 '주동적으로' 왕따를 하면 이것이 서서히 반 전체 아이들의 왕따 하기로 '번져가고' 이 왕따 하기가 왕따 당했던 아이의 복수심으로 '전이'된다"라는[29] 분석을 완전히 틀렸다고 할 수 있겠는가. 경쟁이 살벌해지면 '잘못되면 끝장이다'는 불안 심리가 증가하기에 혹시나 자신이 겪을 공포를 예방하고자 타인을 '우리' 집단에서 배제하는 개인이 증가할 수밖에 없다. 이런 상황에서 교실에서의 괴롭힘 현상은 과거와는 다른 점이 있다.

먼저 가해자만의 뚜렷한 특징이 사라졌다. 과거에는 비행 학생이거나 가정환경이 좋지 않은 경우 '더' 폭력적인 경우가 강했으나[30] 지금은 가해를 '할 만한' 이유가 있다면, 그러니까 피해를 '받을 만한' 사람 앞에서 특정한 변수로 설명되기 어려운 많은 이들이 가해자가 된다. 사건이 심각해졌을 때 가해 학생의 부모들이 "경찰 조사를 받기 직전까지도 아이가 이런 일을 저지르고 다니리라고 꿈에도 생각 못 했다"[31]라면서 놀라는 건 이 때문이다. 이 놀람이 무색할 만큼 학교 현장에서 왕따는 일반적이다. 평범한 애들조차 동조자, 무관심자, 방관자가 되어 가해 행위에 개입하고 또 이를 부정한다. 폭력에 개입하는 사람이 많을수록 폭력의 무게감이 사라지는 역설 속에 피해자만 있고 가해자는 없는 현상이 자연스레 완성된다.

'책임이 분산된' 수십 명이 한두 명의 피해자를 골라 가해하니 교사도 이를 발견하지 못한다. 왕따 문제가 공론화되던 1999년부터 교사의 직무 유기는 심각했다. 한국교육개발원의 '왕따 및 학교 폭력 실태' 연구를 보면 학생 중 25%가 왕따 경험이 있었다고 하는데 교사의 80%는 자신의 반에 왕따 현상이 없다고 자신했다.[32]

이 정서는 지금도 재현된다. 담임으로서의 성과가 추락하는 것을 우려하는 교사들은 학기 초에 "우리 반에 왕따는 절대 없다"라면서 으름장을 놓는다. 가해자를 응징하겠다는 다짐처럼 보이지만 실제는 가해자든 피해자든 '누구든지' 자신을 성가시게 하지 말라는 선포일 뿐이다. 그러니 학교 폭력 설문을 "그런 일 없겠지?"[33]라는 말을 덧붙여 아이들에게 조사하기 일쑤다. 교사 이혜미 씨는 〈따돌림에 관한 아홉 가지 신화: 교사들이 가진 따돌림에 대한 잘못된 인식들〉이라는 글에서 '우리 반에는 따돌림이 없어요'를 첫 번째 그릇된 신화로 꼽는다.[34] 교사들이 '가해자의 분산'을 '뚜렷한 가해자를 발견하기 어렵다'로 이해하니, 폭력에 집중적으로 노출된 피해자가 어떤 사람인지를 분석하고 나아가 '당할 만한 행동'이 없었는지를 유추하는 무례한 상황이 발생한다.

피해자도 사라진다

가해자가 두루뭉술해지면 피해자는 피해자로 인정받지 못한다. 가해자가 비교적 선명했던 시절에 그래도 피해자는 위로받았다. 미흡하기 짝이 없어도 피해자에게 건네는 말들, 이를테면 "재수 없다고 생각하라", "똥은 더러워서 피하는 거다" 등의 표현에는 가해자에 대한 질타가 포함되어 있었다. 그래서 피해자의 '친구'가 되었다는 이유로 "너도 왕따 당할래?"라는 소리를 듣는 일은 발생하지 않았다. 또 교사는 아무리 귀찮아도 "저런 나쁜 녀석들은 어차피 사회에 나가도 쓰레기로 살아"라면서 말로서라도 피해자를 두둔했다. 하지만 '누가' 당하는지만 설명하는 요즘 세상에선 어처구니없는 이유도 그럴듯한 이유가 되어 예방하지 못한 자의 책임으로 돌아온다.

"저희 아이는 다른 아이들에 비해 옷을 좀 못 입는 편이에요. 형편이 여의치 못해서요. 그랬더니 다른 아이들이 손도 안 잡으려 하고 이상한 아이라고 놀렸나 봐요. 그런데 선생님께 말씀드렸더니 다른 아이들에게 교육하겠다고 하면서 제 아이도 문제가 있다고 하시는 거예요."35)

왕따를 소재로 한 문학작품에는 이런 터무니없는 조언을 비꼬
는 경우가 많다. 단편소설 〈어쩌다 보니 왕따〉에는 왕따를 당하
는 아이에게 "왕따는 말이다. 그렇게 될 만했기 때문에 왕따가
되는 거다"라고 조언하는 아버지가 등장한다.

"자연의 섭리지. 약한 놈이 빨리 죽어야 강한 놈이 젖 한 모금
이라도 더 빨 수 있거든. 왕따가 바로 그런 거야. 어딘가 다르거
나 못하거나 한 거지. 너처럼 부모 중 한쪽이 없는 것, 보통보다
지능이 떨어지는 것, 가난한 것, 내성적이라 친구들과 잘 어울리
지 못하는 것, 말투가 다르거나 취미가 다르다는 것, 심지어는
즐겨보는 TV 프로가 다르다는 것 하나만으로도 왕따가 될 소지
는 충분한 거지. 그러니 왕따의 원인은 자기 자신에게 있다. 이
걸 인정하는 데서 시작해보자 그 말이다. 내 말은."36)

제대로 시작될 리 없는37) 이런 조언은 무수하다. 어린이 도서
관에서 왕따를 키워드 삼아 대강 검색하고 책을 골라보면 머리
말에서부터 "진정한 친구를 사귀기 위해서는 내가 먼저 진정한
친구가 되어야 한다"라는 설교와 '잘난 체하지 마라', '친구가 말
할 때 나서지 마라', '너무 투덜거리지 마라' 등의 비법이 제시된

결혼과 육아의 사회학

다. 인터넷에서도 극복 방법을 찾는 글과 극복 수기만이 부유한다. 살을 빼고 옷에 섬유 유연제를 꼭 넣고 이도 저도 아니면 공부라도 잘해야 한다는 식의 이야기가 넘쳐흐른다.[38]

누구는 이런 절박함으로 왕따를 극복해 나갔을 것이다. 이는 또 '마음먹기에 따라' 왕따를 극복한 객관적 사례가 되어 현장의 폭력을 덮는다. 왕따를 당하지 않을 행동만이 주절주절 언급되는 곳에서 사람들은 폭력이 '발생할 만한 원인'을 피해자에게서 찾는 걸 잊지 않는다. 피해자에게도 책임을 묻는 곳에서 최선은 어떻게든 피해자가 되지 않는 것뿐이다. 비록 건성이었지만 "모든 친구와 사이좋게 지내야 한다"라며 등교 인사를 건네는 부모는 이제 사라졌다.

"걔랑 놀지 마." 이 말은 과거에도 있었다. 하지만 그때는 폭력적이고 행실이 나쁜 아이와 멀리하라는 뜻이 강했다. 때론 성적 안 좋고 가난한 집 아이를 멀리하라는 부모도 있었는데 분명 잘못된 태도지만 여기에는 학업 태도가 불량하고 가정환경이 좋지 않으면 청소년 범죄를 저지를 가능성이 높다는 고정관념이 크게 작용했다. 기준은 잘못되었지만 어쨌든 '나쁜 아이'를, 그러니까 가해자를 멀리하라는 부모 마음이었던 것이다. 지금은 어떨까? 많은 부모들이 왕따라고 소문이 자자한 피해자와 가까이하려는 자녀에게 굳이 그럴 필요 있냐며 말린다. 괜히 따뜻한 마음을 보였다가 긁어 부스럼 만들지 말라는 거다. 부모는 "너 그렇게 하

5 유용한 사교육의 유해성

면 왕따 당해! 바보 취급당해!"[39]라는 말을 습관처럼 한다. 그러니 피해자는 부모를 실망시킬까 봐 폭력의 상흔을 꽁꽁 감춘다. 그러니 극단의 선택을 할 때까지 그가 얼마만큼 큰 고통을 당했는지 아무도 알지 못한다.

피해자가 가해자가 된다

대학교 1학년을 상대로 왕따 문제를 토론한 적이 있다. 이들 중 왕따의 가해자와 피해자를 구분해 심층 인터뷰를 진행한다는 것이 쉽지 않았지만, 연구의 맥락을 잘 이해하고 참여해준 가해자 A와 피해자 B의 사례를 들려주고자 한다.

A는 지나고 보니 자신의 모습이 너무나 엄마 같았다고 고백했다. A는 '쟤는 당할 만한 이유가 있어'라는 확신으로 자신의 가해 행위를 희석한 것을 충분히 인정했다. 그때는 이걸 왜 몰랐을까 고민하다 자신의 엄마를 언급했다. A의 엄마는 언제나 예민했다. 성격상 무슨 문제를 타고났다는 것이 아니다. 엄마는 A가 어릴 때부터 여러 사교육을 시키면서 '교육의 결과'를 끊임없이 확인했다. 그것만으로도 A의 눈에는 충분히 예민하게 보였다. 1997년에 태어난 A는 피아노를 연습시키고 학습지의 진도를 확인하고 사칙연산을 초시계를 놓고 확인하던 2003년도의 엄마를 정확하게 기억했다. 엄마는 매번 이건 얼마만큼 했는지, 저건 목

결혼과 육아의 사회학

표대로 잘하고 있는지 묻고 또 물었다.

집착만큼 '성과가 엉망일 때'의 엄마의 반응은 격정적이었다. 물리적 폭력은 없었지만 '부모 얼굴 보기 창피하지도 않냐'는 비웃음에 어린 A는 심한 모욕감을 느꼈다. A는 이성을 잃은 엄마의 말실수보다 다시 이성을 찾은 엄마의 어설픈 수습이 더욱 놀라웠다. 엄마는 조금 전 자신의 행동을 후회하면서도 단 한 번도 '무조건 내가 잘못했다'는 깔끔한 마무리를 한 적이 없었다. 끊임없이 엄마는 A에게도 일정 정도의 책임이 있음을 확인받고자 애썼다. "네가 안 그랬으면 엄마가 이런 말을 했겠니?", "미안한데 너도 엄마 마음을 이해해줘야 해", "다 너 잘 되라고 그러는 거 아니겠니?" 등등. 북을 쳤으니 장구도 친다. "그래도 때리는 사람들에 비하면 엄마 정도는 괜찮은 거야."

A는 이러한 엄마의 모습을 "켕기는 게 있으니 저러는 거"라고 표현했다. 그리고 자신도 엄마처럼 피해자에게 책임을 묻는 방관자로 살았음을 인정했다. A는 본인이 피해자이면서도 '내게도 문제가 있어'라면서 오히려 엄마의 폭력을 은폐하는 데 익숙해졌다. 그럴수록 자신이 또래관계에서 가해자가 되는 것에 익숙해졌다. 부모에게 피해자로 인정받지 못했기에 '책임질 필요가 없는' 가해자로 학창시절을 보냈다. 어쩌다 죄책감이 들 때는 최고 악질의 나쁜 놈과 자신을 비교하며 미안함을 순식간에 증발시켜버렸다.

5 유용한 사교육의 유해성

초등학교 때부터 왕따였던 B는 늘 주변에 A 같은 사람들이 있었다. B는 그래서 스스로 '그럴 만한 이유'를 덮어버릴 또 다른 전략을 수행했고 그 결과 지금은 왕따의 피해자를 '의지가 없다면서' 오히려 폄훼한다. 물론 B는 폭력의 가해자에게 책임을 묻고 싶었지만, 번번이 그들의 실체를 드러내는 것에 실패한 후 본인이 변하기로 결심했다.

처음엔 '공부가 아닌' 다른 것으로 변화를 모색했다. 하지만 "쎈따가 분수도 모르고 쌉죽댄다"라는 조롱에 더 힘들었다. 그래서 B는 중학교 1학년 겨울방학 때 '좋은 대학에 가는 것이 복수'라고 생각하며 공부에 매진했다. 나이토 아사오는《이지메의 구조: 왜 인간은 괴물이 되는가》에서 이를 현실의 비참함을 부정하는 '헛된 전능'이라 표현했다.

"가해자가 "이래도? 이래도!"라며 학대해도, 피해자는 "그래도, 그래도!"라며 슬픔이나 고통, 정의감이나 온정, 인간다운 감각(휴머니즘) 따위를 자기 안에서 단절하고 말살하는 내면의 '싸움'에 집중한다. 그 결과, 자신의 영혼을 무쇠와 같은 '강인함'의 이미지로 탈바꿈하고 승리감에 젖어서 '강인함'의 전능을 느낀다."[40]

B는 어떻게든 등수를 반등시킬 사교육에 집착했다. 그럴수록

폭력의 아픔을 잊었고 무너짐의 끝자락에서 솟구칠 수 있었다. '집단의' 폭력에 허우적거릴 때 관심 하나 없던 담임교사는 '개인의' 성적 향상에는 반색했다. "특목고 지원할 거지?"라는 담임의 공개적인 물음 이후 B는 더 이상 왕따 당하지 않았다. 학교에서 주목하는 에이스를 건들지 말라는 신호를 수많은 가해자들이 알아들은 것이다. 그러니 피해자 B는 자신을 왕따 '당한 사람'이 아니라 '극복한 경우'로 이해했다. 어떤 경우에도 가해자에겐 아무런 잘못이 없는 초현실적인 현실이 만들어진 셈이다. 교사들은 위험을 극복하려는 학생을 공개적으로 구제해준 것이 왜 문제냐고 항변하기도 한다. 하지만 이는 폭력을 '극복의 대상'으로 설정한다는 점, 그리고 특정한 위치에서만 구제할 수 있다는 것을 인정하는 꼴이기도 하다. 우리는 선한 의도가 악한 결과를 가져올 수 있음을 외면해선 안 된다.

폭력을 공부의 동기로 승화시킨 B는 명문대에 합격하면서 모교에 특강을 가기도 했다. 그는 비슷한 고민으로 괴로워하는 후배에게 이렇게 속삭인다. "공부 열심히 해서 좋은 대학 가. 그게 진짜 복수야." 이 정도면 사교육은 정말로 유용하다. 이 만병통치약 덕택에 그러면 안 되는 유해한 행동들은 완전범죄가 된다.

결혼과 육아의 사회학

\# 당신은 어떤 'MUST'를 남발하십니까?

\# 사춘기는 한때여야 한다

6

사랑하면
괜찮은 걸까?

●

"부모의 체벌 덕분에 내가 괜찮은 사람이 되었다고 말해서는 안 된다.
부모의 체벌에도 불구하고 나는 괜찮은 사람이 되었다고 말해야 한다."
- 김희경의 책, 《이상한 정상가족》 중 - 1)

당신은 어떤 'MUST'를
남발하십니까?

공부 못한 사람들의 실체를 알려주겠다는 사람들[2]

"걔들은 그 시간에 편하게 돈이라도 벌었지. 노량진에서 힘들게 공부하면서 임용시험 준비하는 사람들은 뭐가 되죠?"

20대의 젊은 교사에게서 들은 말이었다. 그것도 '민주 시민 교육'이란 아름다운 주제로 교사 연수에 강의하러 갔다가. 당시는 문재인 정부가 학교의 비정규직 노동자 문제를 해결하는 정책에 대해 한참 논쟁하던 때였다. 나는 왜 학교 기간제 교사와 방과 후 교사에 대한 처우 개선 문제가 등장하게 되었는지를 주목하자면서 사회 전체적인 노동의 안정성을 위해 그 방법이 바로 정교사로 임용하는 것이 아닐지라도 어떤 식으로든 교사가 관심을 가져야 함을 강조했는데 즉각 거친 항의를 받았다. 다른 교사들은 입장이 다르다는 것이 아니라 유독 젊은 교사들의 입장이 완강했다. 젊은 교사의 이런 추세에 경종을 울리고 싶어서 나를 초대했다는 관계자만 머쓱해졌다.

정책에 대한 반대는 자유다. 기간제 교사를 우대하는 것보다 임용시험 합격자 수를 늘리는 것이 더 낫다고 누구나 말할 수 있다. 하지만 어떤 경로로 일을 하더라도 노동자의 권리가 침해당해서는 안 된다. 이를 개선하자는데 사람의 존엄성을 짓밟는 반대는 끔찍하다. 그러나 거침없다. 자기들끼리나 사용할 '개들'이라는 표현을 말해놓고도 당황하지 않는다. '편하게' 돈을 번다는 표현은 정교사가 아닌 사람들은 공부를 못해서 경쟁에서 밀려난 것이기에 그 정도면 자기 수준에서 쉽게 돈을 버는 것 아니냐는 말이다. 학교 급식노동자의 정규직화 정책에 대해 1970년대에 태어나서 엘리트 교육의 길을 걸은 한 정치인이 "솔직히 조리사라는 게 별게 아니다. 그 아줌마들, 그냥 동네 아줌마들이다. 옛날 같으면 그냥 조금만 교육시켜서 시키면 되는 거다. 밥하는 아줌마가 왜 정규직화가 돼야 하는 거냐"[3]라고 말해서 논란이 된 적이 있었다. 취업도 못할 사람이 학교에서 밥이나 하면서 돈을 벌면 감지덕지해야지 왜 그 이상의 요구를 하냐는 놀라운 발상이었는데 내가 만난 교사의 생각과 그리 달라 보이지 않았다.

다른 곳에서도 마찬가지다. 사내 비정규직의 정규직 전환 문제를 다루는 공청회장에서 '젊은' 정규직 노동자들의 반대가 어

결혼과 육아의 사회학

마어마하다. "기회와 과정의 평등 YES! 결과의 평등 NO!"라는 피켓을 든 이들의 표정은 비장하고 목소리는 단호하다. 바늘구멍을 통과한 소수인 자신들과 그렇지 못한 저들이 동등한 자격을 얻는 건 공정하지 않다는 비장함이 보인다. 열의를 보면 논쟁 중인 정책이 모든 노동자의 급여를 동일하게 만들자는 것처럼 느껴질 정도다. 비정규직의 정규직 전환은 보통 무기계약직 형태로 고용 기간의 안정성을 확보해 호봉수를 고려한 급여 산정을 가능하게 하고, 퇴직금을 안정적으로 확보할 수 있는 형태로 진행된다. 이를 통해 경쟁의 결과가 무엇이든 최소한의 인간다운 삶을 보장하려는 취지의 지극히 당연하고 그래서 순항해야 할 정책이지만 곳곳에서 암초를 만난다. 하지만 아무리 이 지점을 말해도 그들은 '시험' 이야기만 한다. 단지 평범하겠다는 사람을 앞에 두고 '더' 고생한 사람 있으니 사람 가려 보편적 권리를 따지는 걸 무려 공정하다고 항변한다.

차별의 설움과 노력의 허무는 다른 층위에서 논해야 하지만, "내가 얼마나 많은 것을 포기한 줄 아느냐!" 하는 사람들의 절규가 거세다. 누구나 평범하게 살 수 있는 정책을 논하자는데, 자꾸만 그들의 실체를 알려주겠다는 사람들이 많다. 인류가 취해 왔던 가장 나쁘면서도 효과 좋은 대화법이다. 들어보니 정규직 전환을 요구하는 이들은 '무임승차'하겠다는 염치없는 작자들이란다. 남들 공부할 때 '놀았고', 누군가가 미래를 준비할 때 '편하게' 아무 일이나 기웃거린 나태한 사람들이다. 놀다가 그리 되었다는 논리는 무지하고 그러니 당해도 싸다는 인식은 비열하다. 바늘구멍을 통과한 사람들만의 투쟁이 아니다. 자신도 그 구멍을 통과할 것이라고 믿는 많은 대학생들도 싸늘하다. 강의 시간에 토론을 하자 이런 말이 나온다. "어떤 가치 있는 행위를 했는지도 모르겠는 사람들이 단지 비정규직이라는 이유만으로 동정받는 게 정상입니까."4) 이 느낌, 개들은 편하게 돈을 번다는 소리를 늘었던 공간의 공기와 흡사하다. 비정규직 노동자들의 정규직 전환 정책은 누굴 동정해서가 아니라, 권리가 필요한 사람들을 '이제야' 직시한 다른 모두의 책무가 실천되는 것일 뿐이다. 그런데 안 된다. '고생에 걸맞게' 권리의 우선순위를 따지는 사람이 많은 세상이라서다. 여러 원인이 있겠지만 가정에서 그렇게 생각할 씨앗을 쑥쑥 기르기 때문도 무시할 수 없다.

타자의 욕망에 길들여지는 자녀들

나는 대학에서 12년간 강의하면서 학력은 곧 능력이고 그러니 능력에 따른 차등 대우는 정당하다고 생각하는 학생들과 많은 이야기를 나눴다. 능력주의야 사회의 진보를 위해서 굉장히 중요하고도 필요한 가치겠으나 이것이 차이가 아닌 차별을 공정하다고 해석할 차원이 되면 문제가 커진다. 이 정도까지 나름

결혼과 육아의 사회학

긍정적으로 이해를 하고 자신의 모습을 약간이라도 성찰을 하게 되면 학생들은 자신의 생각이 어떻게 '만들어졌는지'를 심오하게 고민한다. 그때 가장 많이 등장하는 단어가 무엇일까? 바로 '부모님'이다. 이 중 '엄마'가 아빠보다 월등히 자주 언급된다. 모두가 "잊지 말자, 나는 어머니의 자부심이다"5)라는 말을 뱉으면서 열심히 공부했다.

고생하시는 부모 생각에 공부에 모든 것을 걸었다는 이야기야 낯선 것이 아니겠지만 지금은 그 결의 방향이 달라졌고 압력은 더욱 거칠다. 과거에는 공부를 '하는' 자녀가 부모의 고충을 인지하는 형태였다. 부모는 그저 자녀 뒷바라지하는 것을 부모 노릇이라고 여겼다. 게다가 자녀가 더 배우겠다고 하는데 이를 외면하는 부모가 어디 있겠는가. 아무것도 모르는 부모는 자신이 겪는 수모를 별거 아니라고 생각하고 그저 성실하게 살면서 자녀를 위해 기도했다. 자녀들은 이 모습을 보면서 애처로움을 느꼈다.

하지만 지금의 부모는 자신이 얼마나 불평등한 세상에서 고통받았는지, 받고 있는지를 잘 안다. 게다가 본인들이 이미 고학력자다. 고등학교도 겨우 나온 자신의 입장에서 대학 가겠다는 자녀가 대견하게 보이던 시절은 예전에 끝났다. 이 배경은 두 가지 모습으로 자녀에게 등장한다. 하나는 단순히 대학만 간다고 안정적으로 살 수 없다는 걸 알고 있는 부모들의 반응이다. 이들의 요구는 구체적이다. 단순히 '그래도 대학은 나와야지'라는 식의 강요는 사라지고 어느 수준 아래는 거들떠보지도 말라는 주문이 이어진다. "살아보니 어떤 대학을 나왔는지가 결국은 제일 중요하더라.", "결국 회사에서 명문대 졸업생들끼리만 서로 밀고 끌고 하더라." 그렇게 자신이 이룬 성과보다 더 높은 곳에 자녀들이 이르기를 기대한다. 이런 교육열은 높은 곳에 도달해봤던 부모들을 긴장시킨다. 잘못하다가는 이름도 모르는 대학을 나온 부모에게 자녀 경쟁에서 질 판국이다. 자기 자녀가 자신의 명성에 먹칠할까 두렵다. "아빠가 고대 나오셨는데 아무 대학이나 가면 되겠어?", "이대 나온 엄마 부끄럽게 하지는 말자"라면서 구체적인 동기부여를 부모들이 집요하게 제공한다.

한마디로 자녀의 성적이 초미의 관심사고 관심대로 결정이 나지 않을 때 애가 끓는다. 말없이 지켜만 본다? 아니다. 재촉해야 한다. 묵묵히 뒷바라지만 한다? 그렇게 할 수 없다. 앞에서 끌고 가야 한다. 그러니 부모부터 공부하라는 말이 낯설지 않다.

속물이어서가 아니다. 대학 이름에 집착하는 부모의 강박은 정당하지는 않을지언정 사회구조적 측면에서는 타당하다. 나름 공부했고 열심히 사회생활을 했지만 삶이 너무 불안하다. 정년은 기대도 하지 않지만 '정년퇴직을 하고서도' 일자리를 구해야 하는 선배들의 절박한 상황들을 목도한다. 학력이 탄탄한 자가 오래 살아남고, 또한 무슨 일을 하더라도 단가가 더 높은 자리를 구하는 거야 항상 있었던 일이지만 이런 상황에서는 그 가치가 더 빛난다는 것을 몸으로 느낀다. "학력이 무엇이 중요하나. 어떤 일이든 열심히만 하면 되지"라고 말했던 사람들이 실제 어떻게 살고 있는지를 잘 아는 세상에서 당연한 반응일 것이다. 게다가 이 망할 부동산 공화국에서는 아무리 생각하지 않으려도 '그때 선택하지 못한 것'에 대한 아쉬움과 '선택하고 싶어도 돈이 없었다는' 박탈감이 끊임없이 자신이 괴롭힌다. 건물 하나는 커녕 아파트 하나 물려줄 수 없다는 자괴감은 자녀들의 사교육이 빨라지고 많아지는 탄탄한 배경이 된다. 한국이 싫다고 뉴질랜드로 이민 갈, 제주 어딘가에서 오두막 지어놓고 먹고살 팔자가 아닌 이상 교육은 결코 놓지 말아야 할 안전장치다. 이를 자녀가 해제해선 안 된다. 부모의 정교하고도 논리적인 신세 한탄이 빈번할 수밖에 없다. 그래서 요즘 자녀들은 고생하시는 부모 생각에 주먹을 불끈 쥐고 공부하는 것이 아니라, 스스로 '고생했다고' 말하는 부모 눈치에 표류조차 어려운 실정이다.

한편, 신세 한탄은 엄마가 더 많다. 엄마는 가정에서도 차별을 받는다. 성차별이 지독한 이유는 공적 영역은 물론이고 사적 영역에서도 여자라는 이유가 개인을 괴롭히기 때문이다.[6] 이 역사는 오래되었지만 지금껏 사랑, 화목이라는 단어에 지배당했던 많은 여성들은 이를 차별이라고 생각하지 못했다. 하지만 지금의 엄마들은 이를 정확히 인지한다. 지금의 엄마들은 자신의 엄마처럼 살지 않으려고 열심히 공부했고 20대까지는 어느 정도 목표를 달성했지만, 결혼과 출산으로 결국엔 엄마처럼 사는 자신의 모습을 과거처럼 낭만적으로 포장하지 않는다. 괜히 《82년 생 김지영》이 히트 친 게 아니다. 자신들이 살면서 겪은 수모와 무너진 자존감은 자녀를 아바타로 만들면서 회복되리라 생각한다. 그렇게 엄마가 되는 일을 경쟁적인 스포츠로 여기며 살아간다. 7) 자녀에게 직접적인 폭력을 행사하는 경우는 확연히 감소하고 있지만, 부모가 공장의 인형들처럼 자녀의 대학과 전공을 제작하는 모습은 좀처럼 사라지지 않는다. 자녀의 교육 문제에 깊숙이 개입하는 걸 폭력이 아니라 사랑이라 생각했기 때문일 게다. 자녀들은 그렇게 타자의 욕망에 길들여진다.

지침과 명령의 일상화는 어떤 문제를 야기하는가

"이제 좋은 날은 다 갔다."

초등학생 5학년이 되었을 때 부모님이 내게 한 말씀이셨다.

"영어는 지금 끝내는 거다."

중학생이 되자 엄마는 영어를 지금 잡지 않으면 고등학생 때 수학이 어렵다고 부단히 강조했다.

"지금 독서는 사치다."

입시를 앞두고는 소설책만 집어 들어도 아빠에게 혼났다.

20대 초반의 대학생이 내게 털어놓은 자신이 기억하는 부모의 모습이다. 부모의 욕망은 엄한 규율을 동반한다. 지침과 명령이 일상화된다. "공부 좀 해볼래?" 정도의 가벼운 권고로는 불안하다. 무조건 해야 한다. 가정에서 should는 사라지고 must만이 부유한다. 이때 정신무장이 필요하다. '너는 특별하다'는 환상은 고통을 참는 데 효과가 좋다. 요즘의 10대, 20대들은 그 어떤 세대보다 자신을 특별하게 여겨야 한다는 강요를 많이 받았다. 겉으로야 좋기 그지없다. 그런데 속살은 처참하다. '나는 남들과 다르다'는 사람들이 실제 걷는 길은 매우 고정적이다. 특별하기에 자신은 바늘구멍을 통과할 수 있다는 착각에 빠진다. 그러니 삶의 여러 선택지를 오히려 포기하고 한 우물만을 판다. 그래야만 타자의 욕망에 부합된 선택이기에 분란이 생기지 않는다.

특별하니 열심히 공부해서 좋은 대학에 갈 수 있다는 착각은 열심히 공부하지 않으면 나쁜 대학에 간다는 고정관념을 자동으로 연상시킨다. 좋은 대학은 반듯한 대학으로, 나쁜 대학은 쓸모도 없는 대학으로 대체되어 묘사되는 경우도 많다. 선과 악으로 분류되는 셈이지만 효과는 좋다. must라는 강요는 '하지 않으면 끔찍한 결과가 있을 것이다'는 상상이 존재할 때 파괴력이 크다. 지침과 명령이 많을수록 이상한 사람을 발굴하는 집착이 병행된다. 누군가를 가리키며 '저렇게 공부 안 하면 큰일 날 건데', '기껏 저런 일 하는 주제에'라고 혀를 쯧쯧 차는 경우가 많아진

6 사랑하면 괜찮은 걸까?

다. 어떤 학생이 이 지점을 구체적으로 말해준 적이 있다. 어릴 때 엄마와 홍대 입구 쪽에 온 적이 있었단다. 젊음 특유의 색채가 듬뿍 배어있는 공간에 감명받은 나머지 엄마에게 "나도 홍대 다니고 싶다"라고 하니 이런 꾸지람을 듣는다. "홍대 별로야. 아마 저기 널브러져 있는 사람이 홍대생일걸?"

　참고로 홍익대는 일반고에서 '공부를 잘해야' 입학할 수 있는 학교다. 지방이라면 현수막에 붙을 수준이고. 다른 학생들도 비슷한 경험이 너무 많다면서 씁쓸한 웃음을 지었다. 엄마 모두가 명문대 출신이어서도 아니다. 그냥 대한민국 자녀들은 어릴 때 모두가 스카이 대학을 갈 수 있는 특별한 사람 취급을 받기 때문이다. 그래서 늘 누군가가 열등한 존재로 묘사된다. 이는 대학이 좋고 나쁨으로 선명하게 구분되는 효과를 낳고 나중에 다 잘되기 위함이라는 명목으로 강요되는 전투 같은 교육을 정당화한다. 그 끝에는 좋은 대학 나왔으면 걸맞은 대우를 받을 자격이 생기고, 그 반대 역시 타당하다는 세상 이치가 자연스럽게 굳어진다. 반듯하다는 평가를 받는 대학을 나오지 않은 자들이 인간답지 못한 평가를 받아도 문제 될 것이 없다는 반응은 이렇게 완성된다.

　그런데 남을 업신여기면서 노력했건만 약속했던 탄탄대로는 없다. 취업도 힘들지만 취업했다고 바짝 노력해서 집 살 수 있는 시대도 아니다. 억울하다. 남이 잘되는 꼴을 볼 수가 없다. 특히

　　　　　　　　　　　결혼과 육아의 사회학

나보다 공부 안 한 것처럼 보이는 사람들의 형편이 개선된다니 말도 안 된다. 그래서 더 악랄하게 반대한다. 비정규직을 '없애야 한다'가 아닌 아무나 정규직이 '되어서는 안 된다'는 특별한 교육에 길들여진 사람다운 반응이다.

현실의 벽이 이토록 차가우니 실제 차별받는 사람들은 애써 적응하기도 한다. 부당한 것에 저항하지 않고 순응하면서 "그래도 성실하기는 하네", "의외네" 등의 칭찬에 만족하는 경우가 많다. 공부를 잘하지 못했기에 수모를 겪어도 마땅하다고 생각하는 사람이 많을수록 수모를 당하기 싫다는 사람들의 타당한 요구는 건방진 것으로 해석될 가능성이 짙다. 재밌지 않은가? 많은 부모들이 다 자녀 잘되라고 공부를 강요하지만 달콤한 열매를 가져가는 사람이 점점 적어지는 이유가 여기에 있다. 정규직과 비정규직 사이에 '능력'이라는 묵직한 개념의 선을 그어놓게 되면 노동의 전반적인 질을 좋게 하자는 거시적 논의는 누군가의 노력이 보상받지 못한다면서 묵살당하기 일쑤다. 그러니 결과에 대해서 스스로 책임을 져야 하는 능력주의 사회에서는 안정적인 일자리가 '줄어들어도' 큰 문제가 발생하지 않는다.

누구는 결혼과 육아의 사회학을 이야기하다가 너무 많이 나간 주제 아니냐고 따질 것이다. 그런데 그 멀리 떨어진 지점과 지금이 긴밀히 연결되어 있으니 육아는 의미심장하다. 내가 진심을 다해서, 사랑을 가득 담아 자녀를 교육한다 할지라도 그게 그릇된 고정관념의 장벽에 쌓는 또 하나의 벽돌이 될 수 있다. 부모 잘못이라는 말이 아니다. 그런 벽돌이 쌓여 모든 걸 부모에게 책임을 묻는 세상이 지금 어디로 향해 가는지는 알아야 하지 않겠는가.

사춘기는 한때여야 한다

자녀보호는 공적개념이다

다세대 빌라가 다닥다닥 붙어있는 동네에서 살 때였다. 누가
조금만 크게 말하면 온 동네에 소리가 쩌렁쩌렁 울릴 정도였다.
초저녁부터 시작된 건너편 빌라에 사는 한 남자의 괴성이 대단
했다. 분풀이의 상대는 고등학생인 자기 아들이었다. 이유는 "성
적이 이게 뭐냐", "그런데도 허구한 날 놀러만 다니냐" 등 한국
사회에서 낯설지 않은 것이었고 역시나 "그따위로 살다가 어떻
게 되는 줄 아냐"라는 협박이 심한 욕설과 함께 이어졌다. 특히
그날은 누구는 때리고 누구는 맞는 소리까지 적나라하게 들렸
다. 동네 주민 한두 명이 그 집 주변에 모여들었다. 시끄러워서
이기도 했지만 무엇보다 '그 집 아이'의 고통에 울부짖는 소리

를 외면할 수 없어서였다. 정말 이러다가 사고 나는 것 아니냐는 걱정 속에 누군가가 경찰에 신고를 한 모양이다. 경찰차의 모습을 본 사람들은 그제야 안심을 하고 각자 집으로 돌아갔다. 경찰이 초인종을 누르고 남자는 잠잠해졌을까? 밖으로 나오라는 경찰의 말에 자신이 왜 나가야 하냐며 한참이나 실랑이를 하더니 거칠게 문을 여는 소리가 들렸고 그가 격앙된 어조로 소리쳤다. "누가 신고했어! 내가 내 애 훈육 중인데 누가 간섭이야!"

극단적인 사례처럼 들리겠지만 유사한 가치관을 고수하는 부모들이 정말 많다. 저 부모의 이상한 신념은 무엇일까? 바로 '소유'다. 자녀를 '내가' 보호해야 한다는 범위를 넘어선 '내 것'이라는 확신을 가진 사람들이 한국에는 정말로 많다. 많은 이들이 자녀보호와 자녀소유를 혼동한다. 마치 소유권이 있으니 어떻게 보호하든 간섭하지 말라는 식이다.

체벌하는 부모는 자기자녀를 소유하려는 경향이 강하고 한국인들에게 유독 이런 특징이 지독하다는 철 지난 이야기를 하자는 게 아니다. 물론 아직도 체벌은 필요하다는 사람들도 많고 아이의 등짝을 손바닥을 때리는 건 체벌이 아니라고 생각하는 놀라운 상상력의 소유자들도 있지만, 그런 사람들만 자녀를 소유하려는 부모로 단정 지어서는 안 된다. '안 때린다'는 사실만으로 자신이 자녀와 굉장히 수평적인 관계를 맺고 있는 것은 아니기 때문이다. 실상은 그리 간단한 문제가 아닌데 말이다.

결혼과 육아의 사회학

자녀보호는 말 그대로 어른이 아닌 사람을 어른이 적극적으로 보호해야 한다는 개념이다. 여기서 중요한 것은 이 보호를 위해 노력해야 할 대상의 범위가 넓다는 것이다. 아이의 안전을 위해 부모는 물론 사회 모두가 책임져야 할 부분이 있다. 예를 들어 부모가 아이를 24시간 내내 돌볼 수 없기 때문에 스쿨존이 따로 있고, 통학 및 통원 아동이 승하차하는 버스는 여러 규정을 준수해야 한다. 우리나라에서 잘 지켜지지 않아서 문제이지만 아이와 어떤 이해관계도 없는 일반 운전자들도 도로에서 노란 버스를 더 배려해야 함이 마땅하다. 부모는 자녀가 나쁜 음식을 먹지 않도록 주의시켜야 하지만, 그보다 더 중요한 건 우리가 일상적으로 접하는 모든 음식이 나쁜 음식이 아니도록 철저히 관리 감독하는 의무가 국가에 있어야 한다는 것이다. 즉, 자녀보호는 사적 영역을 넘어 공적 영역에서도 엄격하게 존재한다. 그리고 공적 영역이 추구하는 가치를 무시하는 개인이란 존재할 수 없기에 "모든 아이는 모두의 아이"라는 슬로건도 완성될 수 있다.

단순히 안전상의 문제만이 여기에 포함되는 건 아니다. 자녀가 어떤 가치관을 가져야 하는지에 대해서 공적 영역의 개입은 지대하다. 예를 들어 미국 사회의 경우 동성결혼에 대해서 연방 대법원이 "사랑하는 사람들이 결혼하겠다는데 이를 막을 이유가 없다"[8]라면서 합헌 결정을 내렸는데 이는 미국 어디서든 성소수자에 대한 생각을 어떤 방향으로 하라는 걸 명시한 셈이다.

즉, 성 소수자를 차별하고 혐오할 자유가 사라졌음을 뜻한다. 부모의 신념으로, 교사의 종교적 태도로 "나는 동성애가 싫어!"라고 말하면 그건 의견이 아니라 '틀린' 게 된다. 이처럼 옳고 그름에 대한 방향을 정할 때 국가 최고의 권력 기구의 선택은 이런 흐름을 좌지우지한다. 미국 연방 대법원의 동성혼 합헌 결정은 '우리 자녀는 동성애자가 될 수 없다'의 패러다임이 틀렸고 '자녀가 차별주의자가 되지 않도록 교육해라!', '자녀가 소수자라면 자기 권리를 주장할 수 있도록 가르쳐라!'는 국가의 강력한 선포나 마찬가지다.

우리나라도 다르지 않다. 물론 "동성애 찬성하십니까?"라는 수준 낮은 질문이 그것도 무려 대통령선거 후보 토론회에서 등장하는 걸 보아서는 아직 제자리걸음인 이슈가 많다. 그래도 공적 영역이 우리들의 평범한 일상을 지배하는 건 당연하다. 예를 들어 헌법재판소에서 '간통죄'를 위헌으로 판결한 이상 더 이상 '불륜'의 개념을 과거처럼 접근해서는 안 된다. 법적 결정이 곧 진리가 된다는 뜻이 아니라 그 신호의 이면에 시대가 요구하는 변화의 물결이 존재한다면 이 무게감을 엄중히 느끼라는 말이다. (또한 우리는 현실과 동떨어진 판결이 내려지는 경우를 종종 보기도 한다.) 자기 가족을 배신했다는 식의 부정적인 프레임보다 '성인의 성적 자기결정권'에 국가가 개입해서는 안 된다는 해석이 더 중요하다는 건 두말하면 잔소리다. 그러니 가정에서 부모가,

결혼과 육아의 사회학

학교에서 교사가 사람의 사생활을 '외도', '불륜', '간통' 등의 어휘로 범죄를 저지른 것처럼 접근한다면 과연 제대로 된 교육인지 진지하게 고민해야 함이 마땅하다.

부모 노릇이란 고도의 이성적 판단 행위다. 가족끼리 웃으며 치킨을 먹으면서도 감독과 배우의 그렇고 그런 사랑 이야기를 '처자식 버리고 도망간 남자', '남의 가정 파탄시킨 여자'라고 함부로 추임새를 넣어서는 안 된다. 자신보다 24세 어린 남성 정치인과(유럽 어느 나라의 대통령이다) 부부관계인 여성을 보고 조롱하는 것도 표현의 자유가 아니라 해서는 안 되는 행동이다. 자신이 뱉은 해석이 곧 사회 담론의 씨앗이기 때문이다. 조선 시대였다면 문제 될 게 없겠으나 지금은 아니다.

인류의 역사는 이 자녀보호를 어떻게 할지에 대한 거대한 인정 투쟁의 흐름이라 할 수 있다. 간단하게 말하자면 지금 시대에 자녀를 초등학교에 보내지 않는 건 아동학대다. 당연한 것 같지만 의무교육의 역사는 굉장히 짧다. 내 새끼 자기 마음대로 하겠다면서, 별 필요도 없는 학교에 안 보내고 집에서 농사짓는 일이나 빨리 가르치겠다는 부모들은 이제 사라졌다.

물론 오만한 공적 권력의 개입도 많았다. 개인이 보장받아야 할 신체의 자유를 짓밟는 두발 단속은 얼마나 오랫동안 지속되고 있는가. 하지만 두발 단속을 제한하는 학교인권법이 만들어지고 이 땅에 민주주의가 자리 잡아 가는 과정은 분명 '자녀보

6 사랑하면 괜찮은 걸까?

호'를 제대로 하기 위한 여정임에도 분명하다. 즉, 우리가 어떤 여론을 만들고 이 여론에 정책이 어떻게 만들어지는지가 바로 자녀보호인 셈이다. 하지만 갈 길이 멀다. '자녀소유'에 대한 부모의 잘못된 생각 때문이다.

자녀보호와 자녀소유

자녀소유는 법률적 개념으로 건조하게 이해함이 옳다. 부모와 자녀의 관계를 무시하는 것이 아니라 재산의 상속처럼 특정한 영역에서 타자의 개입 자체를 철저히 차단하기 위해서 자녀의 소유자는 일차적으로 부모라는 사회적 합의가 필요하다. 하지만 그 외의 영역에서는 '옳은 가치'임을 전제로 타자의 끊임없는 개입이 인정되어야 마땅하다. 폭력, 차별, 혐오가 가정에서 발생한다면, 혹은 이런 가해가 가능한 씨앗이 만들어지고 있다면 누구의 자녀라 할지라도 누구에게나 간섭받을 수 있어야 한다. 사람 두들겨 패는 부모를 말릴, 신고할 의무가 모두에게 있는 것처럼 말이다. 그러니 자녀소유는 '내 것'이라는 개념이 아니라 올바른 사회적 가치에 자녀가 노출될 수 있도록 부모가 더 노력하겠다는 의미여야 한다. 그래야 내 아이 더 바르게 키우겠다는 다짐이 가능하고 내 아이 멋대로 키우겠다는 자기소유의 강박이 사라질 수 있다.

결혼과 육아의 사회학

그런데 과연 그럴까? 나는 청소년을 대상으로 사회학적 질문으로 세상을 소개하는 책 《1등에게 박수치는 게 왜 놀랄 일일까?》를 출간하고 여러 학부모를 만날 기회가 있었다. 사회학은 우리가 추구해야 할 공정성에 관한 문제를 제기하면서 기존의 고정관념을 깨는 학문이니 청소년 대상의 책이라고 해서 여러 예민한 지점을 일부러 피하지는 않았다. 능력주의 사회의 문제점을 짚는 것은 물론이고, 가족의 정상성을 묻는 질문부터 동성 결혼에 관한 이야기까지 격앙된 논조로서는 아니지만 차분히 짚을 건 다 짚고자 했다.

학부모만을 대상을 할 때야 별문제가 생기지 않는다. 어차피 자신들 생각과 다르면 그냥 듣고 흘리면 되니까. 문제는 학부모와 자녀가 동반하는 가족캠프 성격에 강연자로 초대되어 갈 때다. 주최 측에서 여기저기 방송에도 나온 사람이라면서 나를 소개하면 다들 자녀 손을 잡고 초롱초롱한 눈빛으로 처음에는 경청한다. 경쟁에 대해서 좀 다르게 생각해보자고 하면 나름 환호한다. 체벌은 교육의 선택지가 아니라 틀린 것이라고 해도 고개를 끄덕거린다. 보통 한국 사회의 과도한 교육열에 힘들어하는 사람들이 모인 단체에서 나를 주로 부르기 때문에 당연한 일이다. 하지만 거기까지다. 난민 문제 이야기할 때부터 분위기가 달라지는 게 느껴지고 '화목한 가정'이라는 고정관념이 지금껏 많은 희생자를 만들었다고 하면 침묵이 흐른다. 그리고 성 소수자를 언급하면 곳곳에서 "그 주제는 빼고 진행해달라"라는 하소연이 들리기 시작한다. 보수적 성향이 강한 곳에서는 "때려 치워라!"라고 직접 말하는 사람도 있었다.

나는 이런 반응을 절대 피하지 않는다. 반론을 존중하니 말해보라고 하면 이때 등장하는 키워드가 바로 '자녀소유'다. 무슨 말인지는 알겠는데 그건 우리 부부가 알아서 하겠으니 안 했으면 좋겠다는 불만이 당당하게 등장한다. 나는 우리 사회가 좋은 쪽으로 가기 위해서 어떤 자녀보호가 필요한지를 말하고 있었는데 부모는 자신이 인정하지 않는 지점에 대해서는 자녀소유라는 개념을 방패 삼아 누구의 간섭도 받지 않을 권리가 자신들에게는 있다고 생각한다. 자녀소유라는 있지도 않은 권리를 내세워 새로운 논의의 개입을 막아버리니 어떤 논리로도 이들을 설득하긴 어렵다. 자녀소유라는 방어막은 자녀보호의 공공성을 무시하는 효과가 대단하다.

그날 이후 나는 강연 사전 조율에 꽤 애를 먹고 있다. 의뢰가 오면 이런 지점들까지 반드시 다루겠다고 의사를 전달한다. 그러면 내부 반응 확인 후 답을 다시 주는데 주로 그 내용까지는 어렵다는 회신이 온다. '중립적이지 않고 정치적일 수 있다는 우려가 있다'는 부연 설명과 함께. 다 자녀를 위해서 내린 결정일 것이다. 과연 이들의 자녀는 어떻게 살아갈까? 차별과 혐오에 둔감한 자신의 모습을 균형 잡힌 시각이라고 자부하지는 않을까?

결혼과 육아의 사회학

사춘기는 '한때'였다

질풍노도는 사춘기 시절의 사춘기를 설명할 때 등장하는 단골 용어다. '질풍노도疾風怒濤', 한자 뜻 그대로 '몹시 빠르게 부는 바람과 무섭게 소용돌이치는 물결'처럼 행동하는 것이 바로 사춘기의 대표적인 특징인데, 사람마다 차이는 있지만 10대 초·중반에 누구나 그러한 경험을 한다.

하지만 '사춘기는 한때'라는 말은 더 이상 적절하지 않다. 지금껏 질풍노도가 10대의 전유물이었던 이유는 대략 그때쯤이 상상의 날개를 접고 현실 자각을 하는 시기이기 때문이다. 지금껏 내가 알던 가상의 세상과 마주할 진짜 세상이 다름을 인지하고 그래서 자신의 꿈이 허황되었음을 인정해야 하니 어찌 괴롭지 않겠는가.

무엇보다 현실을 알아갈수록 부모의 실무적 간섭이 본격적으로 시작된다. 아이가 "나는 나중에 공룡이 되고 말 거야!"라며 야무진 꿈을 이야기했을 때는 어떤 부모도 간섭하지 않았다. '공룡 조기 양성 학원'이 존재하지 않으니 당연했다. 부모의 간섭이 없으니 자녀는 당연히 행복하다. 하지만 아이가 현실에 눈을 뜨자 상황은 급변한다. 부모들은 무엇을 해야 하는지, 하지 말아야 하는지 알려주기 바쁘다. 부모는 '살아본 경험'이라는 말을 수없이 반복하면서 자녀의 미래 설계에 개입한다. '내 꿈'을 위한답시고 타인이 감 놔라 배 놔라 하니 어찌 혼동이 생기지 않을 수 있을까.

그러나 아직은 '상상력의 잔재'가 남아 있을 시기다. 아이들은 세상 만만치 않다고 해서 어른들처럼 재빨리 방향 수정을 하지 않는다. '지극히 현실적인 선택'은 현실에 오래 살아본 이들의 감각이다. 아직 현실보다 상상이 더 익숙한 이들은 불가능은 없다고 자신한다. '나는 특별하다'는 생각에 사로잡혀 자신이 영웅적 서사의 주인공이 될 거라고 착각한다. 학술 용어로는 '개인적 우화Personal Fable'라 하는데 우리에겐 '중2병'의 대표적인 증상으로 알려져 있다. 허세에 가득 차 있으니 부모나 교사 등의 외부 간섭과 티격태격할 수밖에 없다. 세상이 생각 이상으로 잔인하다는 것을 알아가는 두려움과 그럼에도 자신은 예외가 될 수 있을 거라는 자신감이 교차하니 질풍노도는 당연한 결과다. 20대가 되면 이 간격이 현저히 줄어든다. 상상력과 허세가 동시에 고갈되어 사람들은 그저 평온하고도 평범하게 살아간다. 20대가 되면 질풍노도였던 과거를 '그땐 그랬지'라고 할 수 있을 정도로 현실에 빠르게 적응한다. 그러니 사춘기는 '한때'에 불과했다.

그런데 작금의 한국 사회에서는 모두가 사춘기를 겪는다. 일단 빨라졌다. 요즘 아이들이 과거보다 빨리 사춘기를 겪는다는 건 이제 놀라운 일도 아니다. 신체의 변화 없이도 사춘기는 온다. 현실을 직시하길 강요하는 세상에서는 '우주비행사'처럼 요

결혼과 육아의 사회학

란한 꿈을 꾸면 초등학생 3학년만 되어도 놀림을 받는다. 부모는 안쓰러운 자녀에게 과거보다 훨씬 빨리 개입한다. 미래 계획이 정교할수록 아이의 꿈은 협소해진다. 부모가 "너 나중에 뭐 하려고 이렇게 말썽이냐"라는 푸념을 빨리할수록 아이들은 자신의 나중 모습이 불안하다. 이처럼 아이들이 멋대로 꿈꿀 수 있는 시간적 시효는 짧아졌고, 자신이 세상에서 낙오될 수 있다는 두려움을 느끼는 시기는 빨라졌다. 여기서 좌불안석하지 않을 수 있을까.

또한 사춘기는 길어졌다. 불안이 도무지 끝나지 않는다. 그러니 적당히 나이가 들어도 계속 사춘기다. 지금까지는 청소년기가 불안한 미래에 대한 발버둥이었다면, 청년기는 구체적인 목표를 향한 힘차고 또 그만큼 효과가 있는 발걸음이었기에 '사춘기'가 종료될 수 있었다. 하지만 지금은 아니다. 청년기로 진입해도 혼돈 없는 안정적 삶이란 존재하지 않는다. 존재는커녕 기획조차 불가능하다. 자유롭게 술 마실 수 있고 투표권이 생긴 것을 제외하면 청소년기와 다르지 않은 삶을 살아야 한다. 그러니 요즘 청년들을 '애'라고 불러도 어색하지 않다. 부양받아야 하는 다 큰 존재는 이처럼 처량하다. 20대의 사망 원인 중 1위가 '자살'이다. 끝날 줄 알았던 사춘기가 끝나지 않으니 정신적으로 무너지는 사람이 많을 수밖에 없다.

청년 사춘기의 문제는 지금껏 투자한 것이 너무 많다는 데 있

6 사랑하면 괜찮은 걸까?

다. 초등학교 3학년이면 겪는 '이른' 사춘기가 '해야 할 것'이 갑자스레 많아져서 나타나는 것이라면 청년들의 끝나지 않는 질풍노도는 '해도 안 되더라'는 절망에서부터 시작된다. 그리 대단한 꿈을 꾼 것도 아니었다. NASA에서 우주선을 만들 생각을 한 것도 아니고 UN에 취업해 전 세계를 돌아다니길 희망했던 것도 아니다. 연봉 5000만 원을 원한 것도 아니다. 이들은 분수를 잘 안다. 그래서 그냥 1인분만 제대로 부양하길 기대하면서 초등학생이 되기 전부터 사교육에 매진했지만 결과가 없다. 과거보다 더 많이 공부했고 더 늦게까지 대학에 머무르며 온갖 스펙으로 무장했는데도 보상이 별로 없다. 반복된 실패 속에 청년들은 결국 사회로부터 스스로를 고립시킨다.

아이러니한 것은 이러한 절망적 모습들이 사춘기를 더 연장시킨다는 데 있다. 이렇게 노력해도 저것밖에 안 되는 세상에서 사람들은 역설적이게도 '더' 이렇게 해서 저렇게 되지 않으려고 한다. 그렇게 사교육은 빨라지고 겨우 10대에 인생의 쓴맛을 알아야 하는 끔찍한 세상이 도래한다. 쓴맛을 빨리 안 사람들이 뛰어드는 취업 시장은 당연히 별걸 다 경쟁시킨다. 그래서 대통령이 될 만큼 노력해서 9급 공무원 시험 합격조차 하늘의 별 따기인 시대가 등장한 것이다. 이런 사회에서 정신을 가다듬고 살기란 여간 어려운 일이 아니다.

결혼과 육아의 사회학

관습을 고수하는 것이 현실적인 경쟁 사회

2017년 초에 나는 〈말하는대로〉라는 방송에서 '모두가 중2병을 앓는 나라'라는 주제로 강연을 했다.《결혼과 육아의 사회학》도 그때 집필을 시작했다. 두려웠다. 죽도록 노력해도 평범하게 살아가기조차 힘든 세상에서 누가 '결혼'을 한단 말인가. 그런 한국에서 누군가의 육아를 관찰한다는 게 그리 중요할까 하는 걱정이 있었다. 관찰을 하더라도 선택받은 이들의 꿈같은 이야기들만 발견되면 어쩌나 노심초사했다.

그런데 모든 문제는 연애, 결혼, 출산, 육아도 '죽도록 노력해야 하기에' 발생했다. 지나칠 정도의 대단한 결심을 동반해야 하는 곳에서 사람들은 자신의 선택을 정당화하기 위해 끊임없이 파우스트와의 거래를 선택한다. 인류지대사라 자연스럽게 진행되던 결혼이 인류지대사도 아니기에 안정적인 상태가 아니면 선택되지 않는다. 현대사회에서 '안정'은 양가 부모의 도움 없이는 불가능하니, 꼼꼼하게 따져본 결혼일수록 그 시작은 외부의 개입을 전제한다. 도움이 클수록 개입의 범위도 넓었다. '비혼'을 결심한 이들의 주된 이유가 바로 이러한 권력관계에 눈치를 봐야 하는 '주체의 상실' 때문이었다.

결혼이 신중했다는 것은 그만큼 현실이 살얼음판이라는 거다. 그리고 불안의 시대를 살아가는 사람들은 결혼의 원래 가치를 전복하는 모험을 할 수 없다. 괜한 새로운 시도보다는 이 사회를 버티는 데 최적화된 기존의 관습을 고수하는 것이 현실적이기 때문이다. 그래서 남편은 자신을 집안의 기둥이라고 생각하고 죽도록 일한다. 그만큼 집에서는 권위를 권리라면서 군림한다. 이 기울어진 운동장에서 아내는 모든 것을 모성이란 가치로 수긍한다. 모성은 시대가 지날수록 '더' 강조되는 경향이다. 지금의 여성들은 평생 여자이길 포기한 자신의 엄마와는 다르다고 자부하지만, 그 실상을 살펴보면 모성적이면서도 여성적인 사람으로 거듭났을 뿐이다. 산후조리원에서도, 자기계발서에서도 '모성의 힘으로' 슈퍼 엄마가 되는 걸 마땅하다고 끊임없이 강요한다. 이런 철저한 분업 덕택에 험난한 시대를 버틸 수 있으니 부당하다고 어디에 따질 수도 없다. '시대가 달라졌다', '남녀 차별은 예전 말이다' 등의 말들이 SNS에는 넘쳐흐르지만 현실에서는 언감생심이다.

따질 만큼 따진 결혼이건만 그 보상의 결핍에 부모들은 혼란스럽다. 결혼하지 않는 시대에, 출산하지 않는 시대에 '결혼 잘했다', '아기 잘 키웠다' 소리를 듣지 못한다면 왠지 자신이 바보가 된 기분이다. 어른 사춘기를 겪는 셈이다. 하지만 이들의 방황은 길지 않다. 자녀라는 새로운 무기가 있기 때문이다. 이들의 한은 고스란히 자녀를 통해 역전 홈런을 치겠다는 욕심으로 이어진다. 그 시작은 아이가 자본주의 사회에서 쪽팔리지 않게 살도

결혼과 육아의 사회학

록 물심양면으로 도와주는 거다. 신생아 수는 파격적으로 줄고 있지만 관련 시장은 놀라울 정도로 성장하는 게 그 증거다. 육아 박람회장을 가보면 모든 상품이 '지금은 적기'라면서 소비의 과학적 정당성을 마련해준다. 그러니 부모라면 지갑을 열어야 한다. 자녀들이 혹시나 기죽을까 봐 소비하는 부모들인데, 이들의 교육 경쟁이 대단하지 않을 수 있을까? 미디어에서 주목하는 '극단적' 사례에 비하면 자기는 별거 아니니 문제 될 것도 없다.

그렇게 모두가 모든 것을 경쟁한다. 경쟁이 싫어 다른 길을 선택한 사람들도 마찬가지다. 그들은 자신들처럼 과감한 선택을 하지 못하는 평범한 사람들과 다름을 부단히도 강조하며 어떻게든 '특별함'을 드러낸다. 예를 들어 '자연주의 육아'의 외골수들이 자신들의 방법을 부모의 도리처럼 포장하는 것이 그렇다.

나쁜 사회는 사람들의 적극적인 실천으로 돌아간다. 엉터리 세상에서 피해보지 않으려는 개인의 선택들이 더 엉터리의 세상을 자연스럽게 만든다. 반사회적 내용이 수두룩한 육아서는 육아 공장의 컨베이어 벨트가 잘 돌아가도록 부모의 머릿속에 기름칠을 한다. '그렇게 할 만한' 사람들의 이야기를 '부모라면' 당연히 해야 하는 것처럼 포장해 '그렇게 할 수 없는' 어려운 처지에 놓인 사람들을 기만한다. 사회성을 키운답시고 왕따 '당하지 않는 법' 전수하기에만 급급하니 왕따 '하는' 폭력은 면죄부를 얻는다. 개인이 무엇이든 극복할 수 있다는 식의 논의는 모든 문제는 결국 개인에게 있다는 해괴한 철학을 수면 위로 드러낸다.

그러니 각자도생이 유일한 삶의 자세가 되어버렸다. 늘 돈 걱정하고 살아야 하는 평범한 사람들은 역사에서 분명하게 검증된 '교육'이라는 가장 효과적인 생존법에 매달릴 수밖에 없다. 대학 이름이 무엇이 중요하냐는 사람들도 있지만 부모들은 대학 이름이 유용한 개인 명찰이 되는 현실을 경험했다. 물론 과거처럼 신분 상승의 욕망 따위의 이유로 교육에 몰두하지 않는다. 그서 평범한 삶이라도 살고 싶어서, 평균치에서 벗어나면 구제는커녕 끝장나는 인생이기에 교육에 집착한다. 모두 다 집착하니 변별력 확보를 위해 '사교육'을 하지 않을 수 없다. 경쟁의 시기가 빨라지고 목록이 많아지면서 우리는 '평가'에 길들여진다. 그래서 이 평가의 피해자이면서도 이를 수긍하고 다른 피해자의 발버둥을 모른 척하는 가해자가 되어 살아간다. 이러한 사회적 악을 행하면서도 모든 것을 '부모 역할', '자본주의 이치'라는 담론으로 포장해 스스로 면죄부를 준다. 악순환이 선순환되지 않을 수가 없다.

사람들은 '이렇게라도 하지 않으면 큰일 나는' 현실을 직시하라고만 한다. 하지만 우리가 정말로 따져봐야 할 현실은 '그렇게 했는데 도대체 어떤 세상'이 등장했냐는 거다. 모두가 비싼 전화기를 손에 들고 있으니 행복한 사회인 것일까? 삶이 전투가 된 세상에서 우리는 전쟁이 없는 사회를 희망하지 않고 더 강력한

결혼과 육아의 사회학

무기로 무장했다. 그 결과 모두가 피투성이가 되어 서로가 서로를 밀어내는 비열한 경쟁을 '요람에서 무덤까지' 하고 있지 않은가.

사춘기가 인생 '한때의' 특징이길 희망하며 글을 마친다. 현실을 '버틸' 아이를 기르는 것이 아니라 버티지 않고도 누구든지 행복하게 살아갈 수 있는 세상을 만드는 것이 우리 모두의 몫임을 잊지 않았으면 한다. 단순히 '사교육으로부터 자녀를 해방시켜라'와 같은 뜬구름을 잡자는 것이 아니다. 부모가 원하는 삶에 자녀들이 세팅되고 있지는 않은지, 자녀가 자신의 인생을 스스로 설계하는 데 부모가 어떤 방해를 하고 있는지 되물어보았으면 좋겠다.

이런 마무리에 '너무 공허하다'는 사람들이 많은데, 그만큼 우리는 '시민'이 무엇을 하는 사람인지조차 모르고 살아간다. 시민은 '보다 좋은 사회를 위해서 객관적인 노력을 하는 사람'이다. 자녀를 시민으로 기를 교육이 중요하지 않다면 그게 어떻게 '사람의 육아'라 할 수 있겠는가. 과격한 표현이지만 호모 사피엔스의 정체성을 피해 가서도 안 된다. 마지막으로 묻고 싶다. 당신의 자녀는 잘 자라고 있습니까?

자녀의 '정직한 독립'을 꿈꾸며

자녀와 진짜 대화를 할 수 있습니까?

노변정담爐邊情談은 나의 버킷리스트다. 화롯가에 둘러앉아 유유자적한 분위기 속에 성인이 된 자녀들과 주거니 받거니 나누는 대화. 전원주택 거실의 벽난로 앞에 주말을 맞아 집을 방문한 자녀들이 저녁을 먹고 옹기종기 모여 앉았다. 와인 한잔에 가족의 추억이 회상되어 모두가 즐거워한다. 최신 시사 이슈에 대해서도 모두가 진지하게 자신의 견해를 밝히고 때론 격렬히 토론한다. 그러다가 아이들은 사회생활 하면서 겪는 어른으로서의 고충을 부모에게 허심탄회하게 뱉는다. 그 옆에 우리 부부와 동고동락한 유기견 한 마리가 늘어져 자고 있다. 아, 생각만 해도 그림 좋다. 부모와 자녀 간에 소통이 된다는 확신이 없다면 불가능한 일이다. 나와 아내는 아이들의 고민에 "내가 살아봐서 안다", "그땐 이렇게 해야지"라고 재단하지 않는다. 물론 간절한 희망 사항이다. 가족끼리 진짜 대화를 하는 것.

많은 부모가 생각하는 미래의 모습일 거다. 벽난로야 소수만이 누릴 혜택일 것이니 나름의 방식으로 가족이 오랫동안 끈끈하길 희망한다. 그런데 이를 실천하는 모습을 보면 어색한 지점이 있다. 먼저, 억지로 화목한 그림을 희망하는 부모들을 보자. 화목한 그림은 평소에 화목해야 가능한데 이를 무시하고 그 순간만큼은 특별한 향기가 다른 사람에게 퍼지길 원한다. 할아버지, 할머니가 된 부모들이 주로 그렇다. 이들에게 손주는 자신들의 삶이 모나지 않았다는 증거다. 자기들이 열심히 살았으니 자녀도 결혼한 것이고 게다가 대를 이었으니 죽기 전에 조상과 주변 사람에게 면목은 생겼다는 거다. 단지 세대 전승이 지속된다는 이유로 가족이 화목하다는 착각은 친척 결혼식이나 명절처럼 의무적으로 함께 모이는 공간에서 어색한 그림을 연출하는 집착으로 이어지곤 한다.

가족이 화로 앞에 모이면 행복이고 과일이라도 함께 먹으면 화목한 줄 아는 부모 앞에서 다 큰 자녀는 괴롭다. 솔직히 과거의 앙금은 그대로인데 너무 자연스럽게 덮어졌다. 할 말 못하고 겉으로만 행복한 척 연기해야 하는 자신이 괴로운데 부모는 아랑곳하지 않고 "이제 죽어도 여한이 없다"라면서 좋아한다. 어찌 웃음꽃 만개한 부모 앞에서 예전 사연들을 따져가며 끄집어낼 수 있으랴. 솔직하게 털어놓아봤자 '좋은 날 재 뿌린', '끝까지 부모를 괴롭힌 경우'밖에 더 되겠는가. 그러니 그저 부모가 원하는 그림에 적당히 맞춰준다. 이처럼 가족은 화목해야 한다는 강박 속에서 개인의 상처가 은폐되는 노변정담은 터져야 할 시한폭탄의 타이머를 지연시키는 위장 전략일 뿐이다. 이런 무례가 가능한 이유는 자녀에게 이 정도 부탁은 별문제 아닐 거라는 확신이 있기 때문이다. 자녀를 소유하려는 사람은 평생 자녀에게 큰 짐을 주지만 죽을 때까지 본인이 무슨 잘못을 했는지 아무리 노력해도 알 수가 없다. 오히려 "부모가 자녀와의 관계를 회복하려고 이렇게까지 했는데 너는 계속 고집만 부리냐"라면서 돌아오지 못할 다리를 건널 가능성만 높다.

하지만 억지 연출보다 더 우려스러운 모습이 있다. 정말로 화기애애한 가족이라면 아무런 문제가 없을까? 가족이 수평적인 관계에서 서로 믿고 의지하기에 별다른 분란 없이 노변정담이 가능하다면 그저 좋은 것일까? 갈등이 없다는 것은 특정한 가치에 대해 가족 모두가 같은 입장을 보인다는 말이다. 그렇다면 그릇된 고정관념을 가족이 똘똘 뭉쳐서 고수한다면 이는 또 어떻게 해석해야 할까? 부모가 가진 고정관념이 자녀에게 그대로 전수되었으니 이들은 잘 지내고 있을 뿐이다. 노변정담을 할 수 있느냐 아니냐의 질문도 중요하지만, 그때 무슨 이야기를 해야 하는지도 부모라면 짚어야 한다.

고정관념을 가르치는 화기애애한 아빠캠프

미래의 노변정담을 요즘 부모들은 캠핑장에서 미리 실천한다. 그래서 평소에 자신이 어떤 말을 내뱉고 어떤 행동을 했는지 성찰하지 않고, 가끔씩 텐트 치고 모닥불 피워놓으면 자녀와의 어색했던 관계도 단번에 해결된다고 믿는 사람들이 있다. 본인은 입으로 차별과 혐오를 정당화하면서 아이들이 숲속에서 공기를 마셨으니 착한 사람이 될 거라고 착각하는 부모들 말이다.

모 기업에서 '아빠캠프'를 열었다. 나는 별자리를 구경할 수 있다는 기대에 혹시나 하고 신청을 했는데 수백 대 일의 경쟁을 뚫고 당첨이 되었다. 아빠가 가족에게 요리부터 놀이까지 모든 것을 책임지는 형태의 캠프였는데, 이런 주제는 결국 평소에 집안일 담당은 엄마라는 전제를 하고 있어 찝찝했지만 모든 비용이 공짜라고 하니 즐거운 마음으로 1박 2일간의 일정에 참여했다.

끔찍했다. 우려했던 바가 그대로 눈앞에서 펼쳐졌다. 모든 가정은 화목했고 주최 측이 시키는 것에 어떠한 의문을 표하지 않았다. 함께 웃고 즐거워했다. "오늘은 아빠가 우리 집의 노예"라는, 그러니까 평소에는 엄마가 노예라는 뜻의 현수막 아래에서 아빠들은 누가 텐트를 빨리 치는지를 시합했다. 나는 남들 구경하다가 꼴찌를 했다. 내 옆에서 땀을 뻘뻘 흘리며 텐트를 친 팔 근육이 람보 같은 남자는 연신 괴성을 지르면 팩을 박았다. 그럴 때마다 엄마와 자녀들은 신나게 응원했다. 그것도 "진짜 사나이, ○○ 아빠"라는 작은 팻말까지 들고.

가족을 위한 아빠의 특별한 저녁 식사 준비는 가관이었다. 그냥 요리하면 될 일인데 주최 측은 일부러 핑크빛 앞치마와 실생활에서 별 사용도 않는 두건을 쓰게 했고 사회자는 "오늘처럼 밖에 나온 날에는 평소 고생한 엄마들은 쉬고 아빠들이 일해서 점수 따야 해요"라고 말하며 오늘이 아닌 날에는 아빠와 엄마가 무슨 일을 해야 하는지를 자녀들에게 잘 전수하고 있었다. 그리고 요리가 자연스러운 아빠에게 가더니 "이 아빠, 보통 남자와는 다르게 굉장히 섬세한 스타일이에요"라면서 끊임없이 남성과 여성의 차이를 말해주기에 바빴다. 결국에 섬세한 여성은 집에서 요리하기에 적합하다는 고정관념을 다시 확인하는 시간이었다. 물론 이에 동의하는 가족은 화기애애했다. 아니나 다를까 아빠들은 여장을 하고 패션쇼를 하는 유치한 장기자랑을 열렬한 환호를 받으며 이어갔다. 마지막 프로그램은 캠프파이어였다. '아빠 힘내세요! 우리가 있잖아요'라는 오글거리는 코너에서 아빠를 응원하는 편지를 가족이 낭독하는 시간이 이어졌다. "가족을 위해 매일 아침 힘들게 출근하는 당신의 어깨를 바라보며"라고 어떤 엄마가 운을 뗄 때부터 캠핑장은 눈물바다였고 "아빠

결혼과 육아의 사회학

가 우리를 위해 밤낮을 가리지 않고 고생하시는 만큼 저도 열심히 공부해서 꼭 좋은 대학에 가겠습니다"라고 아홉 살짜리가 훌쩍거리며 읽자 말로 표현할 수 없는 엄숙함이 캠핑장을 감쌌다.

1박 2일 동안 캠프장에는 사랑, 믿음, 긍정이 넘쳤다. 가족은 이런 좋은 에너지를 바탕 삼아 기존의 고정관념을 철저히 수긍했고 사이사이 '어쨌든 각자도생!'을 외쳤다. 이 가족들, 수십 년이 지나서 벽난로 앞에 모이면 추억거리가 한 가득이라 이야기가 끊이지 않을 것이다. 서로가 서로를 믿고 의지하니 함께한 시간이 얼마나 소중하게 느껴지겠는가. 강요 때문에 억지로 화목한 가정을 연출한다는 생각을 이들은 절대 하지 않을 것이다. 하지만 이 가정을 우리 후손들이 본받아야 할 모델이라고 할 수 있을까? 마냥 평화로우면 인류를 괴롭힌 나쁜 고정관념이 자녀에게 그대로 전수되든 말든 상관없단 말인가? 아, 그게 나쁘든 말든 살아가는 데 필요하기에 별수 없다고? 자녀가 그릇된 사회에서 버티기 위한 생존의 테크닉만을 몸에 지닌 채 어른으로 살아가는 건 정직하지 못한 독립이다.

자녀의 정직한 독립을 희망하며

오랫동안 한국인에게 좋은 소는 어떤 소였나? 소는 마블링 정도에 따라, 그러니까 근육 사이에 지방 침투가 높아 하얀 대리석

같은 빛깔이 선명할수록 좋은 소로 평가받는다. 이 기준으로 볼 때 한국의 소는 세계 으뜸이다. 마블링 등급제를 도입한 미국조차 한우의 지방을 따라오지 못한다. 아니 따라가지 않는다. 소에게 고의적으로 지방을 그렇게 늘리면 안 되기 때문이다. 하지만 우리나라는 그렇게 해야지 '명품'이 되니 한다. 너도나도 경쟁하니 1등급 위로도 두 단계나 더 생겼다. 풀을 먹어야 하는 소가 다른 걸 너무 많이 먹었으니 소는 아프다. 초원에서 움직여야 할 소가 좁은 공간에서 갇혀 몸집만 키웠으니 소는 아프다. 약을 먹고 주사를 맞을 수밖에 없다. 그 소를 먹는 사람은 살이 쪄서 각종 대사질환에 노출되는 것은 물론이고 여러 질병에 쉽게 노출된다. 그런데 우리는 그런 소를 좋은 소라고 한다. 공짜로 먹을 일이라도 생기면 횡재했다고 말한다.

이 예시는 이 책의 주제와 긴밀히 연결되어 있다. 소는 우리들의 자녀. 우리들은 자녀에게 그저 '좋은' 평가를 받기 위한 목적이랍시고 세상의 이상한 기준을 맹목적으로 따르게 한다. 그러면 지방이 너무 많아 여러모로 아픈 소가 "내가 세계에서 가장 특별해!"라고 외치게 된다. 마블링이라는 얼토당토않은 기준으로 소의 등급이 구분되고 모두가 이를 의심하지 않았듯이, 우리는 자녀에게 무엇을 제공하고 있는지 꼼꼼하게 따져봐야 한다. 그저 주변의 평가가 '좋다', '괜찮다', '멋있다'고 해서 끝날 문제가 아니다. 부모가 강요하는 기준이 과연 사회적으로도 옳

결혼과 육아의 사회학

은지를 묻지 않고 부모 노릇이 완성될 수 없다.

지방이 많을수록 좋다는 것과 다를 바 없는 기준들은 많다. 남자는 남자답게, 여자는 여자답게 키우는 걸 인간의 타고난 정체성이라고 여기는 부모들이 어디에나 있다. 자본주의 사회에서 공부 결과에 따라 사람을 다르게 대하는 것이 공정한 것이라는 확신은 그 반대로 생각하는 사람을 마치 공정하지 못한 사람으로 만든다. 결국 그런 사람들은 입을 닫아버릴 것이다. 차별을 우리 스스로 굳건히 인정하는 사회에서, 부모들은 차별받지 않으려면 마블링이 많아야 한다고 자녀에게 강요한다.

고정관념을 깨지 않으니 모든 결과는 다 자기가 잘났거나 못나서 벌어진 일로 해석된다. 성공한 사람이 유독 자기 포장이 많은 이유다. 이들은 자신이 잘 될 수 있었던 여러 '운'의 요소를 깡그리 부정하고 모든 게 자기 노력 때문이었다고 떠벌리기 일쑤다. 수혜를 수혜라고 하지 않는 정직하지 못한 독립이다. 그 반대도 마찬가지다. 자신을 옥죄였던 엄청난 사회구조의 존재를 애써 외면하고 그저 스스로 부족했다면서 머리를 긁적거리는 걸 도덕적이라고 생각하는 사람의 경우도 역시 정직한 독립이라 할 수 없다. 부모는 그저 한 개인이 홀로 마음먹기에 따라 잘못된 사회구조를 깰 수 없다는 걸 자녀에게 솔직하게 알려줘야 한다. 개인이 모여서 사회를 바꾸어나갈 때 더 많은 사람이 행복해지고 그 덕에 자신도 절망에서 탈출할 수 있음을 부단히 강조해

에필로그

야 한다. 그러지 않았으니 자녀들은 어른이 되어서도 모든 실패를 자기 탓으로 돌릴 수밖에.

하지만 이 각자도생의 철학을 가졌다고 부모에게 책임을 물을 수도 없다. 지금의 부모는 육아에 접근하는 전제부터가 과거와 다르다. 일반적으로 예전의 부모들은 아무리 본인의 상황이 힘들더라도 자녀의 모습 앞에서 충만함을 느끼고 이런 말을 하곤 했다. "너를 안 낳았으면 어쩔 뻔했을까 싶어." 자녀를 너무 사랑해서라기보다 2세를 키우는 것만큼의 가치 있는 일이 그리 많지 않다고 여겼기 때문에 자주 등장한 말이리라.

이런 표현이 최근 달라졌다. 많은 부모들이 진지하게 '만약 너를 안 낳았으면 내 인생이 어떻게 달라졌을까'를 고민한다. 내가 결혼을 하지 않았다면, 출산하지 않았다면, 둘째는 욕심부리지 않았다면 자신의 삶이 지금과는 분명 달랐을 것이라 확신한다. 틀린 추론이 아닐 거다. 1인분 부양조차 힘든 사회에서 결혼과 출산은 억울하다고 느낄 만하다. 결혼과 출산에 그리고 육아에 쓰인 돈을 자신에게 투자했다면? 아, 그럼 나는 어떤 사람이 되었을까?

부모의 방어 심리는 이렇게 정당화된다. 어떻게든 가정은 꾸려졌고 이제 쟁취할 수 있는 모든 욕망을 가시화하고 싶다. 그러면서 예외가 되지 못하고 평범한 삶을 사는 자신의 한을 자녀를 예외로 만들려는 집착으로 전환시킨다. 그 결과 우리 사회의 공

결혼과 육아의 사회학

공적 토대는 푸석해진다. 디지털 사회에서 겉으로는 굉장히 우아하게 달라진 육아의 모습을 보여주더라도 실제 삶은 전쟁이라 물갈퀴를 멈출 수 없다. 이 책은 그 물갈퀴가 이상한 방향으로 자녀를 이끌고 있음에 주목한 것이다. 부모가 느끼는 한스러움은 사회를 변화시키는 동력이 되어야 한다. 자신의 억울함을 자녀를 바꾸기 위한 연료로 사용하게 되면 나중에 벽난로 밑에서 그 어떤 이야기도 제대로 하지 못할 것이다. 아니면 대화가 오간들 그건 공동체의 토대를 무시하는 수준에 불과할 것이다. 거듭 말하지만 나라고 예외가 아니다. 그 두려움에 글을 시작했고 마칠 수 있었다.

주석

프롤로그

1) 클라우스 베를레, 박규호 옮김, 《완벽주의의 함정》, 소담, 2012, 90쪽

1 "결혼 안 해?"가 아닌 "결혼을 왜 해?"라고 묻는 세상에서 결혼하기

1) 박노자, 〈결혼이라는 이름의 시장〉, 한겨레, 2018. 1. 31

2) 경향신문, 〈'결혼'에 등 돌리는 여성들, 이유는 '행복'〉, 2018. 3. 22

3) 노컷뉴스, 〈2030세대 절반, '결혼, 안 하는 게 이득'〉, 2017. 6. 5

4) 박노자, 같은 글, 한겨레, 2018. 1. 31

5) 에바 일루즈, 김희상 옮김, 《사랑은 왜 아픈가: 사랑의 사회학》, 돌베개, 2013, 25쪽

6) 뉴시스, 〈'2015 인구총조사' 女대학원졸 · 男전문대졸, 미혼인구 비율 가장 높아〉, 2016. 12. 19

7) 결혼을 '탈각'으로 표현한 것은 다음 글에서 참조했다. 김정영 · 이성민 · 이소은, 〈'나'의 성장과 경험으로서의 연애의 재구성: JTBC 〈마녀사냥〉 분석을 통해 본

결혼과 육아의 사회학

청년 세대의 연애 담론의 풍경〉,《미디어, 젠더 & 문화》(29호 3권), 2014, 53쪽

8) 크레이그 램버트, 이현주 옮김,《그림자 노동의 역습: 대가 없이 당신에게 떠넘겨진 보이지 않는 일들》, 민음사, 2016, 288쪽

9) All Alone,〈인터넷 쇼핑하듯, 사랑해도 될까요〉, 한겨레, 2018. 2. 10

10) 연애를 '전술'이라는 맥락으로 표현한 것은 다음 글에서 참조했다. 김정영·이성민·이소은, 같은 글, 2014, 53쪽

11) 앤서니 기든스, 김용학 외 옮김,《현대사회학》(제7판), 을유문화사, 2014, 410쪽

12) JTBC 예능프로〈마녀사냥〉을 통해 널리 알려진 용어다. 썸은 something에서 온 말인데 "썸타는 건가요?" 하면 연애로 추정될 만한 어떤 일들이 벌어지고 있는지를 묻는 말이다.

13) 정지민,〈연애의 시대, 어떻게 사랑할 것인가〉, 김만석 외,《내가 연애를 못하는 건 아무리 생각해도 인문학 탓이야》, 알마, 2014, 24~26쪽

14) 김찬호,《사회를 보는 논리》, 문학과지성사, 2008, 136쪽

15) 손승영,〈친밀성의 변화와 섹슈얼리티〉, 김혜경 외,《가족과 친밀성의 사회학》, 다산출판사, 2014, 169쪽

16) 주간경향,〈낭만적 사랑을 원하세요? 상품이 된 연애〉, 2013. 8. 6(1038호)

17) 에바 일루즈, 김희상 옮김,《사랑은 왜 불안한가: 하드 코어 로맨스와 에로티시즘의 사회학》, 돌베개, 2014, 71쪽

18) 박혜경,〈한국인에게 결혼은 숙명인가, 선택인가〉, 김문조 외,《한국인은 누구인가: 38가지 코드로 읽는 우리의 정체성》, 21세기북스, 2013, 252쪽

19) 이 표현은 가해자 중심적 용어이기 때문에 '디지털 성범죄'라고 해야 한다는 비판이 많다. 다만, 디지털 성범죄의 범위가 넓기 때문에 본문에서는 연인들 사이에서 벌어지는 치졸한 복수의 의미를 강조하기 위해 기존 표현을 그대로 사용했다. 범죄의 의미를 희석하고자 하는 의도는 추호도 없음을 밝힌다.

20) '방법론'과 '냉소'라는 표현은 다음 글에서 참조했다. All Alone, 같은 글, 2018

21) '테크닉'이라는 표현은 다음 글에서 참조했다. 김정영·이성민·이소은, 같은

글, 2014, 75쪽

22) All Alone, 2018, 같은 글.

23) 정지민, 같은 글, 2014, 47~48쪽

24) 마강래,《지위경쟁사회: 왜 우리는 최선을 다해 불행해지는가?》, 개마고원, 2016,
198쪽

25) 조남주,《82년생 김지영》, 민음사, 2016, 132쪽

26) 파이낸셜뉴스,〈결혼생활 로망 1위, 男 '아내가 차려주는 아침밥'- 女는?〉, 2014.
5. 22

27) 정희진,〈사회적 특수계급〉, 한겨레, 2016. 11. 25, 인용된 문장이 포함된 지점은
다음과 같다. "남성 네트워크와의 '적대' 속에서 내 능력으로만 살아가야 한다.
사랑의 이름으로 남성의 자원을 승계받는 일부 여성과 '페미니스트'인 내 조건
이 같을 수 없다."

28) 준 카르본 · 나오미 칸. 김하현 옮김,《결혼 시장: 계급, 젠더, 불평등 그리고 결혼
의 사회학》, 시대의 창, 2016, 44쪽

29) SBS 스페셜,〈며느라기: 화목하고 불편한 가족 이야기〉, 2018. 3. 4(501회), 실제
방송에서는 짧은 대사로 등장한다. 글에서 언급한 내용에는 내가 이 방송의 전
문가 자문으로 참여하면서 알게 된 지점까지 포함되어 있다.

30) 김현철,《우리가 매일 끌어안고 사는 강박》, 팬덤북스, 2012, 128~129쪽

31) '군림과 굴복', '기선 제압'은 김현철의 같은 책 129쪽에 나오는 표현이다.

32) 새로운 사회를 여는 연구원,《분노의 숫자: 국가가 숨기는 불평등에 관한 보고
서》, 동녘, 2014, 253쪽. 제시된 통계치는 '소득분위별 연간 가계 흑자액 평균'에
근거했다. 2012년도 통계청의 '가계동향조사'에 따르면 소득 상위 20%인 가구
에서는 연간 2857만 원 정도의 여유 금액이 발생한다. 하위 20~40%의 경우는 1
년에 392만 원 정도를 저축할 수 있고 하위 20% 미만에서는 해마다 182만 원의
적자가 발생한다.

33) " " 표시된 지점들은 다음에서 인용했다. 에바 일루즈, 김희상 옮김,《사랑은 왜

결혼과 육아의 사회학

불안한가: 하드코어 로맨스와 에로티즘의 사회학》, 돌베개. 2014, 63쪽

34) 시끄러운 평등보단 안정적인 불평등을 선택한다는 논의는 다음 글에서 차용했다. 에바 일루즈, 같은 책, 돌베개, 2014, 82~83쪽

2   임신과 출산은 억지 규칙으로 가득 찬 세상이었다

1) 와사다 기요카즈, 김경원 옮김, 《사람의 현상학: 사람으로 산다는 것의 의미》, 문학동네, 2017, 101쪽

2) 케이트 크리스텐슨, 김수민 옮김, 〈천 가지 다른 일들〉, 《나는 아이 없이 살기로 했다: 아이 없는 삶을 선택한 작가 16인의 이야기》, 현암사. 2016, 43쪽

3) 조주은, 《페미니스트라는 낙인: 조주은의 여성, 노동, 가족 이야기》, 민연, 2007, 105~106쪽, 114쪽

4) 엘리자베트 바댕테르, 심성은 옮김, 《만들어진 모성》, 동녘. 2009, 146쪽. 앞서 "모성은 만들어진 것이다"라는 표현은 366쪽에서 참조했다.

5) 인용된 수치는 'QED 부모학교'의 설문조사 결과다. 다음 방송에서 참조했다. EBS 다큐프라임, 〈마더 쇼크: 3부 나는 엄마다〉, 2011. 6. 1

6) EBS 〈마더쇼크〉 제작팀, 《마더 쇼크: 엄마의 행복한 자아를 찾기 위한 모성의 대반전》, 중앙북스, 2012, 238~239쪽.

7) 홍지아, 〈한국모성담론의 역사성: 〈신여성〉과 EBS 〈부모〉가 제시하는 모성의 구성 방식 비교를 중심으로〉, 《현상과 인식》 (vol 38(1/2)), 2014, 226쪽

8) 정성원, 〈태교胎敎에서 신위神位까지, 총체적으로 과잉 교육화된 사회?〉, 《동양사회사상》(vol 27), 2013, 282쪽

9) 에밀리 오스터, 노승영 옮김, 《산부인과 의사에게 속지 않는 25가지 방법》, 부키, 2014, 17~18쪽

10) 에밀리 오스터, 같은 책, 23쪽

11) 조선일보, 〈"댁의 아이도 뷰티 살롱 다니나요?" 어른처럼 꾸미고 누리는 '어덜키 즈'〉, 2018. 2. 27

12) 이 표현은 존 드 그라프·데이비드 왠·토머스 네일러의 《소비중독 바이러스 어플루엔자》(2010, 나무처럼, 65쪽)에서 참조했다. 원문은 다음과 같다. ""우리 사회는 탐욕에 감염되었다. 이건 최악의 전염병이다." 패치 아담스는 이렇게 말한다. 하지만 그의 말은 절반만 옳다. 우리의 기대를 부풀리는 일차적인 원인은 탐욕이 아니라 뒤처지는 것에 대한 두려움이기 때문이다."

13) 출산·육아 박람회를 '5일장'에 비유한 것은 다음의 글에서 참조했다. 이춘모가 보는 세상 이야기, 〈지역 5일장으로 전락한 임신출산 박람회〉, 2013. 10. 20(http://blog.daum.net/iidel/16078683)

14) 유아용품에 포함되는 범위가 규정되어 있지 않기 때문에 관련 금액은 추정치로 이해해야 한다. 다음의 기사에서 참조했다. 동아일보, 〈유아용품 5000억 시장 뜨겁다〉, 1990. 5. 15; 아시아경제, 〈'내 아이만큼은' 저출산에도 유아용품 시장 3조 눈앞에〉, 2016. 11. 28; 국민일보, 〈경제 히스토리 VIB로 키우는 시대 육아용품엔 '생활'이 깃들었다〉, 2017. 1. 20

15) 김향수, 〈전문적으로 키우고 있나요? 유아용품 광고가 만드는 '완벽한 아이' 신화〉, 김보성·김향수·안미선, 《엄마의 탄생: 대한민국에서 엄마는 어떻게 만들어지는가》, 오월의봄, 2014, 100~101쪽

16) 클라우스 베를레, 박규호 옮김, 《완벽주의의 함정》, 소담출판사, 2012, 77~78쪽

17) 클라우스 베를레, 같은 책, 73쪽

18) 김향수, 같은 글, 105쪽

19) 이상우, 〈부모와 아기를 위한 교통수단: 유모차의 역사〉, 《월간교통》(3월호), 2016, 50~51쪽

20) 우석훈, 《오늘 한 푼 벌면 내일 두 푼 나가고》, 다산4.0, 2017, 144쪽

21) 우석훈, 같은 책, 144쪽

22) 한국경제, 〈'스토케 잡아라', 맹추격 나선 국산 유모차〉, 2015. 7. 30

23) 매일경제, 〈'유모차계 벤츠' 스토케, 고가 정책 막 내릴까〉, 2016. 9. 27

24) 김보성, 〈산후조리원, '엄마'를 찍어내다. 엄마 노릇의 첫 교육장〉, 김보성 · 김향수 · 안미선, 같은 책, 26쪽

25) 김향수, 같은 글, 97쪽

26) 여기서의 표현은 하지현의 《대한민국 마음 분석서: 불확실한 시대, 우리를 위한 심리학》(문학동네, 2017, 71쪽)에서 참조했다. 원문은 다음과 같다. "남들과 비교해서 이 정도는 해야 한다고 여기는 것을 하는 것일 뿐인데 너무 많은 돈이 들고, 나의 현재뿐 아니라 과거와 미래까지도 저당을 잡히게 한다. 과거에 번 돈을 모두 다 쏟아붓게 하고, 현재 버는 돈의 상당 비율, 미래를 위해 모아놓아야 할 돈까지도 현재의 아이 키우기에 투자된다. 그래야만 아이가 최소한 다른 아이들과 경쟁을 할 수 있는 준비가 된다."

27) 경향신문, 〈'대선 3대 의제-①돌봄' 민간에 맡긴 돌봄, 수익 만능에 개인 부담만 키웠다〉, 2017. 3. 20

28) 조선일보, 〈군대 동기 못잖네, 산후조리원 동기맘들〉, 2016. 11. 24

29) 연합뉴스, 〈직장맘 4명 중 1명 부모에 육아 SOS, 60%는 산후조리원 이용〉, 2016. 7. 10

30) 해럴드경제, 〈우리나라 중위소득은 '4인 가구 422만 원'〉, 2015. 4. 25

31) 연합뉴스, 같은 기사, 2016. 7. 10

32) "돌봄이 시장화 된다는 것"이라는 표현은 경향신문(앞의 기사)의 "돌봄의 시장화"라는 표현에서 응용했다.

33) 노무라 미치요, 〈산후조리원에서의 산후조리 민속의 지속과 변용〉, 《한국민속학》(vol 63), 2016, 68쪽

34) 노무라 미치요, 같은 글, 68~69쪽

35) 연합뉴스, 〈모유 먹은 사람, 성격 온화〉, 2012. 2. 13

36) 신송이, 〈모성 이데올로기로 인한 양육 초기 여성의 어려움〉, 《연세상담코칭연구》(vol 6), 2016, 73쪽

37) 오나 도나스, 송소민 옮김, 《엄마됨을 후회함: 모든 여성이 엄마가 될 필요는 없다》, 반니, 2016, 70쪽

38) 정해경, 《섹시즘 남자들에 갇힌 여자》, 휴머니스트, 2003, 173~174쪽

39) 김보성, 같은 글, 15쪽

40) 김보성, 같은 글, 29쪽

41) 이진희 · 배은경, 〈완벽성의 강박에서 벗어나 '충분히 좋은 어머니'(good-enough mother)로: 위니캇의 유아정서발달이론과 어머니노릇을 중심으로〉, 《페미니즘 연구》(vol 13(2)), 2013, 38쪽

42) 이진희 · 배은경, 같은 글, 38쪽

43) 김향수 · 배은경, 〈자녀의 질환에 대한 모성 비난과 '아토피 엄마'의 경험〉, 《페미니즘 연구》(vol 13(1)), 2013, 30쪽

44) 오나 도나스, 같은 책, 62~63쪽

45) 한서설아, 《다이어트의 성정치》, 책세상, 2000, 51쪽

46) 한서설아, 같은 책, 115쪽

47) '주부 CEO' 표현은 박혜경의 논문 〈신자유주의적 주부 주체화 담론의 계보학: 신문기사를 중심으로〉, 《한국여성학》(vol 26-2, 2010)에서, '열혈 모성'이라는 표현은 조은의 논문 〈젠더 불평등 또는 젠더 패러독스: 신자유주의 통치성과 모성의 정치경제학〉, 《한국여성학》(vol 16-1, 2010)에 등장한 '극성 모성'의 개념을 응용했다.

3 '그들만을 위한' 육아서의 범람

1) 정아은, 《엄마의 독서: 현재진행형, 엄마의 자리를 묻다》, 한겨레출판, 2018, 64~65쪽

2) 이영민, 《흔들리지 않고 ADHD 아이 키우기》, 팜파스, 2015, 35쪽

3) 이영민, 같은 책, 34쪽

4) 아빠효과를 처음으로 언급한 책은 다음과 같다. 로스 D. 파크, 김성봉 옮김,《아 버지만이 줄 수 있는 것이 따로 있다》, 샘터사, 2012

5) 미래한국,〈"아이가 똑똑한 집, 아빠부터 다르다"의 저자 김영훈 박사〉, 2017. 5. 30

6) 여성조선,〈엄마의 열정보다 더 큰 위력, 아빠효과〉, 2009. 12. 29

7) 여성조선,〈나는 아빠다! 우리 시대 아빠들의 열혈 양육기〉, 2011. 9. 15

8) 여성조선,〈엄마의 열정보다 더 큰 위력, 아빠효과〉, 2009. 12. 29

9) EBS 다큐프라임〈아버지의 성〉 제작팀,《아버지의 성: 아빠가 된 남자를 탐구하 다》, 베가북스, 2012, 147쪽

10) 루신다 닐, 우진하 옮김,《아들은 원래 그렇게 태어났다: 엄마와 남자아이가 모 두 행복해지는 관계의 심리학》, 카시오페아, 2013, 42쪽

11) 조윤경,〈'아버지 자녀 양육서'에 내재한 젠더 질서: '아버지 됨'과 '근대적 남성 성'의 관계를 중심으로〉,《여성학 연구》(vol 22(1)), 2012, 61쪽

12) 에머 오툴, 박다솜 옮김,《여자다운 게 어딨어: 어느 페미니스트의 12가지 실험》, 창비, 2016, 26~27쪽

13) 에머 오툴, 같은 책, 172쪽

14) 조선일보,〈일하느라, 게임하느라 바빠서… 성인 독서율 역대 최저〉, 2018. 2. 6

15) 박혜경,〈신자유주의적 주부 주체화 담론의 계보학: 신문 기사를 중심으로〉,《한 국여성학》(vol 26(2)), 2010, 136~143쪽

16) 이승욱 · 김은산,《애완의 시대: 길들여진 어른들의 나라, 대한민국의 자화상》, 문학동네, 2013, 49쪽

17) 이 표현 역시《애완의 시대》40, 44쪽에서 참조했다.

18) 매일경제,〈주부 이신애 씨 '잠수네'〉, 2000. 8. 7

19) 해당 인용 지점은 다음 책의 2장 제목이다. 오현선,《우리 아이 진짜 독서: 17년 차 독서 지도사, 초등 독서 교육을 말하다》, 이비락, 2017

20) 오현선, 같은 책, 97쪽

21) 오현선, 같은 책, 99쪽

22) 알베르토 망구엘, 강주헌 옮김,《책 읽는 사람들: 세계 최고의 독서가, 책 읽기의 즐거움을 말하다》, 교보문고, 2012, 126쪽

4 이상적 육아라는 이상한 육아

1) 이승욱 · 신희경 · 김은산,《대한민국 부모: 대한민국에서 가장 아픈 사람들의 이야기》, 문학동네, 2012, 102쪽

2) 강병철, 〈무엇이 아이의 건강을 위협하는가 - '안아키'를 비판한다〉《스켑틱》(7호). 원글을 공유한 딴지일보 게시판에서 발췌했다.

3) SBS 스페셜, 〈항생제의 두 얼굴 1부: 내성균의 공포〉, 2015. 10. 25

4) 프레시안, 〈공동육아, '귀족 어린이집' 안 되려면〉, 2015. 4. 1

5) 이승욱 · 신희경 · 김은산, 같은 책, 102쪽

6) 매일경제, 〈하루 평균 7만 명, 스타필드 하남의 위력〉, 2017. 9. 7

7) 한겨레, 〈축구장 70개 규모 신세계 쇼핑몰에 하남 상인들, 사지로 내몰리고 있다〉, 2017. 1. 31

8) 오마이뉴스, 〈하남 스타필드, 하남 일자리 창출은 실패작〉, 2017. 6. 18

9) 박규상,《행복한 사람은 쇼핑을 하지 않는다: 우울 사회의 소비 심리학》, 21세기 북스, 2012, 79쪽

10) 박규상, 같은 책, 2012, 82쪽

11) 신승철,《마트가 우리에게서 빼앗은 것들: 편리한 마트 뒤에 숨은 자본주의의 은밀한 욕망》, 위즈덤하우스, 2016, 23쪽

12) 에이프릴 레인 벤슨, 홍선영 옮김, 《Stopping 쇼핑: '잇걸'에서 '빚걸'까지 쇼핑 중독 치료법》, 부키, 2011, 45쪽

13) 강심호,《대중적 감수성의 탄생》, 살림, 2005, 56쪽

14) 이 지점은 에이프릴 레인 벤슨의 같은 책 77쪽에 나오는 다음 지점을 응용했다. "딸아이에게 그렇게 소리를 질렀더니 미안하네. 아이가 갖고 싶어 하던 재킷을 사 줘야겠어."

15) 기 드보르, 유재흥 옮김, 《스펙타클의 사회》, 울력, 2014, 15쪽

16) 신승철, 같은 책, 81쪽

17) 이 문장은 공무원 학원이 밀집한 노량진에 있는 육교가 철거되는 날 누군가 육교를 추억 삼아 적어놓은 글이다. JTBC 〈뉴스룸〉 '앵커브리핑'(2015. 10. 15) 제목으로 사용되기도 했다.

18) 기 드보르, 같은 책, 20쪽

19) 머니투데이, 〈아키텍 키즈맘 시대 온다, 독서로 '소신 있는 자녀 교육' 도전〉, 2017. 3. 9

20) 김미영, 〈'돼지맘' 밀어낸 '학종'의 위력 "이렇게 써주세요" 학부모가 예시문 제공, '생기부스터' '동아리 낙하산' 신조어 등장〉, 《주간동아》(1044호), 2016. 6. 29

21) 매일경제, 〈함금배 교수 강연 요지, 직장 여성의 직업관〉, 1976. 6. 30

22) 정아은, 《엄마의 독서: 현재진행형, 엄마의 자리를 묻다》, 한겨레출판, 2018, 47쪽

23) 마이클럽닷컴 엮음, 《30대 엄마의 사교육 다이어트: 아이도 엄마도 행복해지는》, 봄날, 2008, 70쪽

24) 참조한 책의 제목을 약간 수정했다.

25) 서울신문, 〈8.4년 걸려 재취업, 월급은 76만 원 적어 더 커진 경단녀 설움〉, 2017. 2. 21

26) 김연정 · 정인아, 《난 육아를 회사에서 배웠다: 글로벌 기업 16년 경력 워킹맘들이 전하는 육아 경영 노하우》, 매일경제신문사, 2015

27) 노성숙 · 한영주 · 유성경, 〈한국에서 워킹맘으로 살아가기: 직장인 엄마의 다중역할 경험에 대한 현상학적 연구〉, 《한국심리학회지: 상담 및 심리치료》(24권 2호), 2012, 372쪽. 논문에서는 일하는 여성의 불편한 시선을 세 가지로 정리한다. 1) 엄마인 나에 대한 시선: '모성애 없는 독한 엄마'인가 갈등함, 2) 아이에 대한

평가적 시선: '엄마의 손길 없는 아이'라는 평가로 인한 불안함, 3) 전업주부들과
의 불편한 관계: '경계하는 시선'으로 인한 불편함. 인용된 지점은 이 세 가지를
참조해 재구성했다.

28) 김보성, 〈일하는 엄마와 살림하는 엄마의 끙끙앓이〉, 김보성 · 김향수 · 안미선,
《엄마의 탄생: 대한민국에서 엄마는 어떻게 만들어지는가》, 오월의봄, 2014,
241쪽

29) 노성숙 · 한영주 · 유성경, 같은 글, 376쪽

30) 노성숙 · 한영주 · 유성경, 같은 글, 377쪽

31) 노성숙 · 한영주 · 유성경, 같은 글, 375쪽

5 유용한 사교육의 유해성

1) 크리스토퍼 헤이즈, 한진영 옮김, 《똑똑함의 숭배: 엘리트주의는 어떻게 사회를
실패로 이끄는가》, 갈라파고스, 2017, 328쪽

2) 광역 단위 자사고 지원 희망자는 91.4%, 전국 단위 자사고 지원 희망자는 89.3%
가 사교육을 받는 중이었다.

3) 연합뉴스, 〈특목고 · 자사고 가려면 필수?, 고액 사교육 비율 최대 7배〉, 2015. 9. 21

4) 조선일보, 〈기업은 '참치'급 원하는데, 사교육은 '잡어'만 키워〉, 2017. 3. 27

5) 조선일보, 〈'학원 뺑뺑이' 손주 안쓰러워, 사교육 반대하는 할아버지들〉, 2017. 3. 27

6) 조선일보, 〈사교육 받은 대학생들 "하루하루가 지옥 같았다. 대학 와서도 무기
력"〉, 2017. 3. 31

7) 동아일보, 〈사교육, 성적 향상에 효과 있을까, KDI 학업 성취도 자료로 분석한
'상관관계'〉, 2011. 3. 29

8) 김희삼, 〈왜 사교육보다 자기주도학습이 중요한가?〉, 《KDI 정책포럼》(제231호),
2011

9) 매일경제, 〈고3 상위권 학생 중 80% "사교육 받는다"〉, 2018. 3. 5

10) 이 지점은 '배타적 가족주의'라는 개념을 다음을 참조해 응용했다. 손승영, 2007. 〈한국가족의 과시적 구별 짓기와 사랑의 물신주의〉, 《현상과 인식》(vol 101), 2007, 125쪽

11) 지그문트 바우만, 안규남 옮김, 《왜 우리는 불평등을 감수하는가: 가진 것마저 빼앗기는 나에게 던지는 질문》, 동녘, 2013, 87쪽

12) 이경숙, 《시험국민의 탄생》, 푸른역사, 2017, 359쪽

13) 이경숙, 같은 책, 360쪽

14) 김신일, 《교육사회학》(제4판), 교육과학사, 2009, 332쪽

15) 2013년 11월에 방송된 MBC 〈PD수첩〉 "조기 영어 열풍, 신음하는 아이들"(976회)에서는 영어유치원을 다니는 어린이들이 다른 경우에 비해 74% 수준의 언어적 상상력을 가졌음을 소개한다.

16) 조선일보, 〈강남엔 손톱 씹는 아이 왜 이리 많지?〉, 2018. 6. 9

17) 엄기호, 《교사도 학교가 두렵다: 교사들과 함께 쓴 학교현장 이야기》, 따비, 2013, 59쪽

18) 오마이뉴스, 〈'공부 못하면 치킨 배달' 부끄럽지 않으세요?〉, 2016. 12. 19

19) 오찬호, 《하나도 괜찮지 않습니다: 감정 오작동 사회에서 나를 지키는 실천 인문학》, 블랙피쉬, 2018, 57~58쪽

20) 닐 포스트먼, 차동춘 옮김, 《교육의 종말: 무너지는 교육 이대로 둘 것인가》, 문예출판사, 1999, 15쪽

21) 닐 포스트먼, 같은 책, 54쪽

22) 한겨레, 〈'집단 따돌림 예방수칙'이 왕따에 익숙해져라?〉, 2017. 2. 1

23) 정용주, 〈언터처블 학교 1-학생 편〉, 조영진 외, 《그리고 학교는 무사했다: 학교폭력에 대해 말하지 않은 것들》, 교육공동체 벗, 2013, 98쪽

24) 경향신문, 〈초등생 10명 중 8명 집단 괴롭힘 경험〉, 1996. 8. 30

25) 한겨레, 〈왕따현상은 시대의 병이다〉, 1998. 11. 26

26) 동아일보, 〈집단따돌림, 크게 늘었다〉, 1999. 3. 15

27) 매일경제, 〈가해자부모 · 학교 상대 '왕따'학생 부모 손배소〉, 1999. 4. 8

28) 곽금주, 〈한국의 왕따와 예방프로그램〉, 《한국심리학회》(vol 14(1)), 2012, 258쪽

29) 이득재, 《왕따와 금메달: 일등주의의 사회적 기원》, 우물이 있는 집, 2012, 63쪽

30) 곽금주, 같은 글, 257쪽

31) SBS스페셜 제작팀, 《학교의 눈물: 어른들이 모르는 아이들의 세계에서는 무슨 일이 벌어지고 있는가》, 프롬북스, 2013, 29쪽

32) 경향신문, 〈초 · 중 · 고생 25% 피해 경험…교사 80% "우리 반엔 없다", 師弟 '왕따' 인식 극과 극〉, 1999. 1. 18

33) SBS스페셜 제작팀, 같은 책, 276쪽

34) 이혜미, 〈우리 반, 왕따는 없다? 따돌림에 관한 아홉 가지 신화: 교사들이 가진 따돌림에 대한 잘못된 인식들〉, 《초등우리교육》(7월호), 2004, 81쪽

35) 정용주, 〈언턴처블 학교 1—교사 · 학부모 편〉, 조영진 외, 《그리고 학교는 무사했다: 학교폭력에 대해 말하지 않은 것들》, 교육공동체 벗, 2013, 116쪽

36) 좌백, 〈어쩌다 보니 왕따〉, 김종일 외, 《어쩌다 보니 왕따》, 우리학교, 2012, 79쪽

37) 이 표현 역시 좌백의 소설을 참조했다. 인용된 아버지의 조언에 관한 주인공의 생각을 저자는 이렇게 묘사한다. "이런 말을 하는데 제대로 시작될 리가 없다." (79쪽)

38) 이 지점은 김해원의 단편소설 〈구토〉에서 참조했다. 김해원, 〈구토〉, 《추락하는 것은 복근이 없다》, 사계절, 2015, 79쪽

39) 정용주, 〈언턴처블 학교 1—교사 · 학부모 편〉, 115쪽

40) 나이토 아사오, 고지연 옮김, 《이지매의 구조: 왜 인간은 괴물이 되는가》, 한일미디어, 2013, 115쪽

6 사랑하면 괜찮은 걸까?

1) 김희경, 《이상한 정상가족》, 동아시아, 2017, 36쪽

2) 이 지점은 오찬호의 글 〈동정 구하기 아닌 '물정 바꾸기'〉(경향신문, 2017. 12. 11) 를 바탕으로 작성되었다.

3) SBS 뉴스, 〈"동네 아줌마? 이언주 즉각 사퇴!" 빗속에서 진행된 학교 비정규직 노조 기자회견〉, 2017. 7. 10

4) 이 말은 내가 강의하는 대학의 익명 커뮤니티에서 발견했음을 밝힌다.

5) 웹툰 〈미생〉에서 장그래의 말이다.

6) 강남순, 〈페미니즘의 '불편한 진실' 민주주의를 확장시킨다〉, 한겨레, 2018. 4. 22

7) 로라 키프니스, 〈모성 본능〉, 메간 다움 외, 김수민 옮김, 《나는 아이 없이 살기로 했다: 아이 없는 삶을 선택한 작가 16인의 이야기》, 2016, 27쪽

8) 이 지점은 미국 연방 대법원의 동성결혼 합헌 판결문을 읽고 내가 한 줄의 감상 평 형태로 요약해서 표현했음을 분명히 밝힌다. 참조한 지점은 다음과 같다. "혼인만큼 뜻 깊은 관계는 없다. (…) 혼인을 통해 결합함으로써 두 사람은 이전보다 더 위대한 존재가 된다. (…) 이들 남성과 여성이 결혼의 이상을 무시한다는 주장은 오해에 불과하다. 상고인들은 자신들이 결혼의 이상을 존중하고, 그토록 결혼의 이상을 깊이 존중하기에 결혼의 이상 속에서 충족을 구하고 싶다고 주장한다. 그들의 바람은 문명의 가장 오래된 제도로부터 배제된 채 외로운 삶으로 추방되지 않도록 해달라는 것이다. 이들은 법 앞에 평등한 존엄을 구하고 있다. 헌법은 이들에게 그러한 권리를 부여한다." 〈동성혼은 중대한 헌신에 이르는 유일한 방법〉, 《한겨레21》(1069호), 2015. 7. 8

결혼과 육아의 사회학

1판 1쇄 발행일 2018년 9월 3일
1판 4쇄 발행일 2023년 3월 13일

지은이 오찬호

발행인 김학원
발행처 (주)휴머니스트출판그룹
출판등록 제313-2007-000007호(2007년 1월 5일)
주소 (03991) 서울시 마포구 동교로23길 76(연남동)
전화 02-335-4422 **팩스** 02-334-3427
저자·독자 서비스 humanist@humanistbooks.com
홈페이지 www.humanistbooks.com
유튜브 youtube.com/user/humanistma **포스트** post.naver.com/hmcv
페이스북 facebook.com/hmcv2001 **인스타그램** @humanist_insta
편집주간 황서현 **기획·편집** 최윤영 이보람 **일러스트** 강한 **디자인** 송윤형
용지 화인페이퍼 **인쇄** 청아디앤피 **제본** 민성사

ⓒ 오찬호, 2018

ISBN 979-11-6080-149-1 03330

NAVER 문화재단 파워라이터 ON 연재는 네이버문화재단 문화콘텐츠기금에서 후원합니다.